日本語と比べる
スペイン語文法

三好準之助 [著]

白水社

装丁：阿部賢司（silent graph）

はじめに

　本書『日本語と比べるスペイン語文法』は、スペイン文法（スペイン語の文法）について初級レベルの知識を持っておられる人を読者として想定しています。さらに新しい知識を習得して次の中級レベルの力をつけるときの手助けとなるように、私がこれまでに考えてきたスペイン文法の理解の仕方を「読み物」としてお届けします。本書の全体を、私が特に関心を持っているいくつかのテーマに分けて、比較的詳しく解説します。それゆえ、スペイン文法の網羅的な解説書ではありません。そのことをお断りしておきます。

　「文法」とは、文の作り方に関する規則です。文法規則の説明の仕方は色いろあって、千差万別です。本書は、日本語の文法（日本文法）の情報を援用してスペイン文法を説明しようと試みています。日本文法の仕組みを理解することで、スペイン語を一層適切な日本語に訳したり、日本語を一層適切なスペイン語に訳したりすることができるようになるでしょう。

　なお、説明の対象にしているスペイン語は、スペインの標準語です。スペイン系アメリカ（中南米）の広大な地域で使われているスペイン語も「文の組み立て」という点ではほぼ共通しています。その違いのいくつかは適切な場所で紹介します。

　私のスペイン語教育の経験が、多くの方のご指導やご教示のおかげでこのような本になりました。出版の声をかけてくださり、有益なアドバイスをいくつも与えてくださった白水社の鈴木裕子さんに、スペイン語の文をチェックしてくださった東京大学のAna Isabel García先生とスペイン国立通信大学のMario García Page先生に、これまでの研究会で温かくお付き合いくださった多くの同僚の先生方に、そして長年の教育現場でスペイン語について色いろと考える機会を与えてくれた学生たちに、心より感謝申し上げます。本書がスペイン文法の中級レベルの理解とその知識の習得に少しでもお役に立てれば幸いです。

2016年7月　　三好準之助

目　次

はじめに　*3*

テーマ1　文の主部

ユニット1　文の2大要素 *10*
1. 文の組立て／2. 主部について／3. 述部について

ユニット2　主語のこと *14*
1. スペイン語の主語／2. スペイン語の主語の位置／3. 日本語の主語について

ユニット3　主題のこと *18*
1. 日本語の主題／2. スペイン語の主題

ユニット4　スペイン語の主題文 *22*
1. 目的語（直接補語・間接補語）が主題になる文／2. 難易表現の主題／3. 状況補語が主題になる文／4. 対比の意味の主題／5. 向き違いの動詞の主題

テーマ2　文の述部

ユニット5　述部の構成 *26*
1. 述部の組み立て／2. スペイン語の動詞について／3. スペイン語の補語／4. 日本語の述部

ユニット6　直接補語 *30*
1. 直接目的語としての直接補語／2. 直接補語と動詞／3. 直接補語につく前置詞 a／4. 直接補語の人称代名詞／5. 主題になる直接補語／6. レ代用法

ユニット7　間接補語 *34*
1. 直接補語との違い／2. 間接補語の人称代名詞／3. 所有者を指す間接補語／4. 2種類の人称代名詞の語順／5. 連続する対格・与格の人称代名詞と不定詞

ユニット8　叙述補語と状況補語 *38*

1. 叙述補語／ 2. 状況補語

ユニット 9　補語に付く前置詞 a *42*
1. 直接補語の a ／ 2. 間接補語の a ／ 3. 状況補語の a ／ 4. 前置詞格人称代名詞の a

ユニット 10　格のこと *46*
1. 格とは／ 2. 日本文法の格／ 3. ニ格・ヲ格の名詞とスペイン語

ユニット 11　人称代名詞 *50*
1. 人称とは／ 2. 日本語の人称代名詞／ 3. スペイン語の人称代名詞／ 4. 日本語とスペイン語の違い

ユニット 12　再帰代名詞 *54*
1. 再帰代名詞とは／ 2. その呼び名の意味／ 3. 再帰代名詞の色々な用法／ 4. 語形の se について／ 5. 補語になる人称代名詞の語順

ユニット 13　接続法とは *58*
1. 接続法の意味／ 2. 接続法の基本的な用法／ 3. 接続法の時制

テーマ 3　単文の表現

ユニット 14　単文の接続法 *62*
1. 命令の表現／ 2. 願望の表現／ 3. 推測の表現

ユニット 15　再帰用法 *66*
1. 再帰代名詞の再帰用法／ 2. 再帰代名詞が他動詞の直接補語になるとき／ 3. 再帰代名詞が他動詞の間接補語になるとき／ 4. 再帰動詞と叙述補語／ 5. 相互作用を表現する再帰動詞

ユニット 16　再帰代名詞の有無 *70*
1. 再帰動詞としてしか使われない動詞／ 2. 再帰動詞になると意味が違ってくる動詞／ 3. 再帰動詞になっても意味が変わらない動詞／ 4. 自動詞と再帰代名詞／ 5. 体の一部に動作を及ぼす表現

ユニット 17　「〜になる」を表す再帰用法 *74*
1. ponerse の場合／ 2. hacerse の場合／ 3. volverse の場合／ 4. convertirse en ... の場合／ 5. quedarse の場合

ユニット 18　主語の場所を暗示する再帰用法 *78*
1. quedarse の場合／2. morirse の場合／3. dormirse の場合／4. estarse の場合／5. pararse の場合

ユニット 19　主語の移動を暗示する再帰用法 *82*
1. irse の場合／2. marcharse の場合／3. salirse の場合／4. caerse の場合／5. llevarse の場合

ユニット 20　十分な遂行を暗示する再帰用法 *86*
1. comerse の場合／2. beberse の場合／3. ganarse の場合／4. aprenderse の場合／5. saberse の場合／6. creerse の場合

ユニット 21　スペイン語の受動表現 *90*
1. 文型受動文／2. 再帰受動文／3. 主題受動文

ユニット 22　日本語の受動表現 *94*
1. 直接受動表現 1：主語が動作・感情の対象となる人であるとき／2. 直接受動表現 2：主語となる人の一部が動作・感情の対象であるとき／3. 直接受動表現 3：主語が動作・感情の対象となる事物であるとき／4. 間接受動表現／5. スペイン語と比べて

ユニット 23　3 人称動詞の無人称表現 *98*
1. 3 人称単数形の動詞による表現／2. 3 人称複数形の動詞による表現／3. 3 人称の単数形と複数形の動詞 ser による表現

ユニット 24　その他の無人称表現 *102*
1. 1 人称複数形による表現／2. 2 人称形による表現／3. 3 人称形による表現／4. 再帰代名詞 se による表現

テーマ 4　複文の表現

ユニット 25　関係詞の形容詞節 *106*
1. 関係詞の形容詞節とは／2. 関係代名詞 que による形成／3. その他の関係代名詞による形成／4. 関係形容詞による形成／5. 関係副詞による形成

ユニット 26　形容詞節の関連事項 *110*
1. 形容詞節が修飾する相手／2. 形容詞節に相当する表現形式／3. 形

容詞節の限定用法と説明用法

ユニット27　日本語の連体節 *114*
1. 補足語修飾節／2. 相対名詞修飾節／3. 内容節

ユニット28　関係節の接続法 *118*
1. 先行詞の指すものが不明であるとき／2. 先行詞が否定文のなかにあるとき／3. 先行詞を含む関係詞のとき／4. 特別な譲歩表現の構文／5.［関係詞＋quiera（＋名詞）＋que］の譲歩構文

ユニット29　queの名詞節 *122*
1. 名詞節を作るque／2. 接続詞queの、そのほかの使い方／3. queの見分け方

ユニット30　その他の名詞節 *126*
1. 関係詞で導入される名詞節／2. 接続詞siで導入される名詞節／3. 疑問詞で導入される名詞節

ユニット31　日本語の補足節 *130*
1. 形式名詞「こと」「の」「ところ」による導入／2. 疑問表現の補足節

ユニット32　名詞節の動詞の法1 .... *134*
1. 補語になる名詞節の動詞が常に直説法になるとき／2. 補語になる名詞節の動詞が常に接続法になるとき／3. 補語になる名詞節の動詞が直説法にも接続法にもなるとき／4. 補語が名詞節であったり不定詞の句であったりするとき

ユニット33　名詞節の動詞の法2 .... *138*
1. 主語になる名詞節の動詞が常に直説法になるとき／2. 主語である名詞節の動詞が常に接続法になるとき／3. 名詞節の動詞が直説法にも接続法にもなるとき

ユニット34　スペイン語の副詞節 *142*
1. 副詞的表現／2. 副詞節で表現される意味／3. 副詞節の語順／4. 副詞節が修飾する相手

ユニット35　日本語の副詞節 *146*

1. 基本的性格／2. 名詞による副詞節相当の意味の表現／3. 副詞節で表現される意味

ユニット36　副詞節の動詞の法 *150*
1. 動詞が常に接続法になる副詞節／2. 動詞が常に直説法になる副詞節／3. 時を表す副詞節／4. 目的を表す副詞節／5. 様態を表す副詞節

ユニット37　譲歩の副詞節 *154*
1. 接続詞 aunque の副詞節／2. その他の譲歩の副詞節

ユニット38　si による仮定の表現 *158*
1. 現実性にこだわらない単純な仮定の表現／2. 現実性に反する仮定の表現／3. si の仮定表現に関する注意

ユニット39　si 以外による仮定の表現 *162*
1. si 以外の接続詞による仮定の副詞節／2. 副詞節以外による仮定の表現

ユニット40　強調の表現 *166*
1. 日本語の強調表現／2. スペイン語の強調表現／3. その他の強調構文／4. つなぎの動詞 ser について／5. スペイン系アメリカでの表現

ユニット41　同等比較の表現 *170*
1.「～と同じ…」の表現／2.「～と同じような・に…」の表現／3.「～と同じぐらいの・に…」の表現

ユニット42　不等比較の表現 *174*
1. 不等比較の仕組み／2. 不等比較表現の構文／3. 不等比較表現の注意事項／4. 日本語の「～より」について

ユニット43　比較の差異の表現 *178*
1. más を使うとき／2. después を使うとき／3. antes を使うとき

ユニット44　最上級の表現 *182*
1. 相対最上級の表現の3要件／2. 形容詞の最上級表現／3. 副詞の最上級表現／4. 比較相手の集団の表示について／5. 定冠詞＋比較級語の表現／6. 絶対最上級について

テーマ5　その他の表現

ユニット45　スペイン語の指示表現........................... *186*
　1. 指示詞／ 2. 指示副詞／ 3. 発話時と文脈の一時点を基準にする、時の指示

ユニット46　日本語の指示表現............................... *190*
　1. 基本的性格／ 2. 現場指示／ 3. 文脈指示／ 4. その他のスペイン語との違い

ユニット47　応答の表現..................................... *194*
　1. スペイン語の応答表現／ 2. 日本語の応答表現／ 3. 応答語の使い方の注意

ユニット48　「よ・ね」のスペイン語........................... *198*
　1. 発話姿勢の違い／ 2. 日本語のヨ・ネの機能／ 3. ヨ・ネのスペイン語

ユニット49　接頭辞... *202*
　1. 日本語の接頭辞／ 2. スペイン語の接頭辞／ 3. 接頭辞による派生語形成の時期

ユニット50　示小辞... *206*
　1. 示小辞とは／ 2. スペイン語の示小辞／ 3. 日本語の「こ、小」

ユニット51　やわらげ表現1：「ぼんやり型」..................... *210*
　1. やわらげ表現とは／ 2. como のやわらげ表現／ 3. un poco のやわらげ表現／ 4. hasta のやわらげ表現

ユニット52　やわらげ表現2：「遠回り型」....................... *214*
　1. 日本語の遠回り型表現／ 2. スペイン語の遠回り型表現

ユニット53　やわらげ表現3：「隠れみの型」..................... *218*
　1. 日本語の隠れみの型表現／ 2. スペイン語の隠れみの型表現／ 3. 日本語の「ある」とスペイン語

　おわりに　*222*
　参考文献　*223*
　索引　*225*

テーマ1　文の主部

　文については、さまざまな定義がありますが、本書ではとりあえず、「ひとつのまとまった情報を伝えるために並べられた語の連結であって、形の上で完結した単位である」と説明しておきましょう。私たちは言語を用いてさまざまな情報を伝達しあいますが、そういう言語表現の最も基本的な単位が文です。文では小さな構成要素である語が組み合わさって語より大きい色いろな要素を作りますが、まず、文をふたつに分けるとすれば、「主部」と「述部」という要素になります。

ユニット1　文の2大要素

- 文は主部と述部でできている。
- スペイン語の文は統語構造的で、［主部（主語）＋述部］で構成される。情報伝達的には、主語は主題になることもある。
  ・Paco lee un libro.「パコは（1冊の）本を読む」
  Paco が主語（主部）、lee un libro が述部である。
- 日本語の文は情報伝達的で、［主部（主題）＋述部］で構成される。
  ・象は鼻が長い。
  統語構造的には、述部のなかの「鼻が」が主語である。主題が主語になることもある。
  「象は」が主題（主部）、「鼻が長い」が述部である。

1. 文の組立て

　文の組立ては、文の構成要素のあいだのつながりを文法的に規定する統語法（文法規則の総体）に従って説明することができますが、同時に、情報を伝達するときの組み合わせの様子から説明することもできます。スペイン語の文は統語構造的な組立てである性質が強く、日本語の文は情報伝達的な組立てであるという性質が強いようです。スペイン語では統語構造的な説明をするのが一般的であり、日本語では情報伝達的な説明をするのが一般的ですが、どちらの言語にも、統語構造的に説明したほうがわかりやすい面と、情報伝達的な仕組みから説明したほうがわかりやすい面があります。

具体的に説明してみましょう。例文1を見てください。

1. Paco lee un libro.「パコは（1冊の）本を読む」

統語構造的とは、述部の核となる動詞（lee：動詞 leer「読む」の3人称単数形）と、単数・複数や1人称・2人称・3人称などの文法的な特徴を一致させる主語、すなわち文法的に呼応する要素（3人称単数形の名詞 Paco）と組み合わせて文を作る仕組みのことです。他方、情報伝達的とは、まとまった情報を伝えるために、何か（主題：Paco）について何か（述部：lee un libro）を伝える、と解釈する姿勢のことです。

2. 主部について

主部とは文の2大要素のひとつであり、述部が表す動作・作用や性質・状態・関係などの行為に関して、その題材となる要素です。文の主部として位置づけられる要素が、スペイン語と日本語とでは異なります。主部を、スペイン語では主語と呼び、日本語では主題と呼ぶことにします。スペイン語の文にも主題はあり、日本語の文にも主語があります。

A. スペイン語の主語と主題：スペイン語の主語は普通、文頭に置かれます。しかし語順がある程度自由ですので、文頭以外に置かれることも少なくありません。

主語は名詞か代名詞です。場合によって名詞に色々な要素が加わりますが、そのときには名詞が主語の核になります。例文1の Paco lee un libro. では、Paco が主語でした。この主語は1語（固有名詞）ですが、主語はいつも1語であるとは限りません。例文2を見てみましょう。

2. La ocurrencia de Paco nos hizo reír a todos.
 「パコの思い付きは私たち皆を笑わせた」

この文の主語は la ocurrencia de Paco です。主語の核の名詞 ocurrencia「思いつき」に定冠詞の la と形容詞的な要素の de Paco が付加されています。

スペイン語の主語は普通、主題でもあります。しかし主語以外にも主題になれる文構成要素があります。たとえば、

3. Este libro no se lo presto a nadie. (se lo ← le lo)
 「この本は（私は）（それを）だれにも貸しません」

では、este libro「この本」が主題です。そして主語は、文面には出てい

ませんが動詞の1人称単数という活用形によって、1人称単数の主格人称代名詞 yo であることがわかります。そして este libro は動詞 prestar「貸す」の直接補語（直接目的語）ですが、文中ではそれを対格人称代名詞（lo）で再度示しています。

　主語は1語であれ数語の語句であれ、いつも表示されているとは限りません。ご存知のように動詞が主語の人称と数に従って変化（活用）するので、動詞の活用形が主語を指定するのが普通です。

　例文1の和訳文では「パコは」、2では「パコの思い付きは」が主題です。スペイン語の文を日本語に訳してみて「〜は」となる要素を、スペイン語の主題とみなしましょう。スペイン文法の学習を容易にするための作戦です。例文1と2では主語が主題になっています。例文3では主語が主題ではありません。すると例文3では、ひとつの文に主題（「〜は」の要素）がふたつ含まれていますが、この現象は日本語でも同じように起こります。

　スペイン語は統語構造的に文法体系を構築しています。ですから古い文法には情報構造的な「主題」という考え方がなく、主題であることを表示する具体的な手段もありません。しかし情報伝達的な考え方の主題という概念を手掛かりにすれば、スペイン語の文の組立てを一層よく理解することができます。

　主題は情報伝達的な日本文法の主要な概念のひとつです。日本語には主題を表示する文法的な手段があります。それが、主題を提示するという働きをする提題助詞です。代表的な提題助詞は、「太郎は」などの「は」です。主題のある文を有題文、ない文を無題文といいます。

　そこで、何種類かのスペイン語文の表現を一層よく理解するために、日本語に特徴的な主題という概念を利用することを提案します。スペイン語の文を日本語に訳して、その訳文のなかで「〜は」となりそうな要素を主題である、と解釈するのです。スペイン語には主題を表す文法的な手段がないから、日本語のように有題文・無題文という区別はできません。しかし情報伝達的な主題という概念を使って、文脈から主題があると判断される文を、主題文と呼ぶことにします。

B. 日本語の主題と主語：日本語の主題は「〜は」の形で、文頭に置かれます。主題は述部が表現する行為や状態の題材となる要素です。主語

は「〜が…する」の場合の「〜が」に当たります。行為や状態の主体です。例文4では、「象は」が主部である主題、「鼻が長い」が述部です。統語構造的には、「鼻が」は主語となります。主語は述部「鼻が長い」に含まれている要素のひとつです。

  4. 象は鼻が長い。
  5a. La trompa del elefante es larga.「象の鼻は長い」
  5b. El elefante tiene una larga trompa.「象は長い鼻を持っている」

 しかし主題が行為や状態の主体になることもあります。そのときは、日本語の主題は主語になります。

 例文4のような日本語の文全体の意味をスペイン語にすると5aのようになり、la trompa del elefante「象の鼻は」が主語（主題）になります。スペイン語でも「象は」に当たることばを主題にしたいのであれば5bのようになります。そうなるとスペイン語の主語が主題になります。

3. 述部について

 スペイン語の述部は、主語が実現する行為や状態を表現します。述部は動詞がその核になって、その前後に付加される要素が加わってできています。述部の核である動詞の位置は決まっていませんが、文の中心的な役割をします。

  1. Paco lee un libro.「パコは（1冊の）本を読む」

 例文1では、述部がlee un libroであり、その核がleeです。例文5aの述部はes largaであり、その核は動詞esです。例文5bの述部はtiene una larga trompaであり、その核は動詞tieneです。

 日本語の述部は、主題について解説される内容が表現されている部分です。そして、述語を核として、それに付加要素が付いて形成されます。主語が表現されるときは、述部のなかにその構成要素のひとつとして含まれます。

  4. 象は鼻が長い。

 例文4の場合、述部は「鼻が長い」であり、述部のなかでは「鼻が」が主語、そして「長い」が述語です。「パコは（1冊の）本を読む」では、「（1冊の）本を読む」が述部であり、述語は動詞の「読む」です。また、述語は普通、文末という位置を占め、スペイン語の場合と同じように文の中心的な役割を果たします。

ユニット 2　　主語のこと

- スペイン語の主語。
  - 主語は主部であり、その核は名詞である。
  - 主語になる名詞には、冠詞や形容詞、前置詞つきの名詞が付加される。
  - 主語になる人称代名詞がある。主格人称代名詞である。
  - 主語は主題であることが多い。
- スペイン語の主語の位置。
  - 平叙文では普通、[主語 - 動詞] の語順である。
  - 疑問文・感嘆文・命令文では普通、[動詞 - 主語] の語順である。
  - 現在分詞・不定詞の意味上の主語は、それらに後置される。
  - 副詞が文頭にあるときは [動詞 - 主語] の語順になる。
- 日本語の主語。
  - 日本語の主語は述部の一部であり、主題（主部）とは異なる。
  - 主語は格助詞「が」などで表される。

1. スペイン語の主語

スペイン語の主語は、文の主部です。例文を使って説明してみます。

　1a. El ilustre doctor del hospital se llama Fernández.
　　「(その) 病院の有名な先生はフェルナンデスという名前です」

　1b. (Él) Se llama Fernández. 「彼はフェルナンデスという名前です」

A. 主語の長さ：スペイン語では、主語は 1 語のとき（例文 1b の él など）もあれば、語句（例文 1a の el ilustre doctor del hospital など）のこともあります。後者の場合、主語の中心となる核は名詞 (doctor) です。

B. 主語の名詞の付加要素：主語になる名詞が語句の場合には、核となる名詞にいくつかの要素が加わります。それらは冠詞と形容詞、そして前置詞つきの名詞です。例文 1a の場合、el ilustre の el が冠詞、ilustre が形容詞、そして前置詞つきの名詞は del hospital であり、前置詞つきの名詞は形容詞的に働いて核の名詞 (doctor) にかかります。

C. 主語になる人称代名詞：主格人称代名詞のことです。yo, tú, él, ella,

usted; nosotros, nosotras, vosotros, vosotras, ellos, ellas, ustedes でしたね。例文 1a の主語を代名詞にすると 1b のようになり、例文 2a なら 2b のようになります。

 2a. Carmen lee el libro.　「カルメンはその本を読む」
 2b. (Ella) Lee el libro.　「彼女はその本を読む」

 主格人称代名詞は、動詞の活用形から推定することができるので、文面に現れないのが普通です。しかし話し手が特別な意味を表現したいときには現れます。話し手がその主語を使って対比の意味を表現したいときです。例文 3 は文としての意味を Leo el libro. という言い方でも表現できますが、それに対比の ［ほかの人のことはいざ知らず、この私は］のような意味を加えたいときには、yo を表現します。

 3.　Yo leo el libro.　「(ほかの人のことはいざ知らず) 私はその本を読む」

D. 主語と主題：主語は主題になることがあります。上記の例文の和訳文で「〜は」と訳されるような主語の場合です。主語が「〜は」と訳せないときには、主題ではありません。それは文脈によって決まります。たとえば、例文 3 が「だれがその本を読むのか」という質問の答えとして発話されたときには、「(ほかの人ではなく) 私がその本を読む」のような日本語になるでしょう。そのときには主語が主題になりません。

2. スペイン語の主語の位置

 スペイン語の主語の、述部の核である動詞との位置関係です。

A. 平叙文：平叙文では普通、［主語 - 動詞］の語順です（例文 1a, 2a, 3）。代名詞の主語が文面に現れれば、例文 1b, 2b もそうですね。

B. 疑問文・感嘆文・命令文：［動詞 - 主語］の語順が普通です。

 疑問文では、全体疑問文の場合には［主語 - 動詞］（4a）にも［動詞 - 主語］（4b）にもなります。

 4a. ¿María sabe la noticia?　「マリアはそのニュースを知っているの？」
 4b. ¿Sabe María la noticia?

 疑問詞を伴う部分疑問文（5）なら［動詞 - 主語］です。疑問詞は文頭に置くことが優先的な規則になっています。間接疑問文（6）の場合も［動詞 - 主語］になります。疑問詞が主語の場合には［主語 - 動詞］

になりますが (7a)、返答では［動詞 - 主語］になります (7b)。

 5. ¿Qué te dijeron tus padres? 「御両親は君になんて言ったの？」
 6. No sé cuál escogerá Pepe. 「私にはペペがどれを選ぶかわからない」
 7a. —¿Quién te lo dijo? 「だれが君にそう言ったの？」
 7b. —Me lo dijiste tú mismo. 「君自身が私にそう言ったんだよ」

 感嘆文では、感嘆詞が文頭に置かれるという優先的な規則があり、［動詞 - 主語］の語順になります（例文 8, 9）。

 8. ¡Qué dulce es esta pera! 「この洋梨はなんて甘いのでしょう！」
 9. ¡Cómo me encanta esta flor! 「この花はなんてすてきなのでしょう！」

 命令文でも同じく［動詞 - 主語］の語順になります（例文 10）。この語順は間接命令文 (11) でも同じことです。

 10. Déselo usted. (← Dé-le-lo)「あなた、それを彼にあげてください」
 11. Que venga Paco pronto. 「パコに早く来させてください」

 ただし、Ven aquí, tú.「君、ここへ来なさい」や Venid aquí, vosotros.「君たち、ここへ来なさい」の 2 人称の相手への肯定命令で使われる命令形には、主語に相当する代名詞が示されていても、それは主語ではなくて呼びかけ語です。

Ⓒ. 現在分詞・不定詞の主語：動詞の非人称形である現在分詞と不定詞の、意味上の主語は、主節の主語と異なるとき、非人称形の後ろに置かれます (12, 13)。

 12. Diciéndomelo tú, lo creo. 「君がそういうのなら、そう信じるよ」
 13. Este dinero es para pagar tú la comida.
   「このお金は君が食事代を払うためのものだ」

 不定詞の場合、スペイン系アメリカの一部ではそれに先行します。たとえば例文 13 なら para tú pagar になります。

Ⓓ. 副詞が文頭にあるとき：このときも［動詞 - 主語］の語順が普通です（例文 14, 15）。これらの例文では副詞が主題になっています。16 は periódicos が文法的には主語ですが、定冠詞などが付いていないのでその主語の性質は低く、文の情報については主題がはっきりさせます。それが文頭に置かれている副詞です (aquí)。

 14. En Osaka trabajan muchos extranjeros.
   「大阪では多くの外国人が働いている」

15. Estos días cuesta mucho el café. 「最近はコーヒーが高い」
16. Aquí se venden periódicos. 「ここでは新聞が売られる」

3. 日本語の主語について

　日本文法では「主語」という用語を使わないという考え方もあります。スペイン語では、主語は動詞の変化形（活用形）と人称や数の点で文法的に一致する、という特徴を持っていますが、日本語にはそのような文法現象がないからです。本書では日本語の場合にも、述語が表す動きを引き起こす主体や、述語が表す状態の主体となる要素を主語と呼びます。

A. 日本語の主語：日本語の主語は述部の一部であり、主題（主部）とは異なります。主題が主語になることはありますが、主語は主題になりません。

　　17. 象は鼻が長い。

　17 では、主部が主題の「象は」で、述部の「鼻が長い」の「鼻が」が主語です。

B. スペイン語との対応：例文 17 の日本語をスペイン語にするには、文全体の意味を「象の鼻は長い」と解釈して 18a のように訳すことができますが、その時は日本語でもスペイン語でも「象の鼻」が主語（主題）になります。また、「象は」をそのまま主題にして 18b のように「象については、その鼻が長い」という意味のスペイン語にすることもできますが、その時は主題と主語が異なります。主語は la trompa です。17 の文の意味をスペイン語的に解釈して「象は長い鼻を持っている」というスペイン語に訳すこともできるでしょう（18c）。

　　18a. La trompa del elefante es larga.
　　18b. En cuanto al elefante, la trompa es larga.
　　18c. El elefante tiene una larga trompa.

C. 格助詞「が」：日本語の主語を表示するもっとも基本的な格助詞は「が」です。しかし主語はそれ以外に「に」（「太郎には～不思議だ」）、「から」（「太郎から知らされた」）、「の」（「太郎の採ってきた山菜」）などでも表示されます。また、「が」は主語の表示のほかに、「父の死が悲しい」のときのように対象も表します。

ユニット3　主題のこと

　日本語の文は主部と述部でできています。日本語の文の主部は主題です。日本語の主題について、スペイン語とも対比しながらお話ししましょう。日本語の助詞をカタカナで示し、格助詞のついた名詞を「ガ格」のように表示することもあります。

- 日本語の主題：主題は提題助詞の「～は」で示される。
- 述部のなかでさまざまな働きをする要素が主題になることがある。たとえば動作の対象を示す格助詞「を」のついた要素「その小説を」などが主題になれば「その小説は私が書いた」のような文になる。
- 主題は使い方によっていくつかに分類することもできる。
- 提題助詞「は」の機能には、主題の提示と対比の意味表示がある。
- スペイン語の文も主題という情報伝達上の概念で解釈することができる。

1. 日本語の主題

　喫茶店で注文をたずねられて「私はコーヒーです」と答えたときなどの「私は」が、典型的な主題です。主題であることを表すのは、提題助詞の「は」です。この文が何について述べられているのかを示しているからです。この文では、主題は主語でありません。

　主題になるには、主題として取り上げる名詞が何を指しているのかが、話の流れ、発話場面の状況、あるいは常識から特定できるものでなくてはなりません。「ある男」について述べるとき、「ある男は住んでいました」とは言えません。「ある男が住んでいました」のように格助詞「ガ」で主語にして表現します。このように表現されたあとでは、男のことが話の流れになかに入ってきているので、「その男」に「は」を加えて主題にし、「その男は山へ行きました」のように表現することができます。

　主題のある文を有題文と言い、主題の無い文を無題文と言います。知覚した内容をそのまま表現する文（たとえば「あっ、雪が降ってきた」）や出来事を客観的に報告する文（たとえば「昨日、大通りで交通事故があった」）には、主題がありません。談話では文が並べられますが、ひとつの主題についての発話が続きますから、そのなかの文にはどれにも

主題が提示されているわけではありません。談話のなかの文では主題が省略されていることが普通です。その場合の主題は、存在するのですが隠れています。そういう主題は文脈から判断することができるでしょう。

A. 文の主題になる成分：日本語では主題を格助詞との関連で説明すると理解しやすくなります。文を構成する要素のなかで主題になりやすいのは、まず、動作や状態の主体を表すガ格の名詞です。述部のなかで主語になる要素です。また、さまざまな格助詞を伴う要素も主題になります。たとえば、

・動作の主体を示すガを伴う要素（スペイン語では主語）：
「私は学生です」←「私が」
Yo soy estudiante.
・動作の対象を示すヲを伴う要素（スペイン語では直接補語）：
「その小説は私が書いた」←「その小説を」
Esa novela la escribí yo.
・動作の相手を示すニを伴う要素（スペイン語では間接補語）：
「彼には私がそれを知らせます」←「彼に」
A él se lo avisaré yo.
・場所を示すデを伴う要素（スペイン語では場所指示の状況補語）：
「東京ではオリンピックが開かれます」←「東京で」
En Tokio se celebrarán las Olimpiadas.
・場所を示すニを伴う要素（スペイン語では場所指示の状況補語）：
「机の上には本がある」←「机の上に」
Sobre la mesa hay libros.
・着点を示すへを伴う要素（スペイン語では方向指示の状況補語）：
「東京へは飛行機で行きます」←「東京へ」
A Tokio voy en avión.
・起点を示すカラを伴う要素（スペイン語では起点表示の状況補語）：
「東京からは飛行機で来ました」←「東京から」
De Tokio {he venido / vengo} en avión.
・経過域を示すヲを伴う要素（スペイン語では場所指示の状況補語）：
「この公園はよく散歩します」←「この公園を」
Por este parque suelo pasear.

- 時を示すニを伴う要素（スペイン語では時間指示の状況補語）：
  「木曜日にはでき上がります」←「木曜日に」
  El jueves estará preparado.

などです。もとの格助詞は省略されてハが付いたり（ガ、ヲ）、そのままでハが付いたりすることがわかります。また、話しことば（口語）では、「あなた、お医者さんですか」「このリンゴ、甘いですね」のように、ハがなくても主題になります。なお、格助詞のことはユニット10を参考にしてください。

B. **主題の分類**：主題はその使い方に注目すると、何種類かに分類することができます。たとえば次のようなものです。

- 典型的な主題：「〜ハ」。
- 口語の主題（助詞なし）：「この本、あげるよ」Este libro te lo doy.
- ことばの解説を行なう文の主題：「剣道は日本起源の武術である」
  El kendo es un arte marcial de origen japonés.
- 限定された叙述を行なう文の主題：「この件については後述します」
  Este asunto se lo explicaré luego.
- 立場を表す主題：「担当者としてはそう申します」
  Como encargado, se lo digo a usted.

C. **提題助詞ハの機能**：主題を提示する典型的な手段は、助詞のハを使うことです。ハは多くのもののなかからひとつを取り立てて、それを主題として提示するので、提題助詞とも呼ばれます。このハで表される主題は、特定の名詞（指示対象の定まった名詞）でなくてはなりません。

ハの基本的な機能は文の主題を提示することですが、文脈によっては対比の意味を表現することもできます。「私は行きますが、君はどうしますか？」などです。また、「私は今日は行きません」のように、ひとつの文にふたつのハが含まれているときには、最初のハは主題提示の機能が強いと解釈できます。そして2番目のハは対比の意味が強いですね。とはいえ、ハが主題を提示しているのか、対比の意味で使われているのかは、文脈の解釈によって変わってくるようです。こころみに、ハの付く文をいくつか作ってみてください。主題の意味の強い場合と、対比の意味の強い場合とがあることがわかるでしょう。

2. スペイン語の主題

　では、スペイン語の主題はどうでしょうか。この言語には主題を示す提題助詞のような明示的で文法的な表現手段がありません。手掛かりは日本語に訳すと「〜ハ」になることでしょう。主題はおもに文頭（あるいは動詞の前）に現れます。そして日本語ではハの有無で、文は主題が含まれる有題文と含まれない無題文に区別されます。スペイン語では日本語に訳して「〜ハ」に相当する要素があるかないかで判断し、あれば主題文である、ということにします。さらに、スペイン語でも主題になれる要素は、指示対象の定まった内容の語句です。斜字体が主題です。

1. *Pedro* es estudiante. 「ペドロは学生です」（主題＝主語）
2. *Pedro* canta bien. 「ペドロは上手に歌を歌う」（主題＝主語）
3. (*Yo*) Quiero comer. 「私は食事がしたい」（主題＝隠れている主語）
4. *Este libro* te lo doy. 「この本は君にやるよ」（主題＝直接補語）
5. (*A mí*) *Me* duele la cabeza hoy.
   「私は今日、頭が痛い」（主題＝間接補語）
6. *En Osaka* hay muchos restaurantes.
   「大阪には料理店が多い」（主題＝場所指示の状況補語）
7. *Estos días* cuesta mucho el café.
   「最近はコーヒーが高い」（主題＝時間指示の状況補語）

スペイン語の主題については、つぎのユニット4で詳しく見てみます。

　スペイン語の文法を学び始めたときに「主題」という用語に接した経験者は少ないと思います。ましてやユニット4で扱う「主題文」などという呼び名を聞くと、戸惑われるでしょう。言語学的には問題があるかもしれません。しかし主題という観点が重要な日本語を使う人たちがスペイン文法を学習するときには、とても便利な考え方だと思います。参考にしてください。

ユニット 4　スペイン語の主題文

　日本語は情報伝達に注目する言語ですから、文の意味を解釈するとき、主題という考え方が大切です。他方、スペイン語は文の統語構造の組み立て方に注目する言語ですから、主語という考え方が大切ですが、文の意味を解釈するときには、情報伝達の面にも注目すると理解しやすくなります。スペイン語では主語が同時に主題でもあることが多いのですが、主語ではない文の要素のひとつであっても、日本語に訳すと「～は」になるものが主題です。主題を含んでいる可能性の高い文を主題文と呼びます。ここでは主題を斜字体で示します。

　スペイン語の文のなかには、主題という考え方を取り入れると理解しやすいものがある。それらを主題文と呼ぶ。
- 動詞の目的語（直接補語・間接補語）が主題になっている文：
  ・*Este libro* te lo doy.　「この本は君にやるよ」（直接補語）
  ・(*A ti*) *Te* doy este libro.　「君にはこの本をやるよ」（間接補語）
- 難易表現の主題（＝主語）：
  ・*Este libro* me es difícil de leer.　「この本は私には読むのが難しい」
- 状況補語が主題である文：
  ・*En Osaka* hay muchos restaurantes.　「大阪には料理店が多い」
- 対比の意味の主題：
  ・*Yo* no te mentiré nunca.　「私は君に決してうそを言わないよ」
- 向き違いの動詞の主題：
  ・(*A mí*) *Me* duele la cabeza.　「私は頭が痛い」

1. 目的語（直接補語・間接補語）が主題になる文

　例文1は行為者(Yo)が主題(＝主語)の平叙文です。平叙文はたいてい、主語が主題になっている主題文です。例文2は動詞の直接補語（直接目的語）が、そして3は間接補語（間接目的語）が主題になっています。

1. (Yo) Te doy este libro.　「（私は）君にこの本をやるよ」
2. *Este libro* te lo doy.　「この本は君にやるよ」
3. (*A ti*) *Te* doy este libro.　「君にはこの本をやるよ」

　このように、動詞の目的語を主題にして文頭に出し、それを指す代名

詞を文中に含めるという重複表現が、直接補語や間接補語を主題にするスペイン語の主題文の特徴です。しかし、たとえば *Tú* no me lo dijiste a mí.「君は（この）私にそう言わなかったな」のように間接補語（me と a mí「私に」）が重複して表現されていても、文頭に出されていなければ主題にはなりにくく、単なる補語の強調表現です。

　直接補語が文頭に置かれても、それに続く文のなかで代名詞によって重複的に表示されなければ、主題になりません。重複表現の代名詞のない文は単なる強調構文になります。例外的な表現になりますが、たとえば ¡El piano toca Carmen!「ピアノを、カルメンがひくのだ」のような言い方です。このような場合、よく、el piano の後ろに短い休止が置かれます。なお、*El piano* lo toca Carmen. になると、「ピアノはカルメンがひく」のような平叙の主題文になります。

2. 難易表現の主題

　形容詞の fácil「易しい」、difícil「難しい」などを使った表現の文型では、主題文という考え方を使うとうまく理解できることがあります。例文 4a は不定詞が主語ですが、この不定詞に意味上の主語を間接補語として加えると 4b のようになり、その意味上の主語が主題になります。この主題を強調すると A mí が加わって me に先行します。

　　4a. Es difícil leer este libro. 「この本を読むのは難しい」(読みにくい)

　　4b. (*A mí*) *Me* es difícil leer este libro. 「私にはこの本を読むのが難しい」

　例文 4a の直接補語（este libro「この本」）を主題にすると、例文 5 のようになります。主題は主語でもあります。例文 6 では主題がふたつあります。二番めの主題 me は対比の意味を表現しています。

　　5. *Este libro* me es difícil de leer. 「この本は私には読むのが難しい」
　　6. *Eso* me es muy fácil de entender. （Eso は主題＝主語、me は対比）
　　　「それは私にはとても容易に理解できる」(理解しやすい)

3. 状況補語が主題になる文

　例文の 7, 8, 9 のように、状況補語の副詞（句）が文頭に出されていれば、それが主題になります。状況補語の主題文です。

　　7. *En Osaka* hay muchos restaurantes. 「大阪には料理店が多い」
　　8. *Estos días* cuesta mucho el café. 「最近はコーヒーが高い」

9. *Aquí* llueve mucho en invierno. 「ここでは冬によく雨が降る」

例文 10, 11 のように副詞（句）が文頭に出ていても、特定できる意味を指していなければ主題にはなりません。少し無理のある例外的な表現ですが、単なる副詞を強調する構文です。

10. Muy bien baila Carmen. 「とても上手にカルメンは踊る」
11. Bien ha ganado Pedro. 「よくペドロはかせいだ」

4. 対比の意味の主題

文脈によっては、主題が対比の意味を表現することがあります。主語になる主格人称代名詞は、動詞の活用形から想定できるので提示されませんが、対比の意味を表現するときには、例文 12 の yo のように、意図的に提示されます。

12. *Yo* no te mentiré nunca.
　　「（他の人はいざ知らず）私は君に決してうそを言わないよ」

つぎのような副詞の表現も、対比されていれば、ハで訳すことができます。Este sombrero es muy popular <u>en los pueblos</u>, pero no tanto en las <u>ciudades</u>.「この帽子は田舎ではとてもよく見られるが、都会ではそれほどでもない」の下線部です。この文では este sombrero が主語＝主題です。

5. 向き違いの動詞の主題

スペイン語の文は普通、［主語 - 動詞］という語順で作られます。しかし、なかには、その逆の［動詞 - 主語］の語順を取るのが普通の自動詞があります。例文 13 の自動詞 doler「痛む」などは本来的に［動詞 - 主語］の語順を取るので、「向き違いの動詞」と呼ばれることがあります。主題は文頭に置かれる間接補語です。そしてそれに相当する与格人称代名詞が重複的に文中に含まれます。情報伝達的に解釈すると主題文です。ほかにも faltar「不足している」（14）、gustar「気に入る」（16, 17）、interesar「関心を持たせる」（18）などがあります。人間が主題になることが普通ですが、ものが人間並みに扱われて主題になることもあります（15）。［動詞 - 主語］の語順を好む理由としては、物事を主語にする出来事の文を、それに関係する人間を主題にして表現しようとする傾向のことが考えられます。

13. (*A mí*) *Me* duele la cabeza. 「私は頭が痛い」

14. (*A mí*) *Me* falta el tiempo. 「私には時間が足りない」
15. *A esta máquina le* faltan dos tornillos.
「この機械にはネジが2本足りない」
16. (*A mí*) *Me* gusta mucho el café. 「私はコーヒーが大好きです」
17. *A Isabel le* gustan mucho los dulces. 「イサベルは菓子が大好きだ」
18. *A Paco le* interesa el deporte. 「パコはスポーツに関心がある」

他動詞のなかにも、この［動詞 - 主語］の語順を好むものがあります。encantar「大好きにさせる」(19)、molestar「わずらわせる」(20)、sorprender「驚かす」(21) などです。例文 19, 21 のように、カッコのなかの前置詞格人称代名詞が表現されると、直接補語が主題であることが一層よくわかります。

19. (*A mí*) *Me* encantaba viajar solo. 「私はひとり旅が大好きだった」
20. *A Paco le* molesta ese ruido. 「パコ（に）はその騒音がわずらわしい」
21. (*A nosotros*) *Nos* sorprendió su silencio.
「私たちは彼が黙っているので驚いた」

また、再帰動詞の ocurrirse「思いつく」(22)、dormirse「しびれる」(23) なども［動詞 - 主語］の語順を好みます。

22. (*A mí*) Se *me* ocurrió una idea. 「私はいいことを思いついた」
23. *A Paco* se *le* durmieron los pies. 「パコは足がしびれた」

他動詞 olvidar「忘れる」が再帰動詞の olvidarse de ...「…（のこと）を忘れる」になるときの使い方にも注意しましょう。人間が主語（一般的に主題）の場合は「うっかり」のようなニュアンスが加わり、例文 24 のような「もの」を忘れたり、25 のような「こと」を忘れたりする表現になります。しかしものやことが主語になるときには、［動詞 - 主語］の語順です。その文の内容に関与する人間が主題として文頭に置かれて、ものが主語（el dolor）になったり (26)、ことが主語（traer）になったり (27) して表現されます。

24. *Paco* se olvidó de sus deberes. 「パコは宿題を忘れた」
25. *Paco* se olvidó de apagar la luz. 「パコは灯を消し忘れた」
26. *A los niños* se *les* olvida pronto el dolor.
「子供たちは痛みをすぐに忘れる」
27. *A Paco* se *le* olvidó traer sus deberes.
「パコは宿題を持ってくるのを忘れた」

テーマ2　文の述部

　文は主部と述部で構成されています。主部も述部もそれぞれに中心となる核があり、それぞれの核にさまざまな要素が付加されています。述部の核は述語です。スペイン語では動詞が述語になり、日本語では動詞や形容詞が述語になります。そしてスペイン語では述部が述語と補語という要素で構成され、日本語では述部が主語や補足語や修飾語という要素で構成されているのです。

　テーマ2では述部の構成とその要素について解説します。4種類の補語や補語に付く前置詞 a の話をし、「格のこと」では主語や補語と格の問題に触れます。さらに「人称代名詞」「再帰代名詞」「接続法」というユニットを設けて、日本語との違いに触れましょう。

ユニット5　述部の構成

　まず、述部の組み立てです。

　文は主部と述部でできているが、述部はその核である述語と、述語の意味を補ういくつかの語句でできている。
- スペイン語の場合：述語は動詞であり、その意味を補う語句を補語という。
  - 叙述補語：主語の属性をつなぐの動詞などで補う。
    Pedro es *estudiante*.「ペドロは学生です」
  - 状況補語：動詞の意味を副詞（句）が補う。
    Te lo voy a enseñar *ahora*.「君に今それを教えてあげよう」
  - 直接補語：動詞の行為が直接的におよぶ相手である。
    Carmen lee *el periódico*.「カルメンは新聞を読む」
  - 間接補語：動詞の行為が間接的におよぶ相手である。
    Paco ofrece unas flores *a Carmen*.「パコはカルメンに花を差しだす」
- 日本語の場合：述語は動詞と形容詞である。述語の意味を主語と補足語と修飾語が補う。

1. 述部の組み立て

文は主部と述部でできていて、述部は主部（主語）について述べられる部分です。述部には核があり、その核が述語です。スペイン語の述語は動詞です。そして日本語の述語は動詞と形容詞です。

2. スペイン語の動詞について

活用している動詞は述語になります。その文の主語と文法的特徴の人称や数の点で一致し、主語で指された概念や事物を、時間の流れの中に位置づけます。位置づけの種類は、話し手の発話姿勢によって決まる文の種類に相当します。平叙文・推測文・疑問文・命令文・願望文・感嘆文などです。その位置づけの仕方は法（直説法・接続法）や時制（過去・現在・未来）に従って変わります。

スペイン語の動詞には述語（述部の核）になれない動詞もあります。名詞としての動詞である不定詞（cantar「歌う［こと］」など）・形容詞としての動詞である過去分詞（cantado, cantada「歌われた」など）・副詞としての動詞である現在分詞（cantando「歌いながら」など）の3種類です。これらの動詞は、人称による変化がないので動詞の非人称形と呼ばれます。

3. スペイン語の補語

スペイン語の文の述部には補語と呼ばれる要素が含まれています。なんらかの働きをして動詞の意味を補うものです。主語の意味を述部で補う働きをする叙述補語、動詞の動作にかかわる意味を補う状況補語、動詞の行為の相手を直接的に指す直接補語（直接目的語のこと）、動詞の行為の相手を間接的に指す間接補語（間接目的語のこと）があります。

A. 叙述補語：主語の意味を補う補語です。基本的にはつなぎの動詞のserやestarが主語と叙述補語をつなぎます。例文1では名詞、2と3では形容詞です。

1. Pedro es *estudiante*. 「ペドロは学生です」
2. Pedro es *gordo*. 「ペドロは太っている」
3. Carmen está *enferma*. 「カルメンは病気です」

つなぎの動詞以外の動詞でできた文の場合、叙述補語は、意味の点で

は動詞にかかる副詞的な要素ですが、文の組み立ての仕組みでは（統語的には）、同時に主語や直接補語（意味上の主語）にかかり、結果としてそれが含まれている文に、別の文のような意味を加えます。

　自動詞の文では、文法的には主語にかかりますが、意味的には同時に動詞の意味を補います。品詞としては形容詞（4）・過去分詞（5）・現在分詞（6）がありますが、形容詞や過去分詞のときには主語と性・数が一致します。

　　4. Ana vive allí *tranquila*.　「アナはそこで静かに暮らしている」
　　　（←「アナはそこに住んでいる」＋「アナは落ち着いている」）
　　5. Antonio llegó *cansado*.　「アントニオは疲れて着いた」
　　　（←「アントニオは着いた」＋「アントニオは疲れていた」）
　　6. Paco pasó por allí *silbando*.　「パコは口笛を吹きながらそこを通った」
　　　（←「パコはそこを通った」＋「パコは口笛を吹いていた」）

　他動詞の文では、直接補語（叙述補語の意味上の主語）の意味を補います。文法的には意味上の主語にかかりますが、意味的には同時に動詞にもかかります。過去分詞（例文7）や名詞（8）や形容詞（9）が叙述補語になります。過去分詞や形容詞は直接補語と性・数を一致させます。

　　7. Ana trajo *frito* el pescado.　「アナは（その）魚を揚げて運んできた」
　　　（←「アナは魚を運んできた」＋「魚は揚げられていた」）
　　8. Nombraron a Paco *director*.　「パコは所長に任命された」
　　　（←「人々はパコを任命した」＋「パコは所長になった」）
　　9. El vestido la hizo más *delgada*.
　　　「彼女はそのワンピースを着るとやせて見えた」
　　　（←「そのワンピースは彼女を変えた」＋「彼女はやせていた」）

Ⓑ. 状況補語：時や場所の意味の情報となって、動詞の行為が展開される状況を説明する要素です。文中では主に副詞（句）として機能します。

　　10. Te lo voy a enseñar *ahora*.　「君に今それを教えてあげよう」
　　11. Mario corre *por la calle*.　「マリオは通りを走る」

Ⓒ. 直接補語：他動詞の働きを直接的に受ける要素です。直接目的語と呼ばれることもあります。

　　12. Carmen lee *el periódico*.　「カルメンは新聞を読む」
　　13. Antonio dice *la verdad*.　「アントニオは本当のことを言う」

D. 間接補語：動詞の働きを間接的に受ける要素です。間接目的語とも呼ばれます。

 14. Paco ofrece unas flores *a Carmen*. 「パコはカルメンに花を差し出す」
 15. He escrito *a mi madre*. 「私は母に手紙を書いた」

4. 日本語の述部

　日本語の文は主部（主題）と述部でできています。述部にはその核である述語（動詞・形容詞）と、主語・補足語・修飾語が含まれます。主語（ユニット2）と主題（ユニット3）についてはすでに解説しました。例文16の「この石は」、17の「父は」、18の「次郎は」は主部（主題）です。そして19の「一郎が」、20の「花子が」は述部の一部である主語ですが、これらの文には主題が提示されていません。

 16. この石はとても重い。
 17. 父は花子に犬を与えた。
 18. 次郎は通りを走る。
 19. 一郎が重い荷物を軽々と運んだ。
 20. 花子がその犬をキャリーと名づけた。

　動詞は単独で述語になり、文中での働きの違いを活用形で示します（例文17の「与えた」、19の「運んだ」、20の「名づけた」）。形容詞は述語の働きをしたり（例文16の「重い」）、名詞の修飾語になったりします（例文19の「重い」）。

　補足語は述語が表す動きや状態に関する人やものの意味を補います。［名詞＋格助詞］と［名詞＋引用の助詞］の形式をとります。［名詞＋格助詞］の補足語は、それぞれ、おおむねスペイン語の主語（例文19の「一郎が」や20の「花子が」）・直接補語（例文17の「犬を」や19の「荷物を」、20の「その犬を」）・間接補語（例文17の「花子に」）・状況補語（例文18の「通りを」）に当たり、［名詞＋引用の助詞］は叙述補語（例文20の「キャリーと」）に当たります。

　述語の意味を補う修飾語には色々な品詞の語がなりますが、おもに副詞です（例文16の「とても」、19の「軽々と」）。スペイン語の状況補語にあたります。

ユニット 6 直接補語

ユニット 5 で紹介した直接補語を詳しく説明してみましょう。直接補語は動詞の動作が直接的におよぶ相手を指しました。直接目的語とか対格補語と呼ばれることもあります。人称代名詞なら対格人称代名詞と呼ばれます。

> ━直接補語：能動文の動詞の行為の直接的な対象になるものである。
> 　　Los muchachos tiraron *piedras*. 「若者たちは石を投げた」
> ・直接補語を主語にして受け身の文に書き換えることができる。
> 　　Fueron tiradas piedras por los muchachos.
> 　　　「石は若者たちによって投げられた」
> ・直接補語を伴う動詞は他動詞である。
> ・人を指す直接補語には前置詞 a がつく。
> ・対格人称代名詞とは、直接補語になる人称代名詞である。
> ・直接補語は主題になることがある。
> ・レ代用法：3 人称の対格人称代名詞には方言的な使い分けがある。

1. 直接目的語としての直接補語

つぎの例文にはそれぞれ名詞（句）が斜字体で含まれています。

1a. Los muchachos tiraron *piedras*. 「若者たちは石を投げた」
2. Mi abuelo tiene *mucho dinero*. 「祖父はお金をたくさん持っている」
3. Paco no quiere *a sus hermanos*. 「パコは兄弟を好いていない」
4. Ana trabaja *todos los días*. 「アナは毎日働く」
5. (Nosotros) Nos iremos *a casa*. 「私たちは家に行くつもりです」
6. Luis peleaba *con sus amigos*. 「ルイスは友達とけんかしていた」
7. Antes escribíamos *a máquina*.
　「私たちは以前、タイプライターで字を書いていた」

最初の 3 例（1a, 2, 3）は、例文 1b のような強調表現のタイプの文に書き換えられます。しかしあとの 4 例（4-7）ではそのような書き換えができません。4 なら Todos los días es lo que trabajo. とは言えません。それは、おなじ名詞句でも、文中での働きが直接補語ではなく、状況補語だからです。この書き換えについてはユニット 40 を見てください。

1b. Piedras es lo que tiraron los muchachos.
    「石は若者たちが投げたものだ」
　また、最初の 3 例は、おなじ意味の受け身の文（動詞 ser ＋過去分詞）に言い換えられます（例文 1c）。そうすると、もとの主語が行為者を示す要素として提示されますが、あとの 4 例では言い換えられません。この型の受け身の表現（受動表現）はスペイン語の好みではないので、報道文などのほかではほとんど使われません。受動表現についてはユニット 21, 22 を参照してください。
  1c. ? Piedras fueron tiradas por los muchachos.
    「石は若者たちによって投げられた」
　とはいえ、例文 1c は、文法的には問題がありませんが、表現としては少し不自然です。名詞の意味が定冠詞などで特定化されていないからです。主語と動詞を置き換えれば、同じ意味の自然な受動表現になります（例文 1d）。
  1d. Fueron tiradas piedras por los muchachos.
　そしてこの置き換えも例文の 4 から 7 ではできません。名詞句の働きが異なるからです。
　結局、直接補語とは、能動文の他動詞の行為の直接的な対象になるものであり、受け身の文に書き換えると主語になるもののことになります。

2. 直接補語と動詞

　直接補語を決して取らない動詞が自動詞であり（ir「行く」、nacer「生まれる」、ser「〜である［本質的］」、estar「〜である［一時的］」、caer「倒れる」、florecer「花を咲かせる」など）、直接補語を取る動詞が他動詞です。しかし動詞のなかには自動詞でも他動詞でも使われるものがあります。comer（8）、escribir（9）、subir（10）、aumentar（11）などです。
  8a. Siempre como en esta cafetería. （自動詞）
    「私はいつもこのカフェテリアで（昼食を）食べる」
  8b. Paco no come la ensalada de verduras. （他動詞）
    「パコは野菜サラダを食べない」
  9a. Ana escribe muy bien. （自動詞）「アナはとても上手に字を書く」
  9b. Anoche Ana escribió tres cartas. （他動詞）
    「昨晩、アナは手紙を 3 通書いた」

10a. Entonces Isabel subió a la escena. （自動詞）
「そのときイサベルは舞台に上がった」

10b. Entonces Isabel subió las escaleras. （他動詞）
「そのときイサベルは階段をのぼった」

11a. El año pasado aumentaron un poco los precios. （自動詞）
「昨年、物価が少し上昇した（増えた）」

11b. El año pasado aumentó el personal esta compañía. （他動詞）
「昨年、この会社が人員を増やした」

3. 直接補語につく前置詞 a

　人の意味の名詞が直接補語になると、前置詞の a を伴います。事物の名詞には a が付いたり付かなかったりします。見方によって人と同様に扱われると、a が付きます。このテーマはユニット 9 で扱います。

4. 直接補語の人称代名詞

　直接補語になる人称代名詞は対格人称代名詞です。me, te, lo, la, nos, os, los, las のような無強勢形（アクセントなし）でしたね。また、スペイン語の初級の復習になりますが、直接補語で人を指していても、対格人称代名詞の場合は前置詞の a を取りません。そして、普通の直接補語（例文 12a）と異なり、動詞の前に置かれます（12b）。

12a. El profesor saludó *a los alumnos*. 「先生は生徒にあいさつした」

12b. El profesor *los* saludó. 「先生は彼らにあいさつした」

肯定命令表現（13）・不定詞（14a）・現在分詞（15a）の場合、対格人称代名詞は動詞の後ろに動詞とともに 1 語であるかのように付けられます。しかし不定詞と現在分詞の場合には、動詞の前にも置かれます（14b, 15b）。

13. Envíame*lo* cuanto antes. 「できるだけ早くそれを送ってくれ」

14a. Voy a ver*la* un momento. 「それをちょっと見てみよう」

14b. = *La* voy a ver un momento.

15a. Carlos estaba estudiándo*lo*. 「カルロスはそれを勉強していた」

15b. = Carlos *lo* estaba estudiando.

　直接補語がその指示物を強調するとき、人称代名詞の重複表現が起きます。対格人称代名詞（16a の los や les など）と前置詞格人称代名詞

(16aのa ellosなど)とです。そのとき場所を入れ替えてもいいのです。16bのように、前置詞格人称代名詞の直接補語を文頭に出すと、つぎの**5**で説明される主題になります。

16a. El profesor {*los / les*} saludó *a ellos*.　(→ **6**. レ代用法)
　　「先生は生徒にあいさつした」

16b. = *A ellos* {*los / les*} saludó el profesor.

さらに、対格人称代名詞で表現した指示物が文脈から見て紛らわしいと思われるとき、その対象を明確にするために、少し不自然ですが、あらためて直接補語として文中に含めることもできます。重複表現です。

17. No *los* he visto *a tus hermanos*.　「私は君の兄弟を見なかった」

5. 主題になる直接補語

直接補語が発話の主題になるとき、例文 16b, 18b, 19 のように文頭に置かれ、その指示物が文中で対格人称代名詞として重複的に置かれます。そのとき主語が動詞の後ろに置かれるのが普通です (18b)。

18a. El rey no vio *a sus hermanos* aquella mañana.
　　「王はその日の朝、兄弟たちに会わなかった」

18b. *A sus hermanos* no *los* vio el rey aquella mañana.
　　「(自分の)兄弟たちには、王はその日の朝、会わなかった」

19. *Esta bicicleta* la compré en el mismo sitio.
　　「この自転車は同じところで買いました」

6. レ代用法

対格人称代名詞には方言的な使い方があります。人間の男性を指す3人称の対格人称代名詞は、伝統的には lo, los ですが、スペインの北部・中部では標準語として le, les という形が使われます(例文 **16a, 16b, 20**)。レ代用法 (leísmo) と呼ばれます。しかしスペイン系アメリカでは lo, los が使われます。また、le を a usted「あなたを」のときにだけ使う現象もレ代用法と呼ばれます (**21**)。

20. A Mario {*lo / le*} premiaron en el colegio.
　　「マリオは学校で賞を与えられた」

21. Señorita, yo *le* atenderé a usted gustosamente.
　　「お嬢さん、私が喜んで応対いたします」

ユニット7　間接補語

このユニットは間接補語のお話です。ユニット5で紹介した内容を確認しながら、少し詳しくお話ししましょう。間接補語は動詞の動作が間接的におよぶ相手を指しました。間接目的語とか与格補語と呼ばれることもあります。人称代名詞なら与格人称代名詞と呼ばれます。間接補語は斜字体で示します。

> 間接補語は以下の条件を満足させる。
>   a. Ya he escrito *a mi padre*. 「私はもう父に手紙を書いた」
>   b. Ya *le* he escrito. 「私はもう彼に手紙を書いた」
> ・前置詞の a を伴う（例文 a）。
> ・直接補語と違って、受け身表現の主語になれない。
> ・与格人称代名詞は名詞の代わりに間接補語になる（例文 b）。

1. 直接補語との違い

例文1は間接補語を伴っています。例文2aは1と同じ文型になりますが、a mi padre は直接補語です。直接補語のときには、少し不自然ですが、それが主語の受け身表現が可能です（2b）。例文1の a mi padre という間接補語は、それが主語になる受け身の表現ができません。

1. He escrito *a mi padre*. 「私は父に手紙を書いた」
2a. He visto a mi padre. 「私は父を見た（父に会った）」
2b. Mi padre ha sido visto por mí. 「父は私に見られた」

直接補語と違って、間接補語は人（3a, 4a）でも事物（3b, 4b）でも前置詞 a を伴います。この前置詞と補語の関係はユニット9で詳しく見てみます。

3a. Dio un puñetazo *al ladrón*. 「彼は泥棒にげん骨をくらわせた」
3b. Dio un puñetazo *al cristal*. 「彼は窓ガラスにげん骨をくらわせた」
4a. *Le* pongo un abrigo *al niño*. 「私はその子にオーバーを着せる」
4b. *Le* pongo un forro *al libro*. 「私はその本にカバーをかける」

［a ＋名詞］が直接補語でも間接補語でもない場合と区別しましょう。例文の5や6は、受け身の構文にならないし（直接補語ではない）、与格人称代名詞に置き換えることもできません（間接補語ではない）。例

文5のa mi puebloは場所を指す状況補語であり、6のa comerは目的を指す状況補語で、どちらも副詞句です。不定詞は動詞ですが、名詞の働きをします。

5. He ido a mi pueblo.「私は自分の村へ行った」
6. Vienen a comer.「彼らは食事をしにやってくる」

2. 間接補語の人称代名詞

間接補語になる代名詞は me, te, le, nos, os, les という与格人称代名詞です。アクセント（強勢）を帯びていません（無強勢形）。

7. *Le* he escrito ya.「私はもう彼に手紙を書いた」

与格人称代名詞は、対格人称代名詞と同じく、例文7のように動詞の前に置かれますが、肯定命令表現（8）、不定詞（9a）、現在分詞（10a）の場合はその後ろにくっついて1語のようになります。不定詞と現在分詞の場合には動詞の前にも置かれます（9bと10b）。

8. Dá*me*lo.「（君）私にそれをください」
9a. Voy a enseñar*le* la foto.「私は彼にその写真を見せよう」
9b. = *Le* voy a enseñar la foto.
10a. Carlos está escribiéndo*le*.「カルロスは彼に手紙を書いている」
10b. = Carlos *le* está escribiendo.

与格人称代名詞はaを伴う前置詞格人称代名詞によって重複表現をすることが可能です。3人称の場合、代名詞で指示されるものの内容が明確に示されます（11a, 12a）。

11a. *Le* he escrito *a ella*.「私は彼女に手紙を書いた」
12a. Ana *le* dio un libro *a él*.「アナは彼に本を1冊与えた」
13a. *Nos* han puesto *a nosotros* una multa.「私たちは罰金を科された」
14a. *Te* deseo felicidades *a ti*.「君に幸運を祈るよ」

aを伴う前置詞格人称代名詞が与格人称代名詞に先行することもありますが、この場合には前置詞格人称代名詞が主題になります（ときには以下の例文のように、対比の意味が強くなります）。

11b. *A ella le* he escrito.「（私は）彼女には手紙を書いた」
12b. *A él le* dio Ana un libro.「彼には、アナは本を1冊与えた」
13b. *A nosotros nos* han puesto una multa.「私たちには罰金が科された」
14b. *A ti te* deseo felicidades.「君には幸運を祈るよ」

与格人称代名詞が指している対象がわかりにくいとき、その意味を、動詞に後置する間接補語によってはっきりさせることもできます。というよりも、3人称の間接補語の場合、その指示対象に相当する与格人称代名詞を動詞の前に置くという慣習があるようです。この重複表現は頻繁に使われますが、この点は直接補語になる対格人称代名詞と違います。

15. *Le* he dado *a Paco* los buenos días. 「私はパコに朝の挨拶をした」
16. *Le* compraré unas flores *a mi chica*. 「私は娘に花を買ってやろう」
17. *Les* doy un telefonazo todas las semanas *a mis padres*.
「私は両親に毎週、電話します」

3. 所有者を指す間接補語

　スペイン語では、体の一部に動作を加えるとき、その体の所有者は間接補語で示されます。英語や日本語のI wash her face.「私は彼女の顔を洗う」のように、所有形容詞（英語のher、日本語の「彼女の」、スペイン語のsu）では示されません（直訳のスペイン語なら ×Lavo su cara）。それゆえ、18aや18bのように表現されます。

18a. *Le* lavo la cara. 「私は彼女の顔を洗う（彼女に顔を洗う）」
18b. (*Le*) Lavo la cara *a Anita*. 「私はアニタの顔を洗う（洗ってやる）」

4. 2種類の人称代名詞の語順

　対格人称代名詞（直接補語）と与格人称代名詞（間接補語）が同じ文のなかで使われるとき、語順は、3人称のものが後ろに来ます。すなわち、対格・与格を問わず、1人称 - 3人称（例文19, 20, 21）、2人称 - 3人称（22, 23, 24）の順です。

19. Me *le* ofrecí de intérprete. 「私は彼に通訳を買って出た」
　　（meは再帰動詞ofrecerse「自分を提供する」の対格「私を」、leは与格「彼に」。与格が1人称なら例文21のようになります）
20. El jefe *me* lo agradece. 「主任は私にそれを感謝している」
　　（meは与格「私に」、loは対格「それ、そのこと」。与格が2人称なら例文22のようになります）
21. El jefe *me* lo quitó. 「主任は私からそれを取り上げた」
　　（meは与格「私から」、loは対格「それを」。与格が2人称なら例文23のようになります）

22. Te *le* ofreciste de intérprete. 「君は彼に通訳を買って出た」
23. El jefe *te* lo agradece. 「主任は君にそれを感謝している」
24. El jefe *te* lo quitó. 「主任は君からそれを取り上げた」

ともに3人称である場合には、与格（le, les）が se になり、先行します。

25a. El jefe *se* lo quitó (*a Pepe*).
　　「主任は彼（ペペ）からそれを取り上げた」（se lo ← le lo）
25b. El jefe *se* lo quitó (*a ellos*).
　　「主任は彼らからそれを取り上げた」（se lo ← les lo）

19と22は再帰代名詞を含んでいます。再帰代名詞が3人称の se の場合、その他の人称代名詞に先行します。再帰代名詞についてはユニット12 をご覧ください。

26. El jefe se *me* ofreció de intérprete. 「主任は私に通訳を買って出た」

結局、2種類の人称代名詞の語順は、与格の se や3人称の再帰代名詞を含めると、人称別に ［se → 2 → 1 → 3］のようになります。

5. 連続する対格・与格の人称代名詞と不定詞

例文 27a の名詞を対格人称代名詞に置き換えると、対格人称代名詞と与格人称代名詞がひとつの不定詞の補語になります。そのとき、両方の代名詞が連続して活用している動詞の前に置かれたり（27b）、不定詞の後ろに付けられたりします（27c）。そして時には与格人称代名詞を活用している動詞の前に置いて対格人称代名詞を不定詞の後ろに付けることもあります（27d）。しかし対格人称代名詞を活用している動詞の前に置いて与格人称代名詞を不定詞の後ろに付けることはできません（27e）。

27a. ¿Puedes prestar*me* el boli? 「私にボールペンを貸してくれないか？」
27b. ¿*Me* lo puedes prestar? 「私にそれを貸してくれないか？」
27c. ¿Puedes prestár*me*lo?
27d. ¿*Me* puedes prestarlo?
27e. × ¿Lo puedes prestar*me*?

ユニット 8　叙述補語と状況補語

　ここでは叙述補語と状況補語について、もう少し詳しく説明します。補語を斜字体で示します。

> ☛叙述補語：主語や意味上の主語の属性を表示する。
> ・Carmen está *enferma*. 「カルメンは病気です」
> ・Este médico es *pintor*. 「この医者は画家です」
> ・Mi vida es *luchar*. 「私の人生は戦うことだ」
> ・Las he visto *pasear* por ahí. 「私は彼女らがそこを散歩するのを見た」
> ☛状況補語：動詞の意味を補う副詞（句）である。
> ・Las calles fueron lavadas *por las aguas*. 「街路は雨で洗い流された」

1. 叙述補語

　叙述補語とは、主語の属性を説明する補語のことでした。ユニット 5 でお話ししたことを確認しながら、あらためて解説しましょう。

A. つなぎの動詞と叙述補語：叙述補語が形容詞の場合、主語と文法的に性・数が一致します。例文 1 では主語が女性単数形で、enferma も同じです。

　　1. Carmen está *enferma*. 「カルメンは病気です」

　叙述補語が名詞の場合、ふつう前置詞が付きません (2)。そして付くときには (3)、名詞は前置詞とともに形容詞的になっています。

　　2. Este médico es *pintor*. 「この医者は画家です」
　　3. Este médico es *de niños*. 「この医者は小児科（子供の）です」

　中性の代名詞 lo も叙述補語になります。つなぎの動詞の ser (4) や estar (5)、そして parecer「思える」(6) とともに使われます。

　　4. Si yo soy tonto, ella *lo* es más. 「私がばかなら、彼女はもっとばかだ」
　　5. Ayer no estabas cansado, pero hoy sí *lo* estás.
　　　「君は、昨日は疲れていなかったが、今日は疲れているね」
　　6. Ana es muy amable, aunque no *lo* parezca.
　　　「アナは、そうは見えないがとても親切です」

　不定詞も叙述補語になります。不定詞は文中で男性単数形の名詞にな

ります。

7. Mi vida es *luchar*. 「私の人生は戦うことだ」
8. Querer es *poder*. 「欲することはできることだ（欲すればできる）」

過去分詞も叙述補語になります。語形は主語の性・数と一致します。例文10は受動の構文です。受動（受け身）の表現はユニットの21, 22で解説します。

9. Ellas son muy *atrevidas*. 「彼女らはとても大胆だ」
10. Los cinco fueron *seleccionados*. 「その5人が選ばれた」

B. 自動詞と叙述補語：自動詞の文に叙述補語が加わると、たとえば例文11aなら、Ana vive allí「アナはそこに住んでいる」という文にAna está tranquila「アナは落ち着いている」という別の文の意味が加わりました。しかし11bでは、意味はほぼ同じでもtranquilamenteは単なる副詞で、動詞にしかかかりません。

11a. Ana vive allí *tranquila*. 「アナはそこで静かに暮らしている」
11b. Ana vive allí tranquilamente.

また、この叙述補語に関連する用法に、形容詞の副詞化があります。形容詞の副詞的な用法のことです。その場合、-oで終わる形容詞は、例文12のように、男性単数形（alto）のままで使われ、主語にはかからないで副詞として動詞だけを修飾します。

12. Juana habla muy alto. 「ホアナは大声で話す」

C. 他動詞と叙述補語：他動詞の文の場合、叙述補語は直接補語にかかりました。この直接補語は叙述補語の意味上の主語です。その動詞が知覚動詞（ver「見る」やoír「聞く」）や放任動詞（dejar「放置する」）の場合なら、叙述補語は文法的には直接補語にかかり、意味的には直接補語の行為や状態を表しつつ、動詞にかかります。動詞の非人称形である不定詞（例文の13a, 15a, 16a）・現在分詞（13b, 15b, 16b）・過去分詞（14）が叙述補語の役割を果たします。過去分詞は直接補語と性数を一致させます（14）。

13a. Las he visto *pasear* por ahí. 「私は彼女らがそこを散歩するのを見た」
13b. Las he visto *paseando* por ahí.
　　「私は彼女らがそこを散歩しているのを見た」
14. Las he visto *cansadas*. 「私は彼女らが疲れているのを見た」

15a. Oímos *cantar* a María.「私たちはマリアが歌うのを聞いた」
15b. Oímos a María *cantando*.「私たちはマリアが歌っているのを聞いた」
16a. Las he dejado *salir* de ahí.
「私は彼女らをそこから出てゆくままにした」
16b. Las he dejado *saliendo* de ahí.
「(直訳) 私は彼女らをそこから出てゆきつつあるままにした」

2. 状況補語

　状況補語は、おもに副詞や副詞句が時や場所の意味の情報となって、述語の動詞の行為が展開される状況の意味を補足しました。日本文法では、副詞は述語の修飾語、副詞句は補足語に相当します。

Ⓐ. 副詞：副詞は動詞の状況補語になり、動詞に様態 (cortésmente「礼儀正しく」)・時 (hoy「今日」)・場所 (aquí「ここで、ここに」)・度合い (demasiado「過度に」) などのほかに、強調 (*Sí* iré.「そう、私は行くよ」)、不確実さ (*Quizá* vaya.「私はおそらく行くよ」)、否定 (*No* iré. 「私は行かないよ」) などの意味を加えます。また副詞は動詞のほかに形容詞や副詞を修飾します。副詞の mucho は動詞を修飾し、muy「とても」になって形容詞 (*muy* grande)、副詞 (*muy* bien) を修飾します。

　また、1のⒷで触れたように、形容詞が副詞になる副詞化という現象もあります。alto「高く、大声で」、seguro「確実に」、rápido「急いで、早く」、igual「同じように、おそらく」などです。

Ⓑ. 副詞句：副詞句も動詞の状況補語になります。本来的な副詞句は、話し手の判断の意味を表す tal vez「おそらく」、en un santiamén「あっという間に」、a pie juntillas「頑固に」、a lo mejor「おそらく」、a la ligera「あっさりと」などです。少し語形を変えた en todo caso, en cualquier caso「いずれにせよ」、de todos modos, de cualquier modo「とにかく」、sin duda, sin ninguna duda「もちろん」などもありますし、見分けが容易な poco a poco「少しずつ」、más o menos「多かれ少なかれ」、por si acaso「おそらく」、desde luego や por supuesto「もちろん」などもあります。

　副詞句である状況補語の表現する意味には、以下のものがあります。なお、副詞句には前置詞＋名詞の形が多いのですが、特定の時の表現で

は前置詞なしの名詞句も状況補語になります（例文 18）。

17. Las calles fueron lavadas *por las aguas*. （行為者）
「街路は雨で洗い流された」

18. La carta me ha llegado *esta mañana*. （時）
「その手紙は今朝、私に届いた」

19. Solíamos veranear *en la playa*. （場所）
「私たちはよく海辺で夏を過ごした」

20. El gato se defiende *con las uñas*. （道具）
「猫はつめで身を守る」

21. Paco me devolvió el regalo *por correo*. （手段）
「パコは私に、プレゼントを郵便で送り返した」

22. Construían las casas *con madera*. （材料）
「彼らは家を木材で建てていた」

23. El profesor llegó *con la ayudante*. （同伴）
「先生は助手といっしょに到着した」

24. He faltado a clase *por la enfermedad de mi madre*. （原因）
「私は母の病気で授業に出られなかった」

25. Todo esto lo hacemos *por tu bien*. （目的）
「このことすべては、（私たちは）君によかれと思ってやるのだ」

26. Os traigo esto *para vuestro jefe*. （目標）
「私は君たちの主任のためにこれを持ってきた」

　副詞句的な意味の特別な「節」もあります。活用している動詞を含む語句ですから、便宜上、節と呼んでおきます。同一の動詞形を接続詞の que でつなぐ強調の構文の habla que habla「話し続けて」（hablar「話す」)、corre que corre「走り続けて」（correr「走る」)、dale que dale「これでもかと、えんえんと」（dar「与える」＋ 3 人称単数の与格人称代名詞 le) などです。

　なお、不等比較の表現で比較の差異を表現する副詞（句）については、ユニット 43 をご覧ください。そして従属節のなかに副詞として働く副詞節がありますが、スペイン語の副詞節についてはユニット 34 を、日本語の副詞節についてはユニット 35 を参照してください。

ユニット9　補語に付く前置詞 a

前置詞 a にはいろいろな意味や機能があります。そのなかで動詞の補語にかかわる使い方をまとめておきます。

- 直接補語の a：直接補語になる名詞が特定の人の場合に付く。
- 間接補語の a：間接補語になる名詞に付く。
- 状況補語の a：状況補語の名詞に付いて、色々な意味を表現する。
- 前置詞格人称代名詞の a：与格人称代名詞を含む文に追加されることがある。

1. 直接補語の a

直接補語については、ユニット6で解説しました。人を指す名詞や人以外のものの名詞が直接補語になります。直接補語を伴う動詞は他動詞です。そして直接補語には前置詞 a の付く場合と付かない場合があります。

A. 直接補語に前置詞 a が付くとき：
① 直接補語が、だれだかわかっている人（特定の人）を指す名詞であるときに a が付きます（例文 1, 2）。

1. Ayer vi *a Paco* en la calle. 「私は昨日、通りでパコを見た（会った）」
2. Conozco *a tu profesor*. 「私は君の先生を知っている」

② 特定の人でなくても人しか指さない不定語には、a が付きます（3, 4, 5）。例文 5 の todos は、todos los miembros とか todos los asistentes 「全出席者」の代名詞です。

3. Tengo que buscar *a alguien* que me ayude.
   「私は助けてくれそうな人を探さなくてはならない」
4. No vi *a nadie* en la calle. 「私は通りで誰にも会わなかった」
5. Conozco *a todos* de la reunión. 「私はその集会の全員を知っている」

③ 人以外の物でも、特定できる人と同じように扱われるものなら a が付くことがあります（6）。

6. Mi hija paseó *al perro*. 「私の娘は犬を散歩させた」

④ 人以外の固有名詞には、直接補語になっても a が付きません。しかし例外的に人と同じように扱われるときには付くことがあります（7, 8）。

7. Mi hija paseó *a Chari*. 「私の娘は（犬の）チャリーを散歩させた」
   8. Deseo visitar *a España*. 「私はスペインを訪問したい」

⑤特定の人でなくても、人の集まりを表す総称的な名詞の場合、a が付きます。意味が限定されている特定の人間集団を指す複数名詞（9）や単数名詞（10）の場合です。例文 9 では、las visitas の定冠詞 las が、アナが迎える相手であるという意味で限定されていますし、10 では la nación が、兵士の所属している国の人たちを指しています。

   9. Ana siempre atiende muy bien *a las visitas*.
      「アナはいつも、訪問客をとても上手にもてなす」
   10. Los soldados tienen que defender *a la nación*.
       「兵士は国民を守らなくてはならない」

⑥直接補語に付く前置詞 a は、意味を加えるというよりも、文中での働きをはっきりさせるための記号として働いています。スペイン語は語順が比較的自由なので主語と直接補語の区別が語順だけでは表現できません。たとえば × Ana quiere Paco. という表現があるとすると（非文法的ですが）、どちらが主語なのか、判断できません。そこでもし、アナが主語なら、主語でないパコのほうに、すなわち直接補語の前に a を置いて Ana quiere a Paco「アナはパコを愛している」と表現して、パコが直接補語である（主語でない）ことを示す、という働きです。

B. 直接補語に前置詞 a が付かないとき：

①直接補語になる名詞が人以外なら、前置詞 a が付きません。

   11. Alfonso tiró *una piedra*. 「アルフォンソは石をひとつ投げた」
   12. Ayer Isabel comió *pescado*. 「昨日、イサベルは魚を食べた」

②人であっても特定でないときには a が付きません。

   13. Visitar *amigos* es agradable. 「友だちを訪ねるのは楽しい」
   14. Buscamos *una secretaria*. 「私たちは女性秘書をひとり探している」

③存在の意味の動詞 haber による無人称表現の直接補語になる名詞には a が付きません。この名詞は、haber の古い使い方である他動詞「持つ」の直接補語でした。今日でも haber の主語ではありません。

   15. En esta casa no hay *nadie*. 「この家にはだれもいない」
   16. En la calle había *muchos jóvenes*. 「通りには多くの若者がいた」

④他動詞 querer の直接補語は、具体的な意味なら a が付きます。

17. Los novios quieren *una hija*. 「その新婚夫婦は娘をほしがっている」

18. Mario quiere demasiado *a su hija*. 「マリオは娘をでき愛している」

⑤他動詞 tener の直接補語も、具体的な意味なら a が付きます。

19. Isabel tiene *tres hermanos*. 「イサベルには兄弟が3人います」

20. Isabel tiene *a su madre* enferma. 「イサベルは母親が病気です」

21. Ana va a tener *un hijo*. 「アナは出産予定である」

22. Ana tuvo *a su hijo* hace tres días. 「3日前、アナは息子を生んだ」

⑥人の場合でも、他動詞 preferir の直接補語のときは、a が付きません。

23. Prefiero *este autor* a ese. 「私はその作家よりもこの作家が好きだ」

⑦関係代名詞 que が従属節のなかで直接補語として人を指すときは a が付きません（24）。関係代名詞が定冠詞を伴っているときには a が付きます（25）。

24. Ellos son los jóvenes *que* enseño. 「彼らは私が教えている若者です」

25. Ellos son los jóvenes *a los que* enseño.

2. 間接補語の a

ユニット7で見たように、間接補語には、それが人を指していても事物を指していても前置詞の a が付きます。自動詞も他動詞も間接補語を伴います。

26. Dio un puñetazo *al ladrón*. 「彼は泥棒にげん骨をくらわせた」

27. Dio un puñetazo *al cristal*. 「彼は窓ガラスにげん骨をくらわせた」

間接補語には、前置詞 a とよく似た働きをする前置詞 para も使われます。a は相手を指しますが、para は単なる宛先の意味になります。

28. Mario (le) compró una muñeca *a la niña*.
「マリオは娘に人形を買った」（娘は人形を受け取った）

29. Mario (le) compró una muñeca *para la niña*.
「マリオは娘の人形を買った」（娘は人形を受け取ったかどうか不明）

3. 状況補語の a

副詞句の状況補語にも前置詞の a の付くことがあります。
開始の時間を指すときに a を使います。

30. Las clases comienzan *a las nueve*. 「授業は9時に始まる」

31. La reunión será *a las cinco*. 「集会は5時に始まる」

文脈の表す行為の先に来る時点を指すときにも使います。

32. Salió bien de la operación, pero *al año* murió.
「彼は手術がうまくいったが、1年後に死んだ」

33. Llegó a Osaka el 24, y {*al / el*} *día siguiente* vino a verme.
「彼は24日に大阪に着き、翌日、私に会いに来た」（el も使用）

34. *A los diez minutos de estar allí*, ya quería marcharse.
「彼はそこに10分もいると、もう帰りたがった」

状況補語が目標となるものの方向を指すときに a を使います。前置詞 para も方向を指しますが、para はあいまいな方向の指示になります。

35. Pepe fue *a Madrid* ayer. 「ペペは昨日、マドリッドへ行った」

36. Pepe fue *para Madrid* ayer. 「ペペは昨日、マドリッドの方へ行った」

4. 前置詞格人称代名詞の a

動詞を伴わないときには、単独で使われ、直接補語（37）や、間接補語（38）の働きをします。例文39は対比の意味の主題になっています。

37. —Pero ¿*a quién* viste ayer? —*A ella*.
「でも、昨日だれに会ったの？」「彼女にだよ」

38. —¿*A quiénes* se lo dijo el jefe? —*A nosotros*.
「主任はだれにそう言ったの？」「私たちにだよ」

39. *A ella* le conviene; pero *a mí* no.
「彼女には好都合だが、私にはそうじゃない」

直接補語や間接補語の「～を」や「～に」の日本語を人称代名詞でスペイン語に訳すときには、まず対格や与格の人称代名詞で指し、そのあとに前置詞格の人称代名詞を使います。「私を・私に」とか「彼を・彼に」などは、まず me や lo, le を使いましょう。単独で a mí とか a él などにはしないようにしてください。「あなたを・に」の場合にも、a usted の前に le や lo を使いましょう。主題のときは a ＋ 前置詞格人称代名詞が文頭に来ます（41）。

40. ¿Qué le pasa {*a él / a ella / a usted*}?
「{彼は／彼女は／あなたは} どうしたの？」（← {彼に／彼女に／あなたに}）

41. *A mí* no me interesa la obra. 「私はその作品に興味がない」

ユニット10　格のこと

　文法用語に「格」ということばがあります。名詞などが文中にあって表示する、ほかの要素との間に存在する文法関係の機能のことです。スペイン語も日本語も、名詞や代名詞は文を形成するとき、この文法的機能を伴います。主部にも述部にも関係しますが、おもに述部に関係があるので、ここで説明します。

> - 格とは：名詞などの、文中における統語的な関係を示す機能のことである。スペイン語の母体であるラテン語では、語形変化によって主格・対格・属格・与格・奪格・呼格が区別された。
> - 格の文法的機能：格変化のなくなったスペイン語では前置詞で表現され、前置詞のない日本語では格助詞で表現される。
> - 格助詞とスペイン語：日本語の格助詞は複数の機能を表現するので、それぞれの格助詞とスペイン語の文法機能との違いを理解することが重要になる。

1. 格とは

　文法概念のひとつである「格」とは、名詞や代名詞が、表現するための素材的な意味のレベルで認められる、文中におけるその他の要素との文法的な関係を示す機能のことです。ヨーロッパでは、古代のギリシア・ローマ時代には、この文法的機能（すなわち統語的機能）は語形変化で表示されていました。

　スペイン語の母体であるラテン語には6種類の格、すなわち主格・対格・属格・与格・奪格・呼格がありました。ラテン語以前に存在した、場所を示す機能の処格という変化形や道具を示す具格という変化形は、ラテン語の段階では与格に含まれます。名詞・代名詞・形容詞は語形を変えてこれらの格の種類を示しました。ラテン語からスペイン語が生まれるころには、名詞や形容詞の格変化がなくなり、今日ではそのなごりが人称代名詞だけに残っています。

　しかし格で分類された統語的機能は、表現手段に左右されることなく、スペイン語にも日本語にも存在します。格変化のなくなったスペイン語では、そのような機能は前置詞で表現され、前置詞のない日本語では格

助詞で表現されます。また、格の種類は文法機能の名前として残っています。文中で主語として働く語を主格と呼び、直接補語として働く語を対格、間接補語として働く語を与格と呼びます。スペイン文法では伝統的にこの三者がよく使われます。用語としてはほかに所属を表す属格や呼びかけ語を指す呼格も使われます。「～から」という意味の奪格の機能は、スペイン語の段階では与格に含まれました。結局、スペイン語の与格には、起点を表現する奪格や着点や場所を指す処格「～に、～で」や道具を表す具格の統語的機能も含まれていることになり、起点・着点・場所・道具などの意味関係を表示する可能性があることになります。このことは、再帰代名詞の働きの解釈と関係してきますが、くわしくはテーマ3のユニットをご覧ください。

2. 日本文法の格

日本語の文法でも「格」という用語が、名詞と述語との間に成立する意味関係を示す文法的な手段として使われます。格という文法概念は、日本文法には20世紀の初めごろから導入され、今日では格助詞という用語で説明されています。名詞の格を表すのが格助詞です。現代日本語の格助詞には、「ガ、ヲ、ニ、ヘ、デ、カラ、ヨリ、マデ、ト」などがあります。ここでは地の文と区別するために格助詞を片仮名で示しましょう。このなかにはハが含まれていません。「太郎は」などのハは、主格を示すこともありますが、格助詞ではありません。基本的には格関係を表すのではなくて、文の主題（「～について」）を提示する助詞ですから、提題助詞とか係助詞、副助詞、取り立て助詞と呼ばれます。

名詞は文中で、格助詞によって述語との様ざまな意味関係を表します。「主語、対象、相手、場所、着点、起点、経過域、手段、起因・根拠、時」などです。これらの意味関係をスペイン語の文法と対応させるとすると、大筋では、「対象」は「対格・直接補語」、「相手」は「与格・間接補語」、その他は状況補語に相当します。そして格助詞のそれぞれは特定の意味を表示しているわけではなく、複数の意味を表示します。たとえば、ガは主語や対象を、ヲは対象と起点と経過域とを表示しますが、ニは相手のほかに、上記の意味のほとんどを表します。もう少し具体的に説明しましょう。たとえば、

1. 山田が鈴木に教室でその本を渡した。

2. この部屋には家具がない。
3. うちが駅に近い（のでとても助かる）。

という文では、格助詞によって、1なら、「山田ガ」は主語、「鈴木ニ」は相手、「教室デ」は場所、「その本ヲ」は対象という統語的な意味関係で「渡す」という述語と結びついています。2なら、「この部屋ニ」は場所、「家具ガ」は主語という意味関係で述語の「ない」と結びつき、3なら、「うちガ」は主語、「駅ニ」は起点という意味関係で「近い」という述語と結びついている、ということになります。スペイン文法ではさしずめ、1の「山田ガ」・2の「家具ガ」・3の「うちガ」は主語、1の「鈴木ニ」は相手すなわち間接補語、「その本ヲ」は対象すなわち直接補語に当たります。

述語の主語という関係を示す格助詞の代表はガです。間接補語という関係を示す代表的な格助詞はニで、直接補語という関係を示す代表的な格助詞はヲです。

3. ニ格・ヲ格の名詞とスペイン語

格助詞のニとヲは、複数の格関係の意味を表します。スペイン文法を説明するときに、間接補語をニ格の補語と、直接補語をヲ格の補語と呼ぶことがありますが、このような単純な対応をすると、以下のような問題が生じる可能性があります。

A. 格助詞ニによる補語の表示：日本語の典型的な他動詞の文型は、例文4のように［主格ガ＋対象ヲ＋他動詞］となります。ヲ格の名詞「太郎を」は直接補語です。しかしなかには、5のように、［主格ガ＋対象ニ＋他動詞］となることがあります。ここでは「太郎に」が直接補語です。

4. 先生が太郎をほめた。　　4′. El profesor elogió a Taro.
5. 犬が太郎にかみついた。　5′. El perro mordió a Taro.

ニ格の名詞が対象（直接補語）を指しているのです。ですから［ニ格＝間接補語］と覚えていて「太郎に」が間接補語だと判断すると間違いになります。対象を表す格助詞の代表はヲですが、ニも対象を表すことがあるのです。

他方、同じような意味の動詞が日本語（自動詞）とスペイン語（他動詞）で異なるため、日本語では格助詞ニで導かれる名詞が相手を指し、スペ

イン語のそれに相当する名詞が直接補語になることもあります。たとえば次の例文6とその意味のスペイン語の例文6′を見てください。

 6. 太郎は先生にあいさつした。 6′. Taro saludó al profesor.

　日本語の「あいさつする」は自動詞ですから、例文6の「先生に」は間接的な相手を示していますが、6′のスペイン語の動詞 saludar「あいさつする」は他動詞ですから、al profesor「先生に」は、ニ格の名詞であっても直接補語として働いています。

B. 格助詞ヲによる補語の表示：日本語の典型的な自動詞の文型は例文7のような［主格ガ＋自動詞］ですが、8や9の［主格ガ＋名詞ヲ＋自動詞］も自動詞の文型です。対応するスペイン語文を見てください。

 7. 娘たちが笑う。   7′. Las chicas se ríen.
 8. 太郎は大通りを散歩した。 8′. Taro paseó por la avenida.
 9. 太郎は部屋を出た。   9′. Taro salió del cuarto.

　ですから、いつも［ヲ格の名詞＝直接補語］と理解してスペイン語にすると間違うことになります。例文8の「散歩した」という動詞は自動詞です。8′の同じ意味のスペイン語 paseó も自動詞です。例文8では、「大通りを」の格助詞ヲは空間的な経過域を表示していますが、8′のスペイン語ではその意味の語句 por la avenida は場所を表す状況補語であって、直接補語ではありません。例文9の「出る」と salir は自動詞であり、「部屋を」は起点を指す状況補語です。

C. 直接補語と間接補語：他動詞は直接補語を必要とし、自動詞は必要としませんが、どちらも間接補語を取ることがあります。しかしこのような動詞の統語的な意味機能の区別は、スペイン文法の学習では絶対的な意味のある考え方ではありません。動詞のなかには、文脈によって他動詞になったり自動詞になったりするものもあります（ユニット6の**2**を見てください）。

　直接補語と間接補語の示し方は、日本語とスペイン語で微妙に異なります。中級の学習者は辞書によってこの区別をよく確かめ、さらに上記の日本語とスペイン語の違いを忘れないようにして勉強を進めれば、確かなスペイン語力が身に付くでしょう。

ユニット 11　人称代名詞

このユニットでは人称代名詞のことを総合的に説明します。

- 人称：1人称、2人称、3人称がある。
- 日本語の人称代名詞：数が多く、歴史的に変化する。文中の働きは格助詞で表現する。指示代名詞の転用が多い。
- スペイン語の人称代名詞：ラテン語に由来する。主格人称代名詞、対格人称代名詞、与格人称代名詞、前置詞格人称代名詞、そして再帰代名詞がある。

1. 人称とは

人称とは、話し手か、話し相手か、第三者かという言語活動における役割の名称です。原則として人間を指します。話し手が1人称（自称）、話し相手が2人称（対称）、話し手でも話し相手でもない人が3人称（他称）となります。

2. 日本語の人称代名詞

代表的な語形は1人称なら「わたし」「わたくし」とか「ぼく」、2人称なら「あなた」「きみ」などです。3人称は、話し手に近い人なら「このかた」、話し相手に近い人なら「そのかた」、両者から遠い存在の人なら「あのかた」や「彼」「彼女」ですね。複数形は「～たち」「～ら」という接尾辞を付けて表します。日本語にはその成立当初から現代までずっと継続して同じ働きをしてきた人称代名詞はありません。

1人称の形は、奈良時代なら「あれ、われ、おのれ」など、室町時代に「わたくし、おれ、わらは、こち、こなた」など、江戸時代には「こち、それがし、わたくし、わたし、わし、おれ、おいら、手前、拙者」などが使われ、明治時代に「ぼく」が使われるようになります。現在では、奈良時代の「われ」系の「われわれ」、「おのれ」系の「おれ」が使われ、室町時代の「わたくし」や江戸時代の「わたくし、わたし」がそのまま、そして形を変えて「わし、あたくし、あたし」で使われています。

他方、2人称の形は、奈良時代なら「な、なれ」などですが、平安時代に敬語の「きみ」が使われ始め、室町時代には「おぬし、そち、そな

た、われ、そなた、こなた」など、江戸時代には「おまえ、おのし、こなた、そなた、あなた、お手前、おのれ、われ、貴殿」などが使われます。現代では、平安時代の敬語の「きみ」が親しい間の相手を指し、江戸時代の高度な敬語であった「あなた」が「あなた、あんた」の形で、「あなた」と同じほど高度な敬語の「おまえ、おまえさん」が相手を見下すときの「おまえ」、「貴殿」が「きさま」、「お手前」が「てめえ」の形で使われています。

面白いのは、奈良時代の1人称「おのれ」が江戸時代には2人称として使われたり、室町時代の1人称の「こなた」が江戸時代には2人称として使われたり、江戸時代には1人称の「手前」が「お手前」として2人称に使われていることです。人称の転用と呼ばれます。

名詞からの転用もあります。「わたくし」は個人的なことを指す名詞、明治時代に書生ことばとして使われ始めた「ぼく」は召使の意味の名詞、同じく書生ことばの「きみ」はもともと主人の意味の名詞でした。平安時代は敬称でしたが、現在では同等以下の親しい相手を指します。

そして「こち、こなた、そち、そなた、あなた」などの多くが指示代名詞からの転用です。現代語で使われる3人称の「彼」も、指示代名詞の系統です。「あれ」に近い遠称（遠くのものを指す指示詞）の指示代名詞でしたが、明治時代に英語（he）などのヨーロッパ語の3人称の代名詞の訳語として使われるようになりました。女性形としては、英語のsheなどのために「彼女（かのおんな）」が作られ、それを「かのじょ」と音読みして使われていることばです。

なお、指示表現のことはユニットの45や46を参照してください。

3. スペイン語の人称代名詞

スペイン語の場合、「私が」などに相当する主語になるもの（主格人称代名詞）、「私を」などに相当する直接補語になるもの（対格人称代名詞）、「私に」などに相当する間接補語になるもの（与格人称代名詞）、前置詞とともに使われるもの（前置詞格人称代名詞）、そして再帰代名詞があります。主格・対格・与格はスペイン語の伝統的な文法用語ですが、前置詞格は前置詞を伴う、ということから付けられた便宜的な名前です。再帰代名詞は特別な人称代名詞ですので、つぎのユニット12で解説します。なお、人への所属を表現する所有詞の「私の」のmi, míoや

「君の」の tu, tuyo、3人称の su, suyo なども人称に関係しますね。しかしスペイン文法では冠詞や指示詞などと共に限定詞に含まれます。

1人称の yo や me や2人称の tú や te はラテン語の人称代名詞に由来しますが、3人称の él, ella, lo, la, le などは、ラテン語の指示代名詞に由来します。この点は日本語の場合と似ていますね。また、nosotros や vosotros はスペイン語が、おなじ意味のラテン語 nos と vos に「その他の人たち」の意味の otros を加えて作りました。

それぞれに文法の数の概念が加わると単数形と複数形になります。3人称の単数形・複数形と1・2人称の複数形には性の概念が加わります。1・2人称の単数形と3人称の usted, ustedes では性が区別されません。

この usted, ustedes という人称代名詞は、ほかの人称代名詞と異なります。かつて敬語として生まれました。スペインでは、もうほとんどの話し相手には2人称の tú とその系列の人称代名詞が使われ、親密ではなくて距離を置くべき相手に usted, ustedes が使われます。しかしスペイン系アメリカでは依然として敬語としての意識が強いようです。いずれにせよ敬語ですので、文中にはできるだけ含めるようにしましょう。

主格人称代名詞とは、主語として働く一連の語形です。強勢（アクセント）を帯びています。日本語では人称代名詞に助詞の「〜は、〜が」を付加して表現します。スペイン語では、それぞれの人称の単数形と複数形で yo; tú; él, ella, usted; nosotros, nosotras; vosotros, vosotras; ellos, ellas, ustedes, ello でした。最後の ello は中性の代名詞（語形変化をしない代名詞）で、文で表現された内容を「そのこと、それ」に相当する意味で受けて、おもに文章語で使われます。この意味は、口語では中性の指示代名詞 eso で表現されます。

対格人称代名詞は、日本語では人称代名詞に対格を表す格助詞（代表は「〜を」）を付加して表現します。スペイン語では1語です。それぞれの人称の単数形と複数形で me; te; lo [le], la, lo; nos; os; los [les], las です。これらの語は主格のと異なり、強勢を帯びていないので、前後の動詞と組み合わさって発音されます。1人称の me, nos と2人称の te, os には数の違いは表現されていても、性の区別はありません。スペインの標準語では、男性を指す「あなたを・あなたがたを、彼を・彼らを」は伝統的な lo, los のかわりに［　］で示した le, les を使います。レ代用法 leísmo と呼びます。また、3人称単数の2番目の lo は中性形

です。主格の ello に対応します。例文 1 のように前の文の抽象的な内容の「そのこと」を指したり、2 のように前の文で動詞の ser, estar, parecer で導入された叙述補語を指したりします。

1. Juan está allí. —¡Ya! No lo sabía.
「ホアンはあそこにいますよ」「そう、(私はそのことを) 知らなかった」
2. ¿Son buenos los nuevos estudiantes? —Sí, me parece que lo son.
「今度の学生は優秀ですか」「はい、そのようです」

与格人称代名詞は、日本語では人称代名詞に与格を表す格助詞（代表は「～に」）を付加して表現します。スペイン語では 1 語です。それぞれの人称の単数形と複数形で me; te; le; nos; os; les です。これらの語は強勢を帯びていないので、前後の動詞と組み合わさって発音されます。性の区別はありません。

前置詞格人称代名詞とは、前置詞が付くときの人称代名詞です。語自身に強勢を帯びていて、ほとんどの形が主格人称代名詞と同じです。例外として 1 人称単数は yo でなくて mí、2 人称単数は tú でなくて ti になります（mí は「私の」の意味の所有詞の mi と区別するためにアクセント記号を付けます）。色々な前置詞と共に使いますが、「～といっしょに」の意味の con のとき、1 人称単数の代名詞なら con mí ではなくて conmigo に（たとえば ¿Por qué no vienes conmigo?「一緒に行こうよ」）、2 人称単数の代名詞なら con ti ではなくて contigo に（たとえば Voy contigo.「〔私は〕君と一緒に行くよ」）なります。そのほかの人称では単に con + 人称代名詞です（たとえば Ahora Marco vive con nosotros.「いまマルコは僕たちと住んでいるよ」）。

4. 日本語とスペイン語の違い

人称代名詞でも、日本語はスペイン語と異なります。スペイン語は話し手中心の言語ですから、話し手はどのような立場の人間でも自分は yo とその系列の代名詞で指します。そして日本語は話し相手中心の言語ですから、話し手は相手との関係で自分を指すことばを選びます。話し相手を指すときも、スペイン語ではおもに tú とその系列の代名詞が使われますが、日本語では自分との関係を考慮して、相手を指すことばを選びますね。スペイン語の usted, ustedes は敬語ですが、日本語における人称代名詞の使い分けは敬語の使い方と密接に関連しています。

ユニット 12　再帰代名詞

　スペイン語には再帰代名詞があります。人称代名詞のなかでは他の代名詞と大きく異なっています。

　日本文法では「自分」を再帰代名詞と呼ぶことがありますが、その使い方は限定的であり、スペイン語の再帰代名詞とは異なります。

- 再帰代名詞とは：文中で「(主語が) 自分を」、「(主語が) 自分に」などという意味で、主語の代わりをしながら補語として働く人称代名詞である。
- 再帰代名詞の語形：1 人称と 2 人称は対格人称代名詞・与格人称代名詞と同じであるが、3 人称は単数形も複数形も se, sí という独自の語形になる。
- 再帰代名詞の働き：再帰代名詞は基本的に、文中で直接補語になる対格人称代名詞としても間接補語になる与格人称代名詞としても働くが、基本的な働きをしていると解釈しにくい用法もいくつかある。
- 語形の se：この語形は 3 人称の再帰代名詞であるとともに、3 人称の対格人称代名詞と共に使われるときの 3 人称の与格人称代名詞 le, les の形でもある。
- 人称代名詞の語順：人称代名詞が同一文中で 2 種類使われるときには [se → 2 → 1 → 3] という語順になる。

1. 再帰代名詞とは

　再帰代名詞とは、文中で主語の代わりをしながら補語として働く人称代名詞です。「(主語が) 自分を」、「(主語が) 自分に」などという意味になります。

　人称と数による語形は me, te, se; nos, os, se です。1 人称 (me, nos) と 2 人称 (te, os) の語形は、単数形も複数形も、対格人称代名詞・与格人称代名詞と同じです。そして 3 人称は再帰代名詞独自の語形で、単数形も複数形も se ですが、前置詞を伴うときには、前置詞格人称代名詞として、se ではなくて sí になります (肯定の返事の「はい」の意味の sí と同じ語形です)。そしてこれが前置詞 con を伴うときには例外的に、consigo「(たとえば) 彼は自分とともに」になります。sí はよく、

強調の意味の形容詞 mismo, misma を伴います。

なお、再帰代名詞を伴う動詞は「再帰動詞」とか「代名動詞」と呼ばれます。

2. その呼び名の意味

人称代名詞にはいくつかの種類がありました。再帰代名詞の「再帰」とは、文中で主語と同じものを指すという意味で付けられた名前ですから、文中での働きもほかの要素との結合のことも指定してはいません。対格の直接補語にも与格の間接補語にもなるのです。

3. 再帰代名詞の色々な用法

基本的には、再帰代名詞は次のように使われます。例文をひとつひとつよく読んで、和訳文の（　）のヒントを参考にしつつ［　］のなかで説明されている文中での働きに注目して理解してください。

1a. Carmen lavó *los platos*. ［直接補語の名詞］
「カルメンは皿を洗った」

1b. Carmen *los* lavó. ［直接補語の対格人称代名詞］
「カルメンはそれらを洗った」

2. Carmen *se* lavó. ［直接補語の再帰代名詞］
「（自分を洗う→）カルメンは体を洗った」

3a. Carmen *le* lavó el pelo *a una enferma*. ［間接補語の名詞］
「カルメンは女性患者の髪を洗ってやった」

3b. Carmen *se* lo lavó. ［間接補語の与格人称代名詞］（← le lo）

4. Carmen *se* lavó el pelo. ［間接補語の再帰代名詞］
「（自分に洗う→）カルメンは髪を洗った」

5. Isabel habla de *la actriz*. ［単なる名詞］
「イサベルはその女優のことを話す」

6. Isabel habla mucho de *ella*. ［単なる前置詞格の人称代名詞］
「イサベルは（イサベルではない別人の）彼女のことをよく話す」

7. Isabel habla mucho de *sí* (misma). ［前置詞格の再帰代名詞］
「イサベルは自分のことをよく話す」

このあたりまでの用法は、理屈としても何とか理解できますね。しかし次の例文の再帰代名詞は、単純にはその働きを理解できません。こ

れらの使い方については、その働きを和訳文の後ろのカッコで示したユニットで説明します。

8. La ropa *se* secó al sol. ［物が主語の、他動詞の直接補語の再帰代名詞］
「(洗濯した)衣類は日に当たって乾いた」(→ ユニット 15)

9. Paco *se* puso muy alegre. ［他動詞の直接補語の再帰代名詞］
「パコはとてもうれしくなった」(→ ユニット 15, 17)

10. El niño *se* durmió en el sofá. ［自動詞の間接補語の再帰代名詞］
「その子供はソファーで眠り込んだ」(→ ユニット 18)

11. Ignacio *se* fue al decírmelo. ［自動詞の間接補語の再帰代名詞］
「イグナシオは私にそう言うと行ってしまった」(→ ユニット 19)

12. Hoy *me* lo he comido todo. ［他動詞の間接補語の再帰代名詞］
「私は今日、それをすっかり食べた」(→ ユニット 20)

13. Este libro *se* publicó el año pasado. ［直接補語の再帰代名詞］
「この本は昨年出版された」(→ ユニット 21)

14. Aquí *se* adora a los héroes. ［他動詞の間接補語の再帰代名詞］
「ここでは、人は英雄をあがめる」(→ ユニット 24)

4. 語形の se について

ユニット 7 の **4** で触れましたが、3 人称の間接補語になる与格人称代名詞 le, les は、3 人称の直接補語になる対格人称代名詞 lo, la, los, las とともに使われるときに se になります。そして再帰代名詞の 3 人称の語形は単数形・複数形が共通の se になります。文中で se が出てきたら、この両者のどちらであるかを、文脈の情報を手掛かりにして判断します。例文 15 から se だけを取り出しても、それが 3 人称の間接補語の与格人称代名詞なのか再帰代名詞かが判断できません。しかし前文の情報を補うと判明するし (16)、情報を追加してその意味を明示することもできます (17)。

15. Pedro *se* lo repetía.
16. Pedro *se* lo repetía (*a Carmen*). ［間接補語の人称代名詞］
「ペドロは彼女に(カルメンに)それを繰り返し言った」
17. Pedro *se* lo repetía *a sí mismo*. ［間接補語の再帰代名詞］
「ペドロは自分自身にそのことを繰り返した」

5. 補語になる人称代名詞の語順

人称代名詞には主語になるもの（主格）、直接補語になるもの（対格）、間接補語になるもの（与格）、前置詞に伴うもの（前置詞格）、そして主語と同じものを指すもの（再帰）がありました。主格人称代名詞と前置詞格人称代名詞を除いた対格・与格・再帰の3種類の人称代名詞は、文によってはふたつが前後して使われることがあります。そのときの語順を確認しておきましょう。このことは、すでにユニット7で説明しましたが、ここでは改めて、再帰代名詞という視点から説明してみます。

その語順は［se → 2 → 1 → 3］と覚えてください。数字は人称です。なお、se という語形には **4** で説明したように2種類ありますが、どちらも指します。つぎのようになります。例文には acercarse「近づく」（← 自分を近づける）という再帰動詞が使われています。

18. Entonces *se te* acercó un coche negro. ［se + 2］
    ［直接補語の再帰代名詞 se + 2 人称の間接補語 te］
    「そのとき黒い車が君の方に近づいた」

19. Entonces *se me* acercó un coche negro. ［se + 1］
    ［直接補語の再帰代名詞 se + 1 人称の間接補語 me］
    「そのとき黒い車が私の方に近づいた」

20. Entonces *se le* acercó un coche negro (*a él*). ［se + 3］
    ［直接補語の再帰代名詞 se + 3 人称の間接補語 le］
    「そのとき黒い車が彼の方に近づいた」

21. ¿Por qué *te me* acercas tanto? ［2 + 1］
    ［直接補語の再帰代名詞 te + 1 人称の間接補語 me］
    「きみはなぜ、そんなに私に近寄るの？」

この語順は、与格と対格のふたつの人称代名詞なら、［与格 - 対格］という語順になる、と説明されることもあります。

22. Entonces *se lo* compró a su hijo. ［se + 3］
    ［間接補語の与格人称代名詞 le の代わりの se + 3 人称の直接補語 lo］
    「そのとき彼は自分の息子に（彼に）それを買った」

23. Ayer *te lo* expliqué bien, ¿verdad? ［2 + 3］
    ［間接補語の与格人称代名詞 te + 直接補語の対格人称代名詞 lo］
    「きのう君にそれをよく説明したよね」

ユニット13　接続法とは

　スペイン語の動詞には直説法と接続法があります（命令法を加えることもあります）。文法用語の「法」とは、文が伝える内容に関する話し手の、文の述べ方を表すものです。その文に対する話し手の判断（ある事態を自分の信念として伝達する発話の姿勢など）、発話状況や他の文との関係（色いろな関連の説明など）、聞き手に対する発話態度（いくつかの伝達の仕方など）、などを表します。

　日本語ではこのような法の概念を、述語の活用形や助動詞や終助詞などの、さまざまな文末形式で表現します。複文なら主節の文末です。従属節の文には、基本的にこれらの法の概念は表現されません。スペイン語の動詞の変化形の一種である接続法は、相当する変化形が日本語にありません。しかし接続法が表現している意味は、このユニットの例文の和訳でわかるように、日本語でも何とか表現することができます。

　では、スペイン語の接続法は何のために使われるのでしょうか。その意味の解釈は、直説法の働きと比べてみなくてはなりません。直説法は、話し手が頭に描いたことを、確信している情報であれ、単に想定していることであれ、そのまま表現するときに使われます。ある人が El sol sale por el oeste.「太陽は西から上る」と発話しても、それはその人が言いたいことを口にした文なのです。単文や複文の主節には、数少ない例外はあるものの、この直説法が使われます。しかし複文の従属節は、主節の情報に支配されます。そして従属節の意味内容に関して、話し手が頭のなかに確かに持っている情報であるのか単なる想定された事態であるのかが、動詞の法によって区別されます。接続法は、従属節の内容が、話し手が単に想定した事態であることを表示するために使われるのです。私は接続法にこの表示の働きがあるものとして、その使い方をひとつの説明原理で解説してみます。

- 接続法とは、基本的には、従属節で使われる動詞の活用形である。
- 接続法は、話し手が従属節の内容を確認していないときに使われる。そのときの従属節の内容は、話し手が判断を下すための、仮に想定された事態である。
- 接続法の時制は、主節の動詞の時制に支配される。

1. 接続法の意味

　スペイン語は、主語と述語の組み合わせがひとつだけの単文（例文1）、主語と述語で構成された文が接続詞でふたつ並列的に並んでいる重文（2）、主語と述語で構成されている文で、そのどちらかにもうひとつ文が含まれている複文（3）があります。複文は、中心となる文が主節（3 の Creo）と、そして内蔵されている文が従属節（3 の que Paco lo niega）と呼ばれます。接続法とは、基本的に従属節に使われる動詞の法です。しかし従属節の動詞は常に接続法になるわけではなく、発話に関する話し手の認識の仕方で、直説法（3）や接続法（4）になります。

1. (Yo) Lo creo. （単文）
「私はそれを信じている」
2. Yo lo creo, pero Paco lo niega. （重文）
「私はそれを信じているが、パコはそれを否定している」
3. Creo que Paco lo *niega*. （複文）［従属節：直説法］
「私はパコがそれを否定していると思う」
4. No creo que Paco lo *niegue*. （複文）［従属節：接続法］
「私はパコがそれを否定する（など）とは思わない」

　では、例文 4 で話し手は従属節の文的な意味の事態「パコがそれを否定すること」をどのように認識しているのでしょうか。話し手が発話の従属節に接続法の動詞を使うとき、従属節が表現している内容を確認していません。すなわち、そのような事態は、話し手が認識している情報のなかには存在しない、ということです。確かな情報として持っていない事態ということは、例文 4 のように信じていない内容の場合ですが、まだその事態が起こってはいないことでもあります(5)。さらに、起こっている事であっても、その事態とは別の情報を持っているときのことでもあります（6）。そして見方を変えれば、いずれの場合にも、話し手はそれらの事態を仮のものとして想定している、ということになります。

5. Te pido que *cierres* la ventana. 「窓を閉めてくれないか」
6. Me alegro mucho de que ya *estés* mejorado.
「私は君がもうよくなっていて、とてもうれしい」

　例文 5 では「私は君に窓を閉めてくれとたのむ」のであるが、［君が窓を閉める］という事態はまだ起こっていないし、起こるかどうかも分からない、すなわち確認している事態ではありません。単なる想定です。

そして例文6では、私は君が病気だと聞いていたが（確認している情報）、実際にはよくなっていて、その事態は確認している情報ではなかったことを表現しています。それゆえに「とてもうれしい」という特別な感情とつながるのです。話し手が、病気であると聞いていた話し相手の［君がもうよくなっていること］を確認した情報として表現するなら、Ya estás mejorado. Me alegro mucho.「君はもうよくなったんだね。とてもうれしいよ」と言うでしょう。

接続法にするかどうかの判断は、基本的には話し手ですが、主節の主語が話し手以外の文の場合には、従属節の動詞の法を決めるのはその主節の主語になります（7）。

7. Isabel no cree que Paco lo *niegue*.
「イサベルはパコがそれを否定するとは思っていない」

主節の主語が2人称単数の疑問文の場合、同じ構文でも、従属節には直説法が来たり接続法が来たりします。たとえば ¿No crees que Mario es italiano?「君はマリオがイタリア人だと思わないのか？」なら、従属節の文的な意味の事態［マリオはイタリア人である］は、話し手が確認している情報である場合です。そしてこの事態を主文の主語（君）が確認している情報でないときには ¿No crees que Mario sea italiano? になりますが、日本語に訳せば直説法の場合と同じようになってしまいます。

2. 接続法の基本的な用法

接続法は、基本的に、従属節の中で使われます。従属節は「～のこと」を意味する名詞節で直接補語になるもの（例文8）と主語になるもの（9）、副詞として働く副詞節で時（10）・目的（11）・様態（12）・譲歩（13）・条件（14）などの意味で働くもの、関係代名詞を伴って従属節が形容詞的な意味になる形容詞節（15）があります。

8. No creo *que venga Mario*. 「私はマリオが来る（など）とは思わない」
9. Es necesario *que cumplas tu palabra*.
   「君が約束を守ることが必要だ（守るかどうかはわからないが）」
10. Te lo diré *cuando vengas mañana*. 「君があした来たときにそれを話してあげよう（来るかどうかはわからないが）」
11. Te lo digo *para que puedas trabajar mejor*. 「君がもっとよく仕事ができきるように、そういうのだよ（できるかどうかはわからないが）」

12. Paquito habla *como si fuera una persona mayor*.
「パキトはまるで大人のように話す（大人ではないが）」
13. Saldremos mañana *aunque haga mal tiempo*. 「あした、天気が悪くても出かけることにしよう（あしたの天気はわからないが）」
14. Te lo daré *a condición de que vengas mañana*.
「君があした来れば、それをあげよう（来るかどうかはわからないが）」
15. Aquí no hay nadie *que hable español*.
「ここにはスペイン語を話す（ような）人は、ひとりもいない」

そして、例外として単文でも使われます。例外的な使い方ということで、特別な意味を表現します。願い事を表す願望文（¡Ojalá *llegue* pronto el verano!「夏が早く来ればいいのになあ」など）、成り行きをおしはかる推測文（Quizá *venga* Carmen mañana.「カルメンはたぶん、あした来るでしょう」など）、命令表現の命令文（*Espere* usted un momento.「少しお待ちください」など）として使われます。例外的な単文が表現している文的な意味の事態は、どれもまだ起こっていません。話し手が確認していない事態です。ojalá や quizá が主節の働きをします。命令文では主節が完全に省略されます。ユニット14 をご覧ください。

3. 接続法の時制

従属節の動詞が接続法になるとき、その時制を決めるのは主節の動詞の時制です。主節の動詞が現在時制の場合、基本的には従属節の接続法動詞の時制も現在（16）か現在完了です（17）。

16. Espero que Carmen *cante* bien. （カルメンはまだ歌っていない）
「私はカルメンが上手に歌うことを期待する」
17. Espero que Carmen *haya cantado* bien. （カルメンは歌ったようだ）
「私はカルメンが上手に歌ったことを期待する」

主節の動詞が過去時制なら基本的に過去（18）か過去完了（19）になります。

18. No creía que Carmen *cantara*.
「私はカルメンが歌うなんて思っていなかった」
19. No creía que Carmen *hubiera cantado*.
「私はカルメンが歌ったなんて思っていなかった」

テーマ3　単文の表現

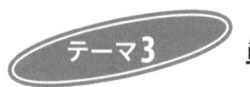

単文とは、単一の述語を中心として構成された文のことです。

最初のユニット14は、ユニット13で説明された接続法に関連する単文を扱います。そして次のユニット15からは再帰代名詞が使われる単文の表現について解説します。単文の理解で難しいのは、その述語が再帰動詞の場合だからです。

ユニット14　単文の接続法

接続法は基本的に、従属節に使われる動詞の活用形です。しかし単文で使われることがあります。基本の規則から逸脱した使い方をすることによって、特別な意味を表現することができます。命令の表現、願望の表現、推測の表現です。このいずれの場合にも、その文的な意味内容は、話し手が確認している情報ではなくて、単に想定されただけの事態ですから、動詞は接続法になります。

- 命令の内容はまだ行なわれていない行為である。2人称の相手への肯定命令は特別な命令形が使われるが、それ以外の命令表現は接続法が使われる。
- 願望の内容はまだ確認されていない情報である。その表現は、現在・未来の単純な願望なら接続法現在（完了）が、起こりにくいことの願望なら接続法過去が、過去の事実に反することの願望は接続法過去完了が使われる。
- 推測の表現は、動詞の時制、動詞自身、副詞によって行なわれる。話し手が持っている情報が推測の対象になると直説法の動詞が使われるが、疑いの副詞では未確認の情報が推測の対象になると接続法の動詞が使われる。

1. 命令の表現

日本語ではめったに命令形の動詞を使いません。普通は依頼する「してください、してくれ」などで表現します。しかしスペイン語ではよく使います。命令するという行為の意味が、話し手中心のスペイン語と聞

き手中心の日本語では大きく異なるためでしょう。

Ⓐ. 命令形による命令表現：2人称（単数・複数）の相手への肯定命令は、特別な命令形で行なわれます。単数の相手には直説法現在の3人称単数形を使い、複数の相手には不定詞の語末のrをdに変えた形を使います。

1. {Canta / Cantad} esta canción española.
    「{君 / 君たち} このスペインの歌を歌いなさい」

使用頻度が高い単数の相手では、よく使われる命令形は特別な語形になっています。tener が ten「持て」、venir が ven「来い」、poner が pon「置け」、salir が sal「出ろ」、hacer が haz「しろ」、decir が di「言え」、ir が ve「行け」などです。

Ⓑ. 接続法を使う命令表現：接続法で命令を表現します。2人称（単数・複数）への否定命令（例文 2）、3人称の usted, ustedes への命令（3, 4）です。そして1人称複数の相手への命令では、接続法の動詞を使って肯定（5a）や否定（6）の、誘いの表現をしますが、肯定命令では例文 5b のような vamos a +不定詞の構文がよく使われます。

2. No la {*cantes / cantéis*}. 「{君は / 君たちは} それを歌うな」

3. {*Tenga* usted / *Tengan* ustedes} cuidado.
    「{あなた / あなたがた} 気をつけてください」

4. {No *hable* usted / No *hablen* ustedes} en voz alta.
    「{あなた / あなたがた} 大きな声で話さないでください」

5a. *Veamos* el periódico, que tiene cantidad de anuncios.
    「新聞を見ましょう、広告が多いから」

5b. Vamos a ver el periódico, que tiene cantidad de anuncios.

6. No *salgamos* todavía, que nos queda tiempo.
    「まだ出かけないでおきましょう、時間があるから」

間接命令：接続詞 que に接続法の動詞を加えて、話し相手を通して第三者への間接的な命令を表現することがあります。

7. Que *venga* Isabel pronto a esta habitación.
    「イサベルをすぐにこの部屋に来させなさい」

Ⓒ. 接続法の動詞を使わない命令表現：不定詞を使って命令することができます。話し相手に命令するときには前置詞 a が付きます。

8. No molestar.
　「起こさないでください（ホテルの部屋のドアノブに掛ける札）」
9. Basta de charlas, y ¡a trabajar!
　「もうおしゃべりは十分だ。働きなさい」

直説法の現在や未来でも、文脈によれば命令の表現ができます。

10. Mañana vas a la escuela, ¿vale? 「明日は学校へ行きなさい、いいね」
11. Ahora vendrás conmigo. 「さあ私といっしょに来なさい」

あるいは疑問文によって遠回りの命令を表現することもできます。

12. ¿Puede pasarme la sal? 「（食卓での依頼）塩を取ってください」

日本語でも命令表現で「〜すること！」(*cf.* 8) とか「早く行く！」(*cf.* 10) と言いますね。

2. 願望の表現

願望の気持ちは desear「〜したい」などの動詞を使って表現できますが、スペイン語では以下に見るような願望文の形式でも表現できます。それに対応する日本語は感嘆表現の一種の詠嘆文になるでしょう。

A. 現在・未来の願望：¡Ojalá (que)...! に接続法の動詞で表現します。que が入ることもあります。完了していないことなら接続法現在(**13**)の、完了しているはずのことなら接続法現在完了（**14**）を使います。

13. ¡Ojalá venga pronto Alicia! 「アリシアが早く来ればいいのになあ」
14. ¡Ojalá (que) Paco haya llegado allí sin problemas!
　「パコがあそこに問題なく着いていればいいのになあ」

おもに話し相手に対して命令のニュアンスを含む願望を表現するには、¡Que...! と接続法現在の動詞で行ないます。

15. ¡Que *tengan* ustedes buen viaje! 「いいご旅行をされますように」

B. 現実的でないことの願望：現在・未来の起こりそうでないことの願望は ¡Ojalá! と接続法過去の動詞で表現します。

16. ¡Ojalá no *lloviera* tanto! 「こんなに降らなければいいのに」

過去の事実に反することを願望の対象にするときは ¡Ojalá! と接続法過去完了の動詞で表現します。

17. ¡Ojalá me *hubiera tocado* el gordo!
　「私に宝くじの1等が当たればよかったのになあ」

話し手が自分のことで、起こりそうにないことを願望する気持ちは[¡Quién＋接続法の過去・過去完了!]で表現することができます。

 18. ¡Quién *estuviera* en España!　「スペインにいればいいのになあ」
 19. ¡Quién *hubiera terminado* la tarea entonces!
  「あのとき、その仕事をし終えていたならなあ」

3. 推測の表現

Ⓐ. 動詞の時制による表現：発話時の推測は直説法未来（完了）で表現します。

 20. Ya serán las once.　「もう 11 時ごろだろう」
 21. Ana ya habrá llegado al cine.　「アナはもう映画館に着いただろう」
過去の一時点での推測は過去未来や過去未来完了を使います。
 22. Entonces ya serían las doce.　「そのとき 12 時ごろだっただろう」
 23. Entonces Ana ya habría llegado al cine.
  「その頃アナはもう映画館に着いていただろう」

Ⓑ. 動詞（句）による表現：suponer や sospechar を使います。deber de＋不定詞でも表現できます。

 24. {Supongo / Sospecho} que ya tiene más de sesenta años.
  「彼はもう 60 歳以上だろうと思う」
 25. Los alumnos deben de estar allí.　「生徒たちはあそこにいるはずだ」

Ⓒ. 副詞による表現：いくつかの疑いの副詞で推測の意味が表現できます。単なる想定の内容なら接続法になります。直説法現在や直説法未来も使われます。

 26a. {Probablemente / Posiblemente / Quizá / Tal vez} {*llueva* / llueve / lloverá} mañana.
 26b. Acaso llueva mañana.　「おそらく明日は雨だろう」
これらの副詞が動詞より後ろに来るときには、動詞は直説法です。
 27. Lloverá pronto, {quizá / posiblemente}.　「たぶん、すぐに雨だろう」
直説法の動詞しか伴わない可能性の意味の副詞（句）があります。
 28. {Seguramente / A lo mejor / Igual} Pedro ha olvidado la cita.
  「おそらくペドロは会う約束を忘れているのだろう」

ユニット 15　再帰用法

スペイン語の再帰代名詞についてはユニット12で解説しました。再帰代名詞を伴う動詞は再帰動詞です。

再帰代名詞の本来の用法は、「(主語が) 自分を」という意味の直接補語 (対格人称代名詞) として、そして「(主語が) 自分に」という意味の間接補語 (与格人称代名詞) として働くことです。

- 再帰代名詞の基本的な働き：再帰用法である。他動詞の直接補語になったり、間接補語になったりする。
- 与格の再帰代名詞の注意すべき用法：主語が体の一部に行為を及ぼすとき、その体の持ち主は間接補語で表すので、主語自身の体のことなら、間接補語の再帰代名詞を使う。
- 他動詞の再帰動詞の行為者：主語は行為者であるとは限らない。間接的な関与者であるときも再帰動詞が使われる。
- 再帰動詞と叙述補語：主語が自分のことで認識している特徴を再帰代名詞で表現することがある。
- 再帰代名詞による相互作用の表現：複数の主語と再帰動詞で表現される文は、単純な再帰現象を表現するときと、主語の相互作用を表現するときがある。

1. 再帰代名詞の再帰用法

再帰代名詞は、意味的には主語が指すのと同一の対象を指示します。文法的には代名詞としての特別な働きを指しているわけではありません。再帰代名詞は主語と同一の対象を指すので、主格以外の人称代名詞として働く、ということになります。

主語は基本的に動詞の意味の行為を実行する存在 (行為者) ですが、文中に再帰代名詞を含めると、その行為が主語自身に及ぶことが表現されます。再帰代名詞を使うときには、基本的に、つぎのような条件が設定されます。

①主語は行為の実行が可能なものを指す (人間などの生き物)。
②再帰代名詞は対格・与格・前置詞格の人称代名詞として働く。
③対格人称代名詞として機能するときは他動詞と共に使われる。

2. 再帰代名詞が他動詞の直接補語になるとき

このとき主語は自分自身を他動詞の行為の直接的な対象（直接補語）とするので、結果として再帰動詞は自動詞的な意味になります。たとえば「～を起こす」という意味の他動詞 levantar で考えてみましょう。再帰動詞の levantarse になると、「自分を起こす」から「起きる」という自動詞的な意味になるのです。

1. Mario *levanta* la silla que se ha caído.
   「マリオは倒れたいすを起こす」
2. Mario *se levanta* temprano. 「マリオは早朝に起きる」

行為をしない物が主語のときにも、自動詞的な意味になります。

3. La ropa *se secó* al sol. 「（洗濯した）衣類は日に当たって乾いた」

3. 再帰代名詞が他動詞の間接補語になるとき

他動詞は直接補語を従えるから、文中に間接補語があるときには、まず直接補語が含まれています(4)。再帰動詞になると 5 のようになります。

4. Ana le *quita* los zapatos al niño. 「アナはその子の靴をぬがせる」
   (quitar は他動詞、le [= al niño] が間接補語、los zapatos が直接補語)
5. Ana *se quita* los zapatos. 「アナは（自分の）靴をぬぐ」

A. 間接補語の注意：スペイン語では主語が体の一部に行為を及ぼすとき、その体の持ち主は間接補語で表します。ユニット 7「間接補語」で少し説明しました。再帰代名詞の視点から再確認します。主語の体のことなら、間接補語として働く再帰代名詞を使います。所有形容詞（mi, tu, su...）は使いません。

6. Ana (le) *lava* las manos a la niña. 「アナはその女の子の手を洗う」
7a. Ana *se lava* las manos. 「アナは（自分の）手を洗う」
7b. × Ana *lava* sus manos. （7a の文の意味では、この文は使えません）
8. La madre *le* cepilló los dientes *a su hija pequeña*.
   「母親は幼い娘の歯をみがいてやった」

B. 他動詞の再帰動詞の行為者：間接補語とは、動詞の行為を間接的に受けるものを指しますが、再帰動詞の場合、その行為の直接的な実行者は主語であるときとそうでないときがあります。「太郎は家を建てた」といっても、実際の工事は業者がした、というような意味においてです。

9a. Paquito *se ensució* las manos. 「パキトは（自分の）手を汚した」
（自分の意志で汚したか、なにかをしていて結果として汚れたか）

10a. Paco *se hizo* un traje nuevo. 「パコは服を新調した」
（普通は、作ったのは業者。しかし自分で作る可能性もある）

このように与格の再帰代名詞の意味はときに不明瞭になります。それを避けるためには、原因や本当の行為者を暗示したり（例文 9b, 10b）、主格人称代名詞に形容詞の solo, sola「ただひとりの」や mismo, misma「自身の、その人の」を付けて文に加えたりします（9c, 10c）。

9b. Paquito se ensució las manos *al caerse en el jardín*.
「パキトは庭で倒れて（自分の）手を汚した」

9c. Paquito se ensució las manos *él solo*.
「パキトは自分で（自分の）手を汚した」

10b. Ana se hizo un vestido nuevo *en la boutique de la esquina*.
「アナは通りの角のブティックでドレスを新調した」

10c. Paco se hizo un traje nuevo *él {solo / mismo}*.
「（洋服屋の）パコは自分で新しい服を作った」

4. 再帰動詞と叙述補語

再帰動詞のなかには叙述補語を従えるものがあります。主語が自分自身のことを叙述補語の意味のように認識する表現です。verse（11）、encontrarse（12）、sentirse（13）、creerse（14）、considerarse（15）、ponerse（16）などで見られます。なお、ponerse はユニット 17 で扱います。

11. Carmen *se ve* obligada a leerlo. （〜の義務がある自分を見る）
「カルメンはそれを読まなくてはならない」

12. Carmen *se encuentra* mal de salud. （自分を〜の状態に見る）
「カルメンは健康状態が悪い」

13. Ana *se sentía* muy contenta. （自分を〜だと感じる）
「アナはとても満足していた」

14. Carmen *se creía* inteligente. （自分を〜だとみなす）
「カルメンは自分がかしこいと思っていた」

15. Pepe *se considera* popular en su clase. （自分を〜だと考える）
「ペペは自分がクラスで人気があると思っている」

16. Ana *se puso* triste al verlo. （自分を〜の状態に置く）
   「アナはそれを見て悲しくなった」

5. 相互作用を表現する再帰動詞

　複数形の主語と再帰動詞で作られた文の場合、再帰動詞は基本的な、主語である行為者の行為が主語に及ぶ、という意味であるならば、たとえばXさんとYさんが主語の場合、Xさんの行為がXさん自身に及び、Yさんの行為がYさん自身に及んで、単純な再帰代名詞の働きになります。そしてXさんの行為がYさんに、Yさんの行為がXさんに及ぶときも、主語の行為が主語に及びますが、結果としてXさんとYさんがお互いに動詞の行為をしあう、ということになるのです。このような表現を相互作用と呼びます。主語は三人以上でも構いません。

　日本語では相互作用を「〜しあう」という複合動詞で表現します。

　再帰代名詞が他動詞の直接補語であるとき (17) と、再帰代名詞が他動詞の間接補語であるとき (18) があります。

17. Ellos dos *se respetan* cordialmente.
   「彼らふたりは心から尊敬しあっている」

18. Finalmente, Pedro y Paco *se dieron* las gracias.
   「最後にはペドロとパコは互いに礼を言いあった」

単純な再帰と相互作用を区別して相互作用の意味であることを明示するには、el uno al otro, recíprocamente, mutuamente「お互いに」などを加えます。

19. Cada mañana madre e hija se peinan {*la una a la otra / recíprocamente / mutuamente*}.
   「毎朝、母親と娘はお互いに髪をとかしあう」

ふたりが男性のときには el uno al otro、ふたりが女性のときには例文 19 のように la una a la otra ですが、男女の組み合わせでも el uno al otro になります。

20. Ignacio y María se humillan, desgraciadamente, *el uno al otro*.
   「イグナシオとマリアは、不幸にもばかにしあっている」

口語では主語が単数形でも相互作用の意味を表現します。

21. Mario *se escribe* con una muchacha japonesa.
   「マリオは日本人の女の子と文通している」

ユニット 16　再帰代名詞の有無

　動詞のなかには、つねに再帰代名詞を伴う動詞や、再帰代名詞を伴うと意味が違ってくる動詞があります。このユニットではそのような再帰代名詞の有無の表現を見てみましょう。

- 動詞のなかには、つねに再帰代名詞を伴うものがある。
- 動詞のなかには、再帰動詞になると意味が違ってくるものがある。
- 動詞のなかには、再帰動詞になっても意味が違わないものがある。
- 主語が体の一部に動作を及ぼす表現のとき、体の持ち主は間接補語（与格人称代名詞）で表現されるが、動詞のなかには、行為の対象が主語の体の一部であると常識的に判断されるものがある。そのときには間接補語の再帰代名詞がつかない。

1. 再帰動詞としてしか使われない動詞

　動詞のなかには再帰代名詞を伴わなくては使えないものがあります。つぎの例文の動詞 suicidarse（1）、arrepentirse（2）、jactarse (de)（3）、quejarse (de)（4）、atreverse (a)（5）、dignarse（6）などです。

1. En este bosque *se suicidó* una joven ayer.
   「この森では昨日、娘がひとり自殺した」

2. Los jóvenes atrevidos *se arrepienten* siempre.
   「向う見ずな若者たちはいつも後悔する」

3. Pepe siempre *se jacta de* su nueva casa.
   「ペペは今度の家をいつも自慢している」

4. Isabel *se queja de*l ruido que hace su vecino.
   「イサベルは隣人が出す騒音に不平を言っている」

5. Mario *se atrevió a* dirigirse a ese extranjero.
   「マリオは思い切ってその外国人に話しかけた」

6. El presidente *se dignó* visitar nuestra universidad.
   「大統領は私たちの大学を訪問してくださった」

2. 再帰動詞になると意味が違ってくる動詞

　再帰代名詞を伴わないときと伴うときとで、意味が違ってくる動詞が

あります。つぎの例文の動詞 portar（7）、apropiar（8）、parecer（9）、acordar（10）、hacer（11）、decidir（12）などです。前置詞の有無にも注意してください。

7a. El joven me *portó* la maleta hasta la estación.
「その若者は私のトランクを駅まで運んでくれた」

7b. Hoy Margarita *se ha portado* bien en clase.
「今日、マルガリタは授業中に行儀がよかった」

8a. Este país debe *apropiar* las leyes a las costumbres.
「この国は法律を習慣に合わせるべきである」

8b. No debes *apropiarte de* los objetos ajenos.
「君は他人の持ち物を自分のものにしてはいけません」

9a. El coche *parecía* nuevo al salir del taller.
「その車は工場を出るときに新品のように見えた」

9b. Juan *se parece* mucho a su abuelo.
「ホアンはおじいさんにとてもよく似ている」

10a. Ayer *acordamos* el itinerario de nuestro viaje a España.
「私たちは昨日、スペイン旅行の行程を決めた」

10b. La profesora *se acordaba de*l nombre de todos sus alumnos.
「その先生は教え子の名前をすべて覚えていた」

11a. Los asaltantes *hicieron* el plano del banco.
「強盗たちは銀行の見取り図を作った」

11b. Los asaltantes *se hicieron con* el plano del banco.
「強盗たちは銀行の見取り図を手に入れた」

12a. Camila *decidió* estudiar matemáticas.
「カミラは数学を勉強することにした」

12b. Por fin Camila *se decidió a* casarse con Pedro.
「カミラは結局、ペドロと結婚しようと決心した」

3. 再帰動詞になっても意味が変わらない動詞

他動詞の confesar「（宗教的に）告白する」とか olvidar「忘れる」は、再帰代名詞が付いても意味がほとんど変わりません。再帰代名詞が付くと前置詞が必要です。

13a. Debes *confesar* al sacerdote todo lo que hiciste.

「君は司祭に、やったことをすべて告白するべきだ」

13b. = Debes *confesarte con* el sacerdote de todo lo que hiciste.

14a. *He olvidado* el día de su cumpleaños. 「私は彼の誕生日を忘れた」

14b. = *Me he olvidado de*l día de su cumpleaños.

4. 自動詞と再帰代名詞

「…に偶然に出くわす」という意味の自動詞 chocar con ..., tropezar con ... は、「…に」の意味を出すために前置詞 con が必要です。再帰代名詞が付くこともありますが、意味はほとんど変わりません。

15. Pedro (*se*) *chocó con* Carmen por la calle.
「ペドロは通りでカルメンと偶然出会った」

16. José (*se*) *tropezó con* Isabel al salir del restaurante.
「ホセはレストランを出るときイサベルと偶然出会った」

この再帰代名詞は自由に選択できますが、その使い方はユニット18の「主語の場所を暗示する再帰用法」とつながっています。主語のいる場所を暗示するときには付きますが（**17**）、その暗示が表現されないときには付きません（**18**）。

17. Pepe *se ha quedado* todo el día en su habitación.
「ペペは一日中、自分の部屋にこもっていた」

18. En el restaurante *quedaban* solo dos clientes.
「レストランには客が二人しか残っていなかった」

5. 体の一部に動作を及ぼす表現

ユニット15の **3** の A でも、スペイン語では主語がだれかの体の一部に行為を及ぼすとき、その体の持ち主は間接補語で表現する、という規則を紹介しました。間接補語が再帰代名詞のときには、主語が自分の体の一部に行為を及ぼすことになりますが、この意味を表現する再帰代名詞は常に付くとは限りません。

A. 再帰代名詞が付くとき：動詞の意味によって、問題の体の持ち主が主語であることも他人であることもある場合には、主語の体であることを明示するために、再帰代名詞を付けます（**19a, 20a, 21a**）。他人の場合には与格人称代名詞を使います（**19b, 20b, 21b**）。

19a. Ana *se lava* las manos. 「アナは（自分の）手を洗う」
19b. Ana *le lava* las manos a la niña. 「アナはその子の手を洗う」
20a. Ana *se seca* las manos. 「アナは（自分の）手をふく」
20b. Ana *le seca* las manos a la niña. 「アナはその子の手をふいてやる」
21a. *Me afeito* todas las mañanas. 「私は毎朝ひげをそる」
21b. El barbero *les afeita* bien a sus clientes.
「その理髪師は客のひげを上手にそる」

B. 再帰代名詞が付かないとき：動詞の意味から、主語の行為の対象となる体の一部が主語のものである可能性が高いと常識的に判断されるときには、再帰代名詞は付きません。

22. Carlos *levantó la mano* al ver a Paco.
「カルロスはパコの姿を認めると手をあげた」

23. Carlos *abrió los ojos* cuando oyó el timbre de teléfono.
「カルロスは電話のベルを聞いて目を開けた」

24. El vampiro *mostró* los dos grandes *dientes* caninos al verla.
「吸血鬼は彼女を見て2本の大きな犬歯を見せた」

25. El vampiro *frunció las cejas* al ver los dos palos cruzados.
「吸血鬼は十字になった2本の棒を見て眉をひそめた」

26. El caballero *hincó las rodillas* en el suelo ante la reina.
「騎士は女王の前で床にひざまずいた」

　スペイン語のような再帰代名詞のない日本語にも、これに似た表現があります。再帰的な用法を持つ他動詞による再帰構文です。「手をあげる」「手を振る」「目を覚ます」「腰を冷やす」などは、主語が自分の体の一部に行為を及ぼしている表現ですから、「自分の」は不要です。また、再帰的他動詞もあります。他動詞ですが、動詞自体に再帰という意味を含んでいます。「(服を) 着る、(ズボンを) はく、(帽子を) かぶる、(パジャマを) 脱ぐ、(シャワーを) 浴びる」などです。

ユニット 17　「〜になる」を表す再帰用法

　他動詞に再帰代名詞が付くと、主語が自分を「〜にする」意味から、主語が「〜になる」の意味に変わることがあります。このような意味を表現する再帰動詞のことを解説します。

> つぎのような再帰動詞は「〜になる」の意味を表現する。
> - ponerse：一時的な状態の変化を表現する。
> - hacerse：ゆるやかな変化の結果を表現する。主語の意思が感じられる。
> - volverse：急激な変化を表現する。受動的に変化した状態にとどまることを暗示する。
> - convertirse：極端な変化で、全く別のものになる意味も表現する。
> - quedarse：変化の結果の状態にとどまる意味を表現する。

1. ponerse の場合

　他動詞 poner は「〜を置く」という意味とともに「〜という状態にする」という意味があります。後者の場合、再帰代名詞を伴うと「自分を〜の状態にする」という意味を通して「（自分が）〜になる」という意味になるのです。一時的な状態の変化が暗示されますが、受動的なニュアンスを伴うこともあります。

　「〜」にあたる補語は形容詞か形容詞相当語句です。形容詞は主語の性・数と一致した形になります。

①人などの行為者の肉体的・精神的・心理的な変化の表現。

1. En aquel entonces Ana *se puso* enferma.
   「その頃、アナは病気になった」

2. *Me pongo* triste al oír la canción.
   「私はその歌を聞くと悲しくなる」

3. Los perros *se pusieron* furiosos al ver el oso.
   「犬たちはその熊を見るとたけり狂った」

②事物の状態や様子の変化の表現。主語は行為のできない無生物ですから、行為のできる主語という、基本的な再帰動詞の条件を満たしていません。事物を行為者とみなしているのでしょう。

4. En la primavera este campo *se pone* verde enteramente.
   「春にはこの平野が見渡す限り緑になります」
5. Este sombrero *se puso* de moda dos años antes.
   「この帽子は 2 年前、流行しました」

③再帰動詞 ponerse は、「～になる」以外にも、主語の位置の変化を示したり（6）、衣類などを身につける意味になります（7）。もとの意味は、例文 6 なら「（～に）自分を置く」、7 なら「（～を）自分に置く」です。

6. Vamos a *ponernos* cerca de la escena.
   「舞台の近くに座りましょう」
7. Voy a *ponerme* la chaqueta nueva que compré ayer.
   「僕は昨日買った上着を着ることにしよう」

2. hacerse の場合

他動詞 hacer は「作る」という意味のほかに「～にする」という意味があります。再帰動詞になると、「自分を～にする」という意味から、「～になる」という自動詞的な意味になります。主語の意思が感じられます。

「～」にあたる補語は形容詞や名詞です。形容詞・名詞は主語と性・数を一致させます。変化の結果が注目され、変化の過程は暗示されにくいようです。この点が ponerse と異なります。その変化は急激ではありません。この点が **3** の volverse などと異なります。

①主語が人で、努力の結果として起こる変化の表現。補語の名詞は無冠詞です。

8. Manuel *se hizo* doctor estudiando día y noche.
   「マヌエルは昼も夜も勉強して博士になった」
9. Quiero *hacerme* rico estudiando informática.
   「私はコンピュータ科学を勉強して金持ちになりたい」

②主語が人で、演技としての変化の表現。形容詞・名詞は主語と性・数を一致させ、定冠詞を伴います。

10. El delincuente *se hizo* el tonto ante los policías.
    「その犯罪者は警官の前でばか者になった（ふりをした）」
11. El delincuente *se hizo* el sordo ante los policías.
    「その犯罪者は警官の前で耳が聞こえないふりをした」

③主語が人の場合には、hacerse が努力の結果の変化を意味するので、

選ばれて起こる変化を表すには使いにくいようです。その意味を表現するには同じような意味の llegar a ＋不定詞（13a）や受動の表現（13b）を使いましょう。

12. Por fin aquel joven *se hizo* presidente.
「あの若者はとうとう（色いろ画策して）社長になった」

13a. Aquel joven *llegó a ser* presidente con el apoyo del pueblo.
「その若者は国民の支持を受けて大統領になった」

13b. Aquella señora *ha sido elegida* presidenta en su patria.
「あの婦人は母国で大統領に選ばれた」

④主語が事物の場合で、その状態や様子の変化が表現されます。

14. La situación *se me ha hecho* muy difícil de aceptar.
「その状況は、私には受け入れるのが難しくなった」

15. Este sofá es muy conveniente. *Se hace* cama.
「このソファーはとても便利です。ベッドになります」

3. volverse の場合

他動詞の volver には「向ける」とともに「変える」という意味があります。後者の意味で再帰代名詞を伴うと、「自分を変える」という意味から、結果として「～になる」という意味になります。

主語の補語には形容詞や名詞が来ます。変化は急激で、変わった状態にとどまることを暗示します。変化には主語の意思が認められにくいようです。この点は hacerse と異なります。

①強調を暗示する変化の表現。

16. Al divorciarse Isabel *se volvió* muy tacaña.
「イサベルは離婚すると、とてもケチになった」

②驚きを暗示する変化の表現。

17. Mi hija *se volvió* muy responsable al casarse.
「私の娘は結婚すると、とても責任感が強くなった」

4. convertirse en ... の場合

他動詞 convertir は「変える」という意味です。それに再帰代名詞が付いて、「（変化して）～になる」という意味の再帰動詞になります。「～」は前置詞 en を伴う名詞です。変化は極端で、全く別のものになる意味

も表現します。

18. Aquel botones *se ha convertido* por fin en el presidente.
「あのベルボーイが、ついに社長になった」

19. Gracias a su oración, aquella piedra *se convirtió* en la joya.
「彼の祈りのおかげで、その石は宝石になった」

ほぼ同義の再帰動詞に transformarse があります。

20. La tormenta *se ha transformado* en mansa lluvia.
「嵐は穏やかな雨になった」

21. El renacuajo *se transforma* en rana.
「オタマジャクシはカエルになる」

5. quedarse の場合

quedar は、これまでの動詞と異なり、「残っている、とどまる」という意味の自動詞です。自動詞は直接補語を取らないので、この動詞に伴う再帰代名詞は間接補語（与格人称代名詞）であることになります。しかし主語の状態などを表す形容詞や副詞の語句を伴って「～になる」という意味を表現することがあるのです。損失などのマイナスのイメージを伴います。そして次のユニット 18「主語の場所を暗示する再帰用法」につながっています。

22. Hace tres años Carlos *se quedó* viudo.
「3 年前、カルロスは妻に先立たれた」

なお、「～になる」という日本語ですが、日本文法では変化構文のなかに「なる」が含まれています。行為の決定（23）や結果（24）などを表現する「（する）ことになる」、状況の進展的な変化を表現する「（する）ようになる」（25）で表現されます。つぎのようなスペイン語に対応する表現です。

23. 私は 6 月に結婚することになりました。
He decidido casarme en junio.

24. そのうわさは本当（だということ）になった。
El rumor {resultó / salió} verdadero.

25. この子はもう字が書けるようになった。
Este niño ya {empezó a / sabe} escribir.

ユニット 18　主語の場所を暗示する再帰用法

　他動詞の再帰動詞は、主語が自分の行為を自分自身に直接的に及ぼしたり（再帰代名詞が直接補語のとき、「自分を」）、あるいは間接的に及ぼしたり（間接補語のとき、「自分に」）することを表現します。

　しかし自動詞の場合はどうでしょう。自動詞に付く再帰代名詞は与格人称代名詞として働きます。たとえば、自動詞 quedar「残る、とどまる」は再帰代名詞を伴って quedarse という語形でも基本的には「残る、とどまる」という意味で使われます。そのとき、再帰代名詞は間接補語（与格）の代名詞として働いて「（主語が）自分に残る（？）、自分にとどまる（？）」となるのでしょうか。ここではユニット 10 で学習した「格」の話を思い出してください。本書では、与格の再帰代名詞は「処格」として働き、主語の存在する場所を暗示する、と解釈します。この用法はいくつかの再帰動詞に見られます。

　このような表現ができる再帰代名詞は、日本語にありません。スペイン語でも微妙な意味を表現するので、その解釈の仕方に違いが生まれます。

　自動詞に付く再帰代名詞は、主語のいる・ある場所を暗示することがある。

- quedarse：主語が自分のいる場所にとどまる、という意味を表現する。
- morirse：主語が自分のいる場所で死ぬ、という意味から、自然死などの意味を表現する。
- dormirse：主語が自分のいる場所で眠る、という意味から、眠りの状態に入る意味を表現する。
- estarse：主語が自分のいる場所にいる、という意味から、ひとつの所・状態にとどまるという意味を表現する。
- pararse：主語が自分の存在する場所で止まる、という意味から、普通は止まるはずではないところに止まる、という意味を表現する。

---

1. quedarse の場合

　自動詞 quedar は「残る、とどまる」という意味です。

1. Aquí todavía nos *queda* un poco de azúcar.

「ここにはまだ、(私たちに) 砂糖が少し残っている」
(自動詞 quedar「残る」。nos は単なる与格の人称代名詞で間接補語)

2. Mi pregunta *ha quedado* sin contestar.
「私の質問は答えられないままになった」
(自動詞 quedar は「ある状態にとどまる」意味)

主語が人間で、その人のいる場所や状態にとどまることになる意味を表現するとき、与格の再帰代名詞が付いて再帰動詞 quedarse になります。

3. Caminando despacio, ellos dos *se quedaron* atrás.
(再帰動詞で、「主語が自分のいるところにとどまる」意味を暗示)
「彼らふたりは、ゆっくり歩いたので遅れてしまった」

4. Ayer *me quedé* todo el día en casa. 「昨日、私は一日中、家にいた」

5. Debido a la lluvia, *se quedaron* todo el día en el hotel.
「雨のため、彼らは一日中、ホテルにいた」

また、文中に前置詞 con「〜といっしょに」を伴った補語が含まれると、「自分の場所に〜といっしょにいる」という意味内容から、いくつかの具体的な意味になります。

6. Mario *se quedó con* mi diccionario.
「マリオは私の辞書を自分のものにした (取り上げた、うばった)」

7. Voy a *quedarme con* estos zapatos.
「(靴屋で) 私はこの靴をもらいましょう (買います)」

8. Tienes mucha facilidad para *quedarte con* los números.
「君は数字をおぼえるのがとても上手だね」

2. morirse の場合

自動詞 morir は「死ぬ」という意味です。これに再帰代名詞が付いて「(主語が) 自分のいるところで死ぬ」という意味になり、死ぬべくして死ぬときの表現になります (**9**)。文脈によると「死んでしまう」のような解釈も可能です。事故死などの不自然な死の場合には再帰代名詞が付きにくい (**10**)、という傾向があります。そして事物が主語のとき、事物は移動しないので位置の意識が希薄になって、再帰代名詞は付きにくくなります (**11**)。

9. Mi abuelo *se murió* a los 93 años.
「祖父は 93 歳で死んだ (天寿を全うした)」

10. Ayer, en el accidente de tráfico, *murieron* tres personas.
   「昨日、交通事故で人が3人死んだ」

11. La senda *muere* a la puerta del bosque.
   「その小道は森の入り口で無くなっている」

与格の再帰代名詞の付いた morirse に、もうひとつの間接補語（あるいは与格人称代名詞）が付いて、ある人が別の人の死から間接的に影響を受けることを表現することがあります。もうひとつの間接補語は心的与格とも呼ばれますが、日本語の「迷惑の受け身」に近い意味を表現します。この受け身についてはユニット22を参照してください。

12. A mi hijo *se le murió* su mujer. 「私の息子は妻に死なれた」
   （主語は su mujer。主題は a mi hijo = le）

morirse はほかにも、「死ぬほど〜である」という意味になります。

13. ¡Qué fallo! *Me muero de* vergüenza.
   「なんという失敗だ！ 私は死ぬほど恥ずかしい」

死ぬ現象は話し手の判断で自然・不自然の違いが出てくるので、再帰代名詞が付くか付かないかは、話し手によって異なることになります。

14. Ayer, en este hospital, (*se*) *murió* un joven cantante.
   「昨日この病院で、若い男性歌手が死んだ」

話し手が不自然な死と考えれば、se は付かないでしょう。

3. dormirse の場合

自動詞 dormir「眠る」は、再帰代名詞が付いて再帰動詞 dormirse になると、「（主語が）自分のいる場所で眠る」という基本的な意味から、「眠りの状態に入る」という意味で使われます。

15. Me gusta mucho la siesta. *Duermo* un poco todas las tardes.
   「私は昼寝が大好きで、毎日午後に少し眠ります」

16. ¡Qué envidia! Mario *se duerme* en cualquier parte.
   「なんてうらやましい！ マリオはどこでも眠れるやつだ」

また、dormir は他動詞「眠らせる」にもなります（例文17）。

17. La madre suele *dormir* al niño en brazos.
   「母親はその子をよく抱っこして眠らせる」

動詞 dormir には擬人法（事物を人間並みに扱う表現方法）の用法もあります。

18. Su trabajo *dormía* en el cajón del profesor. （自動詞）
    「彼のレポートは先生の（机の）引出しに眠っていた」
19. Su conferencia nos *durmió* a todos. （他動詞）
    「彼の講演で私たちはみな眠った」
20. Al amanecer, *se durmió* el mar. 「夜が明けると海はおだやかになった」
21. *Se* me *duermen* con facilidad las piernas.
    「私は脚がすぐにしびれる」（主語は las piernas）

4. estarse の場合

自動詞 estar には「（どこそこの場所に）いる、存在する」という意味があります。そして再帰動詞になると、「（ひとつの所・状態に）じっとしている、とどまる」というような意味になります。**1** で扱われた quedarse とほぼ同じ意味になります。

22. Las muchachas *estaban* sentadas en la primera fila.
    「娘たちは最前列に座っていた」
23. Carmen *se estuvo* toda la tarde conmigo.
    「カルメンは午後ずっと私といっしょにいた」
24. Pedro *se estuvo* quieto toda la tarde.
    「ペドロは午後ずっとおとなしくしていた」

5. pararse の場合

parar は自動詞「動くのをやめる、止まる」（25）、他動詞「止める」（26）、再帰動詞「止まる、立ち止まる」（27）として使われます。再帰動詞 pararse の「止まる」は自動詞の「止まる」と違って、「（主語が）自分の存在する所で止まる」という基本的な意味から、「普通は止まるはずではないところに止まる」というような意味になる傾向があります。

25. El tren *para* en todas las estaciones. （自動詞）
    「この列車は各駅に停車する」
26. El agente de policía *paró* nuestro coche. （他動詞）
    「その警官は私たちの乗った車を止めた」
27. El tren *se paró* en un lugar desierto.
    「その列車は人気（ひとけ）のない場所で停車した」

ユニット 19　主語の移動を暗示する再帰用法

　文法用語の格について解説しているユニット 10 で、スペイン語の与格には動詞が表現する動作の起点を表示する使い方があることを学びました。「〜から」を意味する古い奪格の用法のなごりです。そして再帰代名詞が与格人称代名詞として働くとき、主語の動作が始まる場所（起点）を表示することがあります。本書ではその使い方を、与格の再帰代名詞が奪格の機能を果たしている、と解釈して説明します。このような再帰動詞の意味はその基本的な使い方とは異なるので、「代名動詞」と呼ばれることもあります。

　自動詞に付く再帰代名詞は、主語の動作の起点を暗示することがある。
- irse：主語が自分の場所を離れて行く、という意味を表現する。
- marcharse：主語が自分の場所を離れて進む、という意味を表現する。
- salirse：主語が自分のいる場所から外へ出る、という意味を表現する。
- caerse：主語が自分のいる場所から落ちる、という意味を表現する。

　他動詞 llevar「持っていく」の再帰動詞 llevarse も、主語が自分のいる場所から何かを持っていく、という意味を表現する。

　以上の用法を見てみましょう。他動詞の場合も検討します。

1. irse の場合

　自動詞 ir「行く」は、再帰代名詞を伴って再帰動詞 irse になると、「（主語が）自分の場所を離れて行く」というようなニュアンスを表現します。

　スペイン語の辞書には irse が「立ち去る」と訳されています。そのような日本語に対応させて自然なときもありますが、そのように訳すと少し変な日本語になることもあります (3)。

1. *Voy* de Kioto a Tokio con frecuencia.
   「私はしばしば京都から東京へ行く」（de が起点、a が終点を指示）

2. Pedro *se fue* de casa cuando tenía quince años.
   「ペドロは 15 歳のとき家を出ました」（主語がいる場所は casa）

3. Habiendo dejado allí su coche, Pedro *se fue* a la cafetería de la

　　　　esquina.
　　　　「ペドロはそこに車を置き、（そこから離れて）角の喫茶店へ行った」
 4. Ya *se va* el buen tiempo.
　　　「いい季節はもう終わりだな」（今いる場を離れてゆく）
 5. El gas *se iba* por la llave de paso.
　　　「ガスが栓のところからもれていた」（ガスが管を離れてゆく）

2. marcharse の場合

　自動詞 marchar は「進む、行進する、歩く」などを意味します。これに再帰代名詞が付いて再帰動詞の marcharse になると、「（主語が）その場を離れて進む」という意味になります。そして具体的な起点を前置詞 de で表示することもあります（例文 7）。しかし同じ前置詞 de で導かれる補語が来ても、いつも起点を表示するとは限りません。例文 8 では動機を表します。

 6. Aquellos dos siempre *marchan* al mismo paso.
　　　「あのふたりは、いつもならんで歩いている」
 7. Ignacio *se marchó* del país. 「イグナシオは国を離れた」
 8. Paco *se marchó* ayer de vacaciones. 「パコはきのう休暇で出かけた」

3. salirse の場合

　自動詞 salir は「（主語が、ある場所や集団の内部から外へ）出る」という意味が基本です（**9a, 9b, 10a, 11a**）。その起点が意識されると再帰代名詞が付いた再帰動詞 salirse になります（**10b**）。そうすることで意外性も表現されます（**11b**）。液体の場合もあります（**12**）。

 9a. Al amanecer *salí* a la terraza.
　　　「私は夜が明けると（屋内から）テラスに出た」
 9b. Al amanecer *salí* de casa. 「私は夜が明けると家を出た」
10a. Adolfo *salió* del club. 「アドルフォはクラブ棟から外に出た」
10b. Adolfo *se salió* del club.
　　　「アドルフォは（所属している）クラブを脱会した」
11a. Los niños *salieron* del cine.
　　　「子供たちは（映画が終わって）映画館から外に出た」
11b. Los niños *se salieron* del cine muy temprano.

「子供たちは（上映中なのに）早々と映画館から外に出た」

12. Esta botella está resquebrada. *Se sale* el vino.

「このボトルはひびが入っている。ワインがもれている」

4. caerse の場合

自動詞 caer の基本的な意味は「落ちる」です。再帰動詞の caerse になると、「（主語が）自分のいる場所から落ちる」のような意味になります。前置詞 de「～から」で具体的な起点を表現します（例文 13a）。前置詞 de は文脈が変わると別の意味で使われるので、注意してください（13b）。起点は意識されないときもあります（14）。

13a. La lámpara *se cayó* de la mesa.

「ランプが机から落ちた」（ランプの置かれた場所から）

13b. *Se cayó* la lámpara del comedor.

「食堂のランプが落ちた」（この de は所属の意味）

14. Las castañas {*caen* / *se caen*} del árbol. 「栗が木から落ちる」

(se は、生っている場所が意識されれば付きやすいが、そうでなければ付きにくい)

落下の経由地を表現するとき（15, 16）、あるいは主語の動作が起こる場所の起点を意識することが難しいとき（17, 18）には、再帰代名詞は付きにくくなります。

15. Mi abuela *cayó* por unos escalones.

「祖母は（階段のところで）数段ころげ落ちた」

16. Esta mañana *ha caído* una maceta por el balcón a la calle.

「今朝、植木鉢がひとつ、バルコニーから（経由で）通りに落ちた」

17. En el otoño, la lluvia *cae* suavemente sobre la hojarasca.

「秋には雨が落ち葉の上にやさしく降りかかる」

18. Durante la guerra unas bombas *cayeron* en mi casa.

「戦争中に何発かの爆弾が私の家に落ちた」

事物が主語のとき「持ち主（間接補語）から落ちる」という意味ですが（19）、「持ち主がうっかり落とす」という意味を暗示します（20）。主語が事物なら持ち主は間接補語で表現されますが、その持ち主を主題のようにして訳すこともできそうですね。19 や 20 の和訳文については、ユニット 4 の主題文を見てください。

19. Ya *se le han caído* al niño los dientes de leche.
    「その子から乳歯がもう抜けた」（le = al niño「その子から」）
    →「その子は乳歯がもう抜けた」

20. *Se me cayó* el tenedor cuando charlábamos.
    「私たちのおしゃべりの最中にフォークが私から落ちた」
    →「私はおしゃべりの最中にフォークを落としてしまった」

5. llevarse の場合

　動詞 llevar は他動詞で「人が、ほかの人や物を別の場所に移す、運ぶ」という意味を（21）、自動詞で「（道などが）（＋ a ...）…へ通じる」という意味を表現します（22）。そして他動詞に間接補語（与格）の再帰代名詞が付いて再帰動詞 llevarse になると「主語が自分の所から～を持っていく、連れていく」という意味になり（23）、ときには「奪い去る、ぬすむ」という意味にもなります（24）。

21. *Llevaré* estos libros a mi habitación.　（他動詞）
    「私はこれらの本を部屋に運ぶよ」

22. Esta carretera *lleva* a la ciudad de Sevilla.　（自動詞）
    「この街道はセビリア市に通じている」

23. Voy a *llevarme* al niño al parque.
    「私はこの子を公園に連れていくよ」

24. El ladrón *se llevó* el dinero y las joyas.
    「その泥棒はお金と宝石をぬすんでいった」

　他動詞 llevar は、また、直接補語になる再帰代名詞が付いた再帰動詞では、起点の表示とは異なって、「主語が自分を運ぶ」意味から「流行する」の意味に（25）、そして「（＋ con ...）…との関係がいい・わるい」の意味になります（26）。詳しくはユニット 21 をご覧ください。

25. Este año *se llevan* los abrigos cortos.
    「今年は短いコートがはやっている」（主語は los abrigos cortos）

26. Javier *se lleva* {bien / mal} con su mujer.
    「ハビエルは奥さんとうまく｛いっている / いっていない｝」

ユニット20　十分な遂行を暗示する再帰用法

　飲食物を体に取り入れる意味の動詞や、入手・学習・認知・信念などの意味の他動詞のなかには、間接補語として働く再帰代名詞を伴って再帰動詞となり、その行為を十分行なうという意味を暗示する用法があります。その場合の与格代名詞は、主語が行なう行為に間接的に関与することに変わりはありません。

　他動詞のなかには、間接補語の再帰代名詞を伴って、その行為を十分行なうという意味を暗示する用法がある。
- comerse：「すっかり食べてしまう」という意味になる。
- beberse：「すっかり飲んでしまう」という意味になる。
- ganarse：「十分にかせぐ」という意味になる。
- aprenderse：「十分に習得する、暗記する」という意味になる。
- saberse：「十分に知っている」という意味になる。
- creerse：「十分に信じる」という意味になる。

　ユニット10で説明しましたが、スペイン語の与格のなかには古い奪格（「～から」）や処格（「～にて、で」）や具格（道具の意味の「～で、を使って」）の機能も含まれている可能性がありました。このユニットで扱う他動詞には、移動の意味がないので、ユニット18やユニット19のように、与格の再帰代名詞が処格や奪格の働きをして主語の場所や主語の動きの起点を暗示しているとは考えられません。再帰動詞が「すっかり」とか「十分に」という意味を暗示するとき、その再帰代名詞の働きを解釈する可能性のひとつに、具格として「主語が自分を使って、自分の力で」という意味を表しているのではないか、という考え方があります。本書ではそのように仮定します。そして、与格人称代名詞の基本的な意味の「自分のために」が「すっかり、十分に」という意味を暗示することになる、と説明することにします。

1. comerse の場合

　「食べる」という意味の動詞 comer は、他動詞のときには食べる対象の名詞を具体的な直接補語として伴います（例文1）。伴わなければ自

動詞として使われます (2)。自動詞の comer は、スペインでは「昼食をとる」という意味にもなります。

1. Paco *comió* una chuleta.
  「パコはスペアリブ（骨付きのあばら肉）を食べた」

2. Nadie puede vivir sin *comer*.「食べなければ、だれも生きていけない」

他動詞 comer が間接補語として与格の再帰代名詞を伴うとき「〜をすっかり食べてしまう」という意味になることがありますが、そのときの与格代名詞の働きは、基本的な与格の「(主語が) 自分に、自分のために」という意味なのでしょうか。この意味のときには comerse は再帰動詞になりますが (3)、「すっかり」というニュアンスとはつながりません。しかし文全体の意味から、例文の 4 では「すっかり」の意味があると解釈することができます。

3. Nosotros *nos comemos* algo a la hora del almuerzo.
  「私たちは昼食時に何かを（自分のために）食べる」

4. Carmen *se comió*, ella sola, todo el pastel de queso.
  「カルメンはそのチーズケーキを全部、ひとりで食べてしまった」

とはいえ、実際に使われている文例を解釈するとき、comerse が単なる再帰動詞なのか、あるいは具格の意味を残している再帰代名詞を伴う再帰動詞なのか、を判定することはやさしくありません。文脈の情報が手掛かりになります。わかりやすいときもあるでしょうが (5a, 5b)、この難しさは、このユニットで扱う他の再帰動詞にも起こります。

5a. Pedro *se comió* una ración de ensalada.
  「ペドロは（自分のために）サラダをひと皿食べた」

5b. Pedro *se comió* veinte huevos duros.
  「ペドロは固ゆでの卵を 20 個、ペロッと平らげた」

2. beberse の場合

この動詞も comer と同じように、他動詞で「〜を飲む」(6)、自動詞で「飲む」(7) を意味しますが、再帰動詞の beberse になると「飲みほす、すっかり飲んでしまう」(8) の意味にもなります。

6. Elena *bebe* dos vasos de agua cada mañana.
  「エレナは毎朝、水を 2 杯飲む」

7. La víctima estuvo dos días sin *beber*.

「その犠牲者は二日間、飲まずに過ごした」

8. Entonces Elena *se bebió* un litro de agua.
「そのとき、エレナは水を１リットルも飲みほした」

3. ganarse の場合

　動詞 ganar は自動詞（9）でも他動詞（10）でも「かせぐ」という意味で使われます。他動詞が再帰動詞 ganarse になると、「自分の力で」というニュアンスが暗示され、「主語が十分にかせぐ」というような意味になります（11）。

9. Estos días Pedro *gana* bien.
「この頃、ペドロはよくかせぐ」

10. Pedro *gana* dinero trabajando en aquella tienda.
「ペドロはあの店で働いてお金をかせいでいる」

11. Pedro *se ganó* cien mil euros en la operación bursátil.
「ペドロはその株取引で（自力で）10万ユーロもかせいだ」

4. aprenderse の場合

　他動詞 aprender は「習う、学ぶ、おぼえる」という意味で使われますが（12）、それが与格の再帰代名詞を伴って再帰動詞になると 13a のように「すっかりおぼえる、暗記する」のようなニュアンスが表現されます。そしてそれは 13b とほぼ同じ意味になります。

12. *Aprendí* muchas cosas de mis profesores.
「私は先生方から多くのことを学んだ」

13a. Paco *se aprendió* la tabla de multiplicar.
「パコは（掛け算の）九九を（努力して）暗記した」

13b. Paco *aprendió* de memoria la tabla de multiplicar.

5. saberse の場合

　動詞 saber は、他動詞のとき「～を知る、知っている」という意味で使われます（14, 15）。そして対格（直接補語）の再帰代名詞を伴って再帰動詞 saberse になり、叙述補語とともに「主語は自分を～であると知る、知っている」という意味を表現します（16）。また、与格（間接補語）の再帰代名詞を伴って再帰動詞になり、直接補語とともに「～を

十分に知っている」というニュアンスも表現します（**17, 18**）。

14. *Sé* bien lo que quieres hacer.
    「君のしたいことはよくわかっているよ」

15. Ignacio ya *sabe* tu secreto.
    「イグナシオはもう君の秘密を知っているよ」

16. Carmen ya *se sabe* capaz de ganar el premio.
    「カルメンにはもう自分が受賞できることがわかっている」

17. Ana *se sabe* toda la lección.
    「アナはこの課をすべて知り尽くしている」

18. La profesora *se sabe* todos los nombres de sus alumnos.
    「その先生は生徒の名前をすべて覚えている」

6. creerse の場合

　動詞 creer は他動詞で「～と思う、信じる」（**19, 20**）という意味を表現し、自動詞になって前置詞 en とともに「～（の存在）を信じる」という意味になります（**21**）。対格の再帰代名詞と叙述補語を伴って再帰動詞 creerse になると「自分を～だと信じる」という意味になります（**22**）。また、与格の再帰代名詞を伴って再帰動詞になると「～を十分に信じる」に近い「信じ込む」というニュアンスの意味が表現されることがあります（**23**）。

19. *Creo* que viene Pedro.
    「私はペドロが来ると思う（来ることを信じる）」

20. A pesar de lo que tú dices, yo *creo* a Alfonso.
    「君の話にもかかわらず、私はアルフォンソ（の言うこと）を信じる」

21. Tu hijo ya no *cree* en Papá Noel, ¿verdad?
    「君の息子はもうサンタクロースなど信じていないよね」

22. A pesar de su edad, Carlos todavía *se cree* joven.
    「カルロスは年を取っているのに、まだ自分が若いと思っている」

23. Mi abuela *se cree* todo lo que le dicen sus amigas.
    「祖母は女友だちの言うことをすべて信じ込んでしまう」

ユニット 21　スペイン語の受動表現

「受動」とは、ほかから動作・作用を受けるという意味であり、「受け身」とも呼ばれます。受動という意味の文を表現するのは、ほかから動作・作用を受けるものについて、それを文の主語・主題として扱いたいという発話動機のためです。受動の意味を表現している構文をまとめて「受動表現」と呼ぶことにします。

> スペイン語の受動表現には次の 3 種類がある。
> - 文型受動文：主語は人でも事物でもよい。能動文のときの直接補語である。つなぎの動詞 ser と過去分詞で作る。
> - 再帰受動文：主語は事物で再帰動詞を使うが、行為者を表示できない。
> - 主題受動文：3 人称複数形の他動詞の能動文で作る。直接補語・間接補語が主題になる。主題である補語は代名詞になって文中で再度示される。

まず、文型として述語の特別な形で受動の意味を表しているのか、文全体の意味の解釈から受動の意味が表現されているのか、をはっきり区別しましょう。能動表現の例文 1 の意味内容（1'）を、その直接補語が主語になる受動表現に書きかえると 1″ になります。

1. Enrique escribió ayer esta carta.
1'. エンリケは昨日この手紙を書いた。
1″. この手紙は昨日エンリケによって書かれた。

スペイン語では 1″ のような受動の意味を、以下の 3 種類の構文で表現することができます。

1. 文型受動文

スペイン語の伝統的な受動の文型は、例文 2 のような［主語 + ser 動詞 + 過去分詞（+ 行為者）］です。本書ではこのような構文を「文型受動文」と呼びます。

2. Esta carta fue escrita ayer (por Enrique).
「この手紙は昨日、（エンリケによって）書かれた」

例文 1a の直接補語（直接目的語）の esta carta が主語になり、ser 動詞は助動詞的に主語の人称と数に合わせ、文の時制にも合わせて fue になり、escribir「書く」の過去分詞 escrito「書かれた」は主語の性・数（女性単数形）に合わせて escrita となっています。実際の行為者は前置詞の por を伴って por Enrique のように表示できます。しかし行為者は常に表示する必要があるわけではありませんのでカッコに入れました。以下が文型受動文の条件です。

① 過去分詞になる動詞は他動詞である。
② 主語は能動文のときの直接補語である。
③ 主語は人でも事物でもかまわない。

日常会話では、おもに次の再帰受動文や主題受動文が使われます。文型受動文はあまり使われません。その理由は、スペイン語が能動文を好むという傾向と関係があります。

見方を変えて結論的に言えば、スペイン語で［行為を受ける人が主語＋行為の内容＋行為者］という 3 種類の意味をセットにして表現することのできる受動表現は、この文型受動文しかない、ということになります。それゆえ、特定の行為を行為者と被行為者の情報と共に知らせるニュース報道のための文として好まれる、という傾向があります。

2. 再帰受動文

スペイン語では再帰動詞を使って受け身を表現することができます。事物が主語で、再帰動詞が「自分を〜する」のような意味になる文のことです。そして文全体の意味から、結果として受け身が表現されていると判断される受動文です。

再帰動詞を使って受け身の意味を表現するには、

① 主語は事物（3 人称）である。
② 動詞は他動詞に再帰代名詞が加わった再帰動詞である。
③ 再帰受動文では行為者を表示しない。

という条件を満たさなくてはなりません。たとえば例文 3a です。

 3a. Esta carta se escribió ayer.（× por Enrique）
  「この手紙は昨日書かれた」

再帰受動文は、構文としての意味と常識としての意味の食い違いがあって、その認識の結果として受動の意味が表現されます。構文として

の意味は、たとえば例文 3a では「この手紙は昨日自分を書いた」となりますが、実際にはだれか手紙を書いた人がいるはずです。その結果、「手紙が書かれた」という受動の意味に解釈されます。これで条件の③の設定の意味が納得されますね。この受動文に「～によって」という行為者（3a の por Enrique など）を加えることは、文法的に許されません。文法的には行為者の主語が自分に行為を及ぼす仕組みだからです。

また、例文 3a の主語は esta carta「この手紙」で、それが文頭に置かれています。この位置にはたいてい主題（「～については」の「～」）が置かれますから、この文の場合、主語が主題になっています。しかし主語以外の文成分が主題になると、例文 3b や 4b のように、それが文頭に来ます。主題についてはユニット 3 を見てください。

3b. Ayer se escribió esta carta.
「昨日、この手紙が書かれた」（主題＝「昨日」）

4a. Estos zapatos se fabrican en China.
「この靴は中国で製造される」（主題＝「この靴は」＝主語）

4b. En China se fabrican estos zapatos.
「中国ではこの靴が製造される」（主題＝「中国では」）

再帰受動文の表現の仕組みは、再帰代名詞 se による無人称表現につながります。たとえば例文 4b で、動詞が単数形（fabrica）になれば、無人称表現と同じ構文になります。ユニット 24 で説明します。

3. 主題受動文

受動の意味は、行為や出来事を受けるもの（人や事物）について、それを主題・主語にして表現されます。その人や事物が文の主語になって動詞の前に置かれる受動表現は文型受動文と再帰受動文です。しかしその人や事物が行為や出来事を受ける対象である直接補語（直接目的語）である場合でも、その直接補語を主題として文頭にもってくれば、受動表現が可能になります。それが主題受動文です。

主題受動文とは、まず、直接補語を主題として文頭に置き、それを指す代名詞を文中に含めてつくられます。たとえば、

5. Esta carta la escribieron ayer.
「この手紙は昨日書かれた」（←「だれかが昨日それを書いた」）

6. Esta guía la editaron en España.

「このガイドブックはスペインで編集された」
7. Esta camiseta la fabrican en China.
「このTシャツは中国で製造される」

です。他動詞は3人称複数形であり、文法的には能動文ですが、主語が不明の無人称文になります。すなわち、行為者が表現されません。主題受動文の条件は以下のようになります。

①他動詞の能動文の直接補語・間接補語が主題になって文頭に置かれる。

②他動詞は主語不明の3人称複数形である。

③主題である補語は、代名詞によって文中（述部）で再度示される。

主題になる直接補語は人でも事物でもかまいません。他動詞の3人称複数形を使う無人称文のとき、直接補語や間接補語が主題になっていなければ、能動文であると解釈され、受動表現として解釈される可能性が低くなります。

8a. Ayer me robaron el coche.

例文8aなら、「昨日、誰かが私の車を盗んだ」という日本語になるでしょう。「昨日、私は車を盗まれた」とも訳せます。無人称表現と受動表現の中和した構文である、と言えます。ユニット23の2「3人称複数形の動詞による表現」を参照してください。しかし直接補語を文頭に出せば、事物が主題の主題受動文になります（8b）。

8b. El coche me lo robaron ayer.
「私の車は昨日盗まれた」（←「車は私から盗まれた」）

さらに、間接補語（車の所有者）を主題にしても主題受動文ができます。人が主題の例文8c, 9bのようにです。8cではA míを加えれば、それが主題であることがはっきりします。文中には与格人称代名詞meが加わっていなくてはなりません。A mí robaron ... とかA Manuel robaron ... とは言えないことに注意しましょう。ユニット9を見てください。

8c. (A mí) Me robaron el coche ayer. （主題：間接補語）
「私は昨日、車を盗まれた」（←「私から、について言えば」）

9a. Ayer (le) robaron el coche a Manuel. （無人称文。主題：「昨日」）
「昨日、だれかがマヌエルの車を盗んだ」

9b. A Manuel le robaron el coche ayer. （主題：間接補語）
「マヌエルは昨日、車を盗まれた」

ユニット 22　日本語の受動表現

　日本語の受動表現では、人が主語である場合と事物が主語である場合を区別します。まず、人が主語の場合は3種類（直接受動表現が2種類と間接受動表現が1種類）、事物が主語の場合は1種類（直接受動表現）あります。見方を変えれば、直接受動表現が3種類、間接受動表現が1種類あることになります。

　日本語には直接受動表現が3種類、間接受動表現が1種類ある。
- 直接受動表現1：「山田が鈴木になぐられた」
- 直接受動表現2：「山田が鈴木に顔をなぐられた」
- 直接受動表現3：「その法則が日本の科学者によって発見された」
- 間接受動表現：「太郎は母親に死なれた」

---

1. 直接受動表現1：主語が動作・感情の対象となる人であるとき

　たとえば1bの「山田が鈴木になぐられた」です。対応する能動文は1aの「鈴木が山田をなぐった」になります。動作の主体（行為者）は「鈴木」で、その対象は「山田」です。能動文1aをスペイン語にすれば例文1a'になり、その受動表現の1bをスペイン語にすれば1b'（文型受動文）になります。1b"は「山田」が主題の能動文です。

　1a. 鈴木が山田をなぐった。（能動文）
　1b. 山田が鈴木になぐられた。（受動文）
　1a'. Suzuki golpeó a Yamada.
　1b'. Yamada fue golpeado por Suzuki.
　1b". A Yamada {le / lo} golpeó Suzuki.

2. 直接受動表現2：主語となる人の一部が動作・感情の対象であるとき

　たとえば「山田が鈴木に顔をなぐられた」(2b)などです。対応する能動文は2aです。動作の主体（行為者）は「鈴木」ですが、動作の対象は「山田」ではなくて「山田の顔」です。それゆえこの受動表現は、「持ち主の受け身文」とも呼ばれます。能動文をスペイン語にすれば「山田」と「顔」を分けた例文2a'のようになります。スペイン語では「持ち主」は間接補語で表現されるからです。スペイン語では行為者が明示

されるとき、間接補語を主語にする受動表現は作れません。作ろうとすれば、せいぜい 2a″ あたりにしかならないでしょう。間接補語が主語ではなくて主題になった主題文です。しかし 2a″ は「山田は鈴木が顔をなぐった」のような、持ち主が主題である能動文として解釈されます。

2a. 鈴木が山田の顔をなぐった。(能動文)
2b. 山田が鈴木に顔をなぐられた。(受動文)
2a′. Suzuki le golpeó la cara a Yamada.
2a″. A Yamada le golpeó la cara Suzuki.

また、動作の主体が不明の場合、たとえば 3 のような受動表現なら、スペイン語では 3′ のような主題受動文になります。

3. 山田は顔をなぐられた。
3′. A Yamada le golpearon la cara.

3. 直接受動表現 3：主語が動作・感情の対象となる事物であるとき

たとえば例文 4b の「その法則は日本の科学者によって発見された」などです。動作の主体 (行為者) は「日本の科学者」で、その対象は「その法則」です。それゆえ対応する能動文は 4a の「(ある) 日本の科学者がその法則を発見した」でしょう。スペイン語なら 4a の能動文は 4a′ のようになります。そして受動文の 4b は 4b′ (文型受動文) になります。行為者が明示されているので、スペイン語の再帰受動文にはなりません。4b″ は「その法則」が主題の能動文です。

4a. (ある) 日本の科学者がその法則を発見した。(能動文)
4b. その法則は日本の科学者によって発見された。(受動文)
4a′. Un científico japonés descubrió la regla.
4b′. La regla fue descubierta por un científico japonés.
4b″. La regla la descubrió un científico japonés.

また、事物が主語になる直接受動表現では行為者を表現しないことがよくあります。たとえば例文 5 の「その法則は 1 世紀前に発見された」などです。この文をスペイン語にすれば、文型受動文 (5′)、再帰受動文 (5″)、主題受動文 (5‴) になります。

5. その法則は 1 世紀前に発見された。
5′. La regla fue descubierta hace un siglo.
5″. La regla se descubrió hace un siglo.

5‴. La regla la descubrieron hace un siglo.

4. 間接受動表現

　能動文の出来事に直接かかわっていない人が主題になる場合です。話し手がその人を問題の出来事と関係づけて主題にすえ、その人が間接的に影響をこうむることを表現する受け身の構文です。主題となる人が好ましくない影響を受ける意味の表現が多いので、「迷惑の受け身」とも呼ばれます。たとえば例文6の「太郎は母親に死なれた」などです。「母親が死んだ」という出来事（7）と「太郎」が関係づけられています。文の能動的な意味としては8のようになるでしょう。

　6. 太郎は母親に死なれた。
　7. その母親は死んだ。　　　　7′. La madre se murió.
　8. 太郎の母親は死んだ。　　　8′. La madre de Taro se murió.

　日本語では「（×）母親が太郎に死んだ」とは言えません。スペイン語では少し不自然ですが、この日本語に相当する6′のような文を作ることができます。また、6′よりも自然な6″のように、同様に「母親」が主語であって、出来事に関係づけられる人の間接補語が主題になる表現も可能ですが、それは「太郎」を主題にするスペイン語の能動文です。この表現が日本語の6に相当します。スペイン語には「太郎」という間接補語に相当する人を主語にする受動表現はありませんが、その人を主題にする能動表現はある、ということになります。

　6′. La madre se le murió a Taro.
　　（主語＝主題は La madre。間接目的語は le ＝ a Taro）
　6″. A Taro se le murió la madre.
　　「？太郎には母親が死んだ」→ 6. 太郎は母親に死なれた。
　　（主題＝間接目的語 A Taro ＝ le。主語は la madre）

　日本語の間接受動表現は、出来事の主体もそれに関係づけられる人も、ともに人間であることが条件になります。「人間」と書きましたが、日本文法では人に相当するものを有情名詞（感情を持っているもの）と呼び、感情のない事物に相当するものを非情名詞と言います。犬などのペットも有情名詞として扱われます。たとえば日本語の9の間接受動表現は、スペイン語にすると9′になります。

　9. 太郎は犬に死なれた。　　　9′. A Taro se le murió el perro.

6″ や 9′ を間接的な受動表現だと解釈するスペイン語話者もいます。

他方、日本語では事物も有情名詞の扱いを受けることがあります。たとえば 10 です。この文はスペイン語にすると 10′ のような能動文になるでしょう。

   10. 太郎はあの日、雨にひどく降られた。
   10′. A Taro le llovió mucho aquel día.

このスペイン語文も例外的に受け身の表現だと解釈されます。

他方、事物と人間の組み合わせでは、スペイン語では普通、受け身だとは解釈されません。たとえば事物の出来事 11a がありますが、それに関係する人を間接補語で表現すると 11b になります。しかしその人を主題にした能動文では、受け身の意味を表現することができません（11c）。そのかわり、その人がその気がなくても起こる出来事として描かれ、「うっかりしていて」というようなニュアンスが表現されます。

   11a. El reloj se cayó. 「その時計は落ちた」
   11b. El reloj se le cayó a Paco. 「その時計はパコから落ちた」
      （主語＝主題は El reloj。間接目的語は le＝a Paco）
   11c. A Paco se le cayó el reloj. 「パコは時計をうっかり落としてしまった」
      （×「パコは時計に落ちられた」）

5. スペイン語と比べて

日本語は「Xが〜になる」という自動詞的な構文を好む言語であり、スペイン語は「YがXを〜にする」という他動詞的な構文を好む言語である、とよく言われます。受動表現ではどうでしょうか。日本語の受動表現はいずれの場合にも、主語（＝主題）と動詞の語幹＋接辞「(ら)れる」で形成される述語（「なぐる」→「なぐられる」など）で構成されています。そして接辞「(ら)れ」は受動だけではなくて可能や尊敬の意味も表現する自動詞的な要素です。他方、スペイン語では、主語（＝主題）の受動表現である文型受動文こそつなぎの動詞 ser を使っていますが、おなじく主語（＝主題）の再帰受動文では他動詞に再帰代名詞が付いているし、主題（≠主語）を利用する主題受動文では、3人称複数の無人称表現であるとはいえ、他動詞の能動文の構文です。両言語の好みが受動表現にも反映されていると言えるのではないでしょうか。

ユニット23　3人称動詞の無人称表現

　活用している動詞は文のなかで行為や状態を表しますが、その動詞が表している行為の主体や状態の当事者が主語でした。しかし文のなかには主語の手掛かりのないものもありますし、主語の手掛かりがあってもそれが何を指しているのかがはっきりしないものもあります。本書ではスペイン語のそのような文を無人称文と呼び、そのような文による表現を無人称表現と呼びます。

　スペイン語は能動文の表現を好む言語であると言われています。ですから行為者に注目します。そして主語である行為者の表示がなかったり、主語である行為者が表示されていてもその指示対象が明確でなかったりするときに、無人称表現になります。他方、日本語は行為や状態が自然に発生するというようにとらえて表現することが特徴になっている言語です。主語（「風が」）が表示されている「風が吹く」のような言い方があっても、その主語が行為者であるという意識は薄く、その行為は自然に発生しているというとらえ方がなされます。スペイン語の無人称表現が行為者不明ということを条件にしているのであるとすれば、日本語はそれ自体、きわめて無人称表現的な言語である、ということになるでしょう。この点も考慮しながら、無人称表現のことを解説します。

　まず、このユニットではスペイン語の主語の手掛かりのない無人称表現を見てみます。文が3人称の活用形の動詞を含む無人称文の表現についてです。

- 3人称単数形の動詞による表現：自然現象の表現、動詞hacerによる表現、動詞haberによる表現、動詞serによる表現、動詞のbastar「十分だ」やparecer「思われる」の表現などがある。
- 3人称複数形の動詞による表現：不特定の人による行為を表現する。話し手や話し相手を除く。行為者は、実際はひとりであることも複数の人であることもある。
- 3人称の単数形と複数形の動詞serによる表現：時刻はserの3人称形で表現される。

1. 3人称単数形の動詞による表現

3人称単数形の動詞による無人称表現には、以下のものがあります。

A. 自然現象の表現：自然現象の動詞は主語なしに使われます。llover「雨が降る」(1)、nevar「雪が降る」(2)、tronar「雷が鳴る」(3)、lloviznar「霧雨が降る」、relampaguear「稲妻が走る」、amanecer「夜が明ける」、atardecer「日が暮れる」、anochecer「夜になる」など、多くの動詞があります。

1. Anoche llovió mucho. 「昨夜は大雨だった」
2. En invierno nieva mucho aquí. 「冬にはここで大雪が降る」
3. Anoche tronó varias veces. 「昨夜（は）何度か雷が鳴った」

これらの動詞には、主語を伴う表現もあります。amanecer (4) や anochecer (5) は、人が夜明けや日暮れに特定の場所にいることを表現します。

4. Partimos de París al anochecer y amanecimos en Tokio.
「私たちは日暮れにパリを出発し、夜明けに東京に着いた」
5. Anochecimos en un pueblo apartado.
「私たちは日暮れ時に、とあるさみしい村に着いた」
6. Los disparos de cañón tronaban muy cerca.
「大砲の発射音が、とても近くで鳴り響いた」
7. Entonces llovieron desgracias sobre mi familia.
「その頃、私の家族に不幸が続けて起こった」

B. 動詞 hacer による無人称表現：この動詞は3人称単数形で天候 (8) や寒暖など (9) を表現します。発話時から計った経過時間の長さも表現しますが、単に起こったことは完了過去（点過去）で (10)、過去のその時点で始まって現在まで続いていることは現在時制で表現します (11)。過去の一時点を基準にしてそれまでに経過した時間を表現することもできますし (12, 13)、未来の一時点を基準にしてそれまでに経過した時間を表現することもできます (14)。

8. Hace {buen / mal} tiempo. 「天気が {良い / 悪い}」
9. Hace {frío / calor / viento / aire / luna / sol}.
「寒い / 熱い / 風が吹く / そよ風が吹く / 月が出る / 日が照る」
10. Hace tres días que llegué aquí. / Llegué aquí hace tres días.

「私は 3 日前にここに着いた」

11. Hace tres días que lo leo. / Lo leo desde hace tres días.
　　「私は 3 日前からそれを読んでいる」

12. Entonces hacía mucho tiempo que no nos escribíamos.
　　「その当時、私たちが文通をやめてからかなりの時がたっていた」

13. Ayer hizo diez años que llegué a Kioto.
　　「昨日、私が京都に着いてから 10 年たった」

14. Mañana hará 25 años que nos casamos.
　　「明日、私たちが結婚してから 25 年になります」

C. 動詞 haber による無人称表現：この動詞は、かつては「持つ」という意味の動詞でしたが、現在では複合時制（haber + 過去分詞）の助動詞として使われています。そして主語なしの 3 人称単数形で、不特定のものを直接補語とし、その存在を表現します。haber の現在時制の 3 人称単数形は、ha ではなくて特殊な形の hay でしたね。またこの表現では、存在するものは主語ではなくて直接補語ですから、直接補語が複数形でも haber は複数形になりません（**16, 17**）。

15. En invierno hay poca gente en la calle.
　　「冬には通りに人がほとんどいない」

16. En la reunión hubo unos minutos de silencio.
　　「その会合では数分間の沈黙があった」

17. En esta casa apenas había muebles cuando empezamos a vivir.
　　「この家には、私たちが住み始めたとき、ほとんど家具がなかった」

この動詞は haber que の形で、義務を表現します（**18**）。主語はありませんが、話し相手を、無人称表現を使って遠回しにさとすときによく使われます。否定文なら義務のないことを表現したり（**19**）、禁止を表現したりします（**20**）。

18. Hay que respetar a los ancianos.
　　「高齢者をうやまわなくてはならない」（うやまいなさい）

19. No hay que pagar nada. 「一銭も払わなくていい」

20. No hay que correr en el hospital. 「病院で走ってはいけない」

D. 動詞 ser による表現：ser は 3 人称単数形で時を表現します。

21. Ya es {de día / de noche}. 「もう夜が明けた / 日が暮れた」

22. Ya es tarde. 「もう遅い」

23. Todavía es temprano. 「まだ早い」

24. Ya es {primavera / verano / otoño / invierno}.
「もう｛春だ / 夏だ / 秋だ / 冬だ｝」(= Ya estamos en ...)

E. 動詞 bastar「十分だ」や parecer「思われる」の表現：これらの動詞も3人称単数形で無人称表現をします。

25. Parece que tardará algo en empezar a llover.
「雨が降り始めるには少し間があるようだ」

26. Basta con tres huevos. 「卵が3個あれば十分だ」

25 の que の名詞節は、代名詞にすると lo になります。parecer の主語ではありません。25 なら Lo parece.「そのようだ」になるでしょう。

2. 3人称複数形の動詞による表現

主語なしの3人称複数形の動詞は、不特定の人による行為を表現します。話し手や話し相手を除きます。実際はひとりである可能性もあるし (27, 28, 29, 32)、複数の人であったりもします (30, 31)。29, 31, 32 は文頭の要素を主題にして訳すと日本語らしくなりますが、受動表現の一種でもあります。ユニット21の **3**「主題受動文」を見てください。

27. Llaman a la puerta. 「だれかが戸口で呼んでいる」

28. Te han telefoneado esta mañana. 「今朝、君に電話があったよ」

29. Me han suspendido en matemáticas. 「私は数学で落とされた」

30. Dicen que no hay que pagar nada. 「一銭も払わなくていいそうだ」

31. En Valencia han cogido muchas naranjas este año.
「バレンシアでは今年、オレンジがたくさん収穫された」

32. A mi madre le robaron el dinero. 「母はお金を盗まれた」

3. 3人称の単数形と複数形の動詞 ser による表現

2時以降の時刻は ser の3人称複数形で表現されます (**33**)。1時台の時刻なら ser は単数形になりましたね (**34**)。

33. Son las tres. 「3時です」

34. Es la una y media. 「1時半です」

ユニット24　その他の無人称表現

スペイン語の述部の核である動詞は活用形です。活用している動詞は主語と人称や数の点で文法的に一致している形ですから、文面に主語が表れていなくても間接的に主語を指定します。ですから、活用している動詞があれば、主語が指定されているのですが、その指定はおおまかであって、必ずしも主語になる特定の人や事物を指しているわけではありません。

1人称単数形の動詞は話し手を、2人称単数形の動詞は話し相手を指します。これらの場合には主語として指示されているものが明確です。しかし1人称や2人称でも複数形になると、具体的に指示されているものを常に特定できるとは限りません。具体性に欠けたものを主語に指定するとき、無人称文になります。主語に指定されたものが特定のものかそうでないかということについては、文脈の情報によって判断されます。

スペイン語の［文に主語の手掛かりがあっても、その動詞の意味の行為を実行する主体が不明］という意味での無人称文を見てみましょう。

- 1人称複数形は、文法概念は「話し手とその他の人」の意味であるが、主語が指す人が特定できないときに無人称表現になる。
- 2人称形で話し相手や話し相手たちのこととして表現しながら、じつは一般的な人のことに関する無人称表現をすることがある。
- 主語のある3人称の動詞で行なう無人称表現がある。
- 再帰代名詞のseは、3人称単数形の動詞とともに、主語の指定なしに、人間一般を主語にする無人称の意味を表現する。

1. 1人称複数形による表現

1人称複数という文法概念は［話し手とその他の人］の意味であり、主語が指す人が本来的に不明確であって特定できません。たいていは文脈から特定できるのですが、文脈からも特定できないときに無人称表現になります（例文1）。そして話し手ひとりのことでも複数形を使って、私だけのことではない、というようなニュアンスを表現にすることもあります（2）。

1. Este año hemos exportado muchos barcos.

「今年、私たちは多くの船を輸出した」（話し手の会社や国など）

2. A continuación detallaremos el contenido.
   「我々は以下にその内容を詳しく述べよう」（文章語。ひとりの著者）

日本語の「わたくしどもは」の言い方は、この無人称表現に似ていますね。もともと複数を意味する接尾語「ども」で話し手ひとりを指す使い方です。しかし「ども」は目下の者を指すので、へりくだるニュアンスを帯びています。

2. 2人称形による表現

話し相手や話し相手たちのこととして表現しながら、じつは一般的な人のことを表現する方法です。単数形（3）でも複数形（4）でも行なわれます。

3. Generalmente, en este país ganas mucho, pero no te tratan bien.
   「一般的に、この国では君（人）は収入が多いが、よくは扱われない」

4. Aquí no coméis mucho, pero bebéis vino y os echáis la siesta.
   「ここでは君たち（人）は、食事は少ないがワインを飲んで昼寝をする」

3. 3人称形による表現

主語のある3人称の動詞で行なう無人称表現です。3種類を紹介します。

A. uno, una が主語になる表現：一般的な不特定の人を主語にした表現です（例文5）。とくに女性のことなら una になります（6）。話し手が自分のことをほのめかす表現としても使われます（6, 7）。

5. Uno debe respetar a los ancianos. 「人は高齢者をうやまうべきである」

6. Una no quiere comprarlo, si cuesta tanto.
   「それがそんなに高価なら、女性（私？）は買おうとしない」

7. En esta oficina uno trabaja bien.
   「この事務所では、人（私？）はよく働く」

再帰動詞ならこの無人称表現を使います。**4**で扱う再帰代名詞 se を使う無人称表現では、se se となるために、使うことができないのです。例文8のようになります。

8. Uno se muere de frío en esta casa.
   「人はこの家では寒さで死んでしまう」（× Se se muere ...）

B. 不定代名詞による表現：不定代名詞は、その名のごとく、だれのことか特定できません。alguien, cualquiera, todos などです。不定代名詞を使うと本来的に無人称表現になります。

9. Debe de vivir alguien en esta casa.
   「この家にだれかが住んでいるはずだ」
10. Cualquiera lo sabe. 「だれでもそのことを知っているよ」
11. Ya lo tienen todos. 「もうみんなそれを持っているよ」

C. 人を指す集合名詞による表現：人の集合を指す表現の todo el mundo や gente は不特定多数を指すので、これを使う文は無人称表現になります。

12. Todo el mundo habla mucho sin hacer nada.
    「みんなよくしゃべるだけで、なにもしない」
13. El presidente habló para la gente de la calle.
    「大統領は世間一般の人たちのために話した」

例文の 11 でも 12 でも、日本語の「みんな、だれでも」と同じように、数人のことでも、大げさに使うという素朴な強調表現にも利用されます。

4. 再帰代名詞 se による表現

再帰代名詞の se は、3 人称単数形の動詞とともに、主語なしで、人間一般を主語にする無人称の表現をします。私はこの se が主語のいる場所を指している、と解釈します。主語のいる場所の表現で、そこにいる人びとを指す、という仕組みになっているのでしょう。ユニット 18 を参照してください。

他動詞なら直接補語を伴いますが（**14, 15**）、それが文頭に出ると主題文になります（**16, 17**）。主題文についてはユニット 4 を見てください。

14. Aquí se acoge a todo el mundo. 「ここでは誰でも受け入れます」
15. Se debe respetar a los ancianos. 「人は高齢者をうやまうべきだ」
16. A los ancianos se los respeta aquí. 「高齢者はここではうやまいます」
17. A Paco se lo respeta mucho en este pueblo.
    「パコは、この村ではとても尊敬されている（人は尊敬する）」

他動詞の文で直接補語と人間の間接補語があるとき（**18a**）、間接補語を文頭に出すと主題文になります（**18b**）。

18a. Se ha concedido una ayuda económica a estos estudiantes.
「これらの学生に経済支援が与えられた」

18b. A estos estudiantes se les ha concedido una ayuda económica.
「これらの学生には経済支援が与えられた」

自動詞のときには無人称の能動文になります（19, 20, 21, 22）。

19. No se puede vivir sin trabajar.
「(一般に) 仕事をしないで生活することはできません」

20. En este país se conduce por la derecha. 「この国では右側通行です」

21. En otoño se trabaja mucho y en invierno se descansa.
「人は秋に（は）よく働いて、冬に（は）休む」

22. Preguntando, se va a Roma. 「人はたずねながらローマに着く」
（ことわざ。人は他人に助けられつつ目的を達成する）

発話の場によっては、話し手や話し相手が意識されます（23, 24, 25）。

23. ¿Por dónde se va a la estación?
「駅には人はどう行くのですか？」（私はどう行けばいいのか？）

24. Se agradece. 「人は感謝します」
（有難うございますという意味。話し手の存在を間接的にする）

25. ¿Se entiende lo que quiero hacer?
「人には私のしたいことがわかるだろうか？」（おわかりですか？）

慣用表現として tratarse de ...「問題は…である、話は…についてである」があります。主語なしの3人称単数形での表現です。

26. ¿De qué se trata? 「なんの話ですか？」

27. No sabíamos de qué se trataba en aquella reunión.
「私たちはあの集会で何が問題になっているのか、わからなかった」

28. Si se trata de la comida española, lo que más me gusta es la paella.
「スペイン料理の話なら、私が一番好きなのはパエジャです」

なお、日本文法では、人称という概念は使われますが、動詞の変化形が人称によって決まることはありません。動詞が主語の文法的特徴と一致することもありません。ユニットの23や24の無人称表現は日本語には見当たりませんが、これまで見てきたように、スペイン語の意味は日本語でも表現できますね。

テーマ4　複文の表現

複文は主節と従属節で構成されています。従属節とは、主節の文の一部を構成している文的な要素です。それらは、スペイン文法では主節の名詞を修飾する形容詞節、主語や補語になる名詞節、副詞として主節の述語や文全体を修飾する副詞節のことですが、日本文法では形容詞節が連体節、名詞節が補足節と呼ばれます。副詞節は日本語でもスペイン語でもそう呼ばれます。テーマ4では、スペイン語の従属節と日本語の従属節とを比べ、その似たところや違うところを明らかにしていきます。つぎに他の視点からとらえた複文を扱います。仮定の表現、強調の表現です。そして複文のテーマの最後には比較の表現について解説します。

ユニット25　関係詞の形容詞節

スペイン語の従属節のひとつに形容詞節があります。形容詞節に相当する日本語の文構成要素は連体節と呼ばれます。形容詞節には関係節と名詞修飾節がありますが、このユニットでは関係節である形容詞節について説明します。

関係節とは、関係詞で形成される形容詞節のことです。そして関係詞とは、主節に属する語（先行詞）を指示すると同時に、従属節を導いて先行詞と結びつける働きをするものです。従属節のなかで代名詞の働きをする関係代名詞、形容詞の働きをする関係形容詞、副詞の働きをする関係副詞があります。

- 関係代名詞は形容詞節を作る。つぎの例文の従属節 que tiene paciencia では、代表的な関係代名詞 que が使われており、先行詞（主節に属する語）は la persona である。

    La persona que tiene paciencia triunfa en la vida.
    「忍耐力を持っている人は人生で成功する」

- 関係代名詞には、que のほかに cual, quien, cuanto があり、それぞれ形容詞節を作る。
- 関係形容詞 cuyo も形容詞節を作る。
- 関係副詞 donde, como もそれぞれ形容詞節を作る。

1. 関係詞の形容詞節とは

　形容詞節のことを、あらためて確認します。次の3種類の文を比べてみてください。文としては同じような意味を表現しています。

　　1a. La persona paciente triunfa en la vida.
　　　「忍耐力のある人は人生で成功する」
　　1b. La persona con paciencia triunfa en la vida.
　　　「忍耐力を伴う人は人生で成功する」
　　1c. La persona que tiene paciencia triunfa en la vida.
　　　「忍耐力を持っている人は人生で成功する」

　例文の 1a では、主部（主語）la persona paciente のなかの核である名詞 persona「人」に形容詞 paciente「忍耐力のある」が付いており、1b ではそれに形容詞相当の前置詞句 con paciencia「忍耐力を伴っている」、1c では同じ意味の形容詞相当の文、すなわち従属節である形容詞節の que tiene paciencia が付いています。この従属節のなかでは、関係代名詞 que が主語であり、それに述部 tiene paciencia がつながっていて、先行詞が la persona ですから、文としての意味は la persona tiene paciencia のようになります。しかしあくまでも節であって独立した文ではありません。主節に含まれていて、その核である persona を修飾する形容詞として働きます。

　1c では主部が la persona que tiene paciencia で、述部が triunfa en la vida です。そして主部は文頭に来ていて、主題でもあります。主節の意味は (la persona) triunfa en la vida「（その人は）人生で成功する」ですが、この例文では従属節の述部 tiene paciencia の核である動詞（tiene）が、主節の述部の核（triunfa）に先行しています。日本語のように主節の述部が文末に来ていますね。

2. 関係代名詞 que による形成

　例文 1c では関係代名詞 que がそのままで形容詞節を作りました。この que は定冠詞と前置詞を伴って形容詞節を作ることがあります。

　　2. La persona de la que hablamos es afortunada.
　　　「私たちが話している（話題の）人は、幸運である」
　　3. El chico al que di el premio es mexicano.
　　　「私が賞を与えた少年は、メキシコ人です」

4a. El amigo al que llamaste vendrá esta tarde.
　「君が電話した友達は、今日の午後来るだろう」

　例文2では、形容詞節は de la que hablamos ですが、その de la que と先行詞を入れ替えると hablamos de la persona「私たちはその人について話す」という文になります。この形容詞節に含まれている de la que は、前置詞と定冠詞を伴った関係代名詞 que であり、形容詞節のなかでは状況補語として働いています。同じような方法で検討すると、例文3の al que di el premio の al que は形容詞節のなかの動詞 di「（私が）与えた」の間接補語に、例文 4a の al que llamaste の al que は形容詞節のなかの動詞 llamaste「（君が）電話した」の直接補語になっていることがわかります。

　なお、例文 4a のように que が人を先行詞にした直接補語の働きをする場合には、定冠詞付きの el que なら人の直接補語が要求する前置詞 a が付きますが、例文 1c のように関係代名詞が que だけで使われていれば、4b のように a が付きません。意味は 4a と同じです。

4b. El amigo que llamaste vendrá esta tarde.

3. その他の関係代名詞による形成

　que と同じ働きをする関係代名詞には、ほかに cual と quien があります。cual は常に冠詞を伴いますが、quien は決して冠詞を伴いません。cual は、形容詞節を作るときには前置詞を伴い、人を指します。すなわち、先行詞は人です。

5. Las hijas de Pedro, las cuales nos visitaban, dejaron de venir.
　「私たちを訪ねてきていたペドロの娘たちが、来なくなった」

　この例文5では、形容詞節が las cuales nos visitaban ですが、その las cuales は従属節のなかの主語になっています。

6. Las personas en quienes más confiábamos nos defraudaron.
　「私たちが一番信頼していた人たちが、私たちをだました」

　例文6は関係代名詞 quien を使った形容詞節 en quienes más confiábamos を含んでいますが、この場合、en quienes はこの従属節のなかで状況補語になっています。

　関係代名詞には cuanto もあります。形容詞節になるのは代名詞 todo を修飾するときです。例文7では、形容詞節が cuanto tengo であり、

cuanto はこの節のなかで tengo の直接補語の働きをしています。

7. Todo cuanto tengo es tuyo.
   「私が持っているものはすべて、君のものだ」

これらの3種類の関係代名詞は、冠詞つきや冠詞なしの que と置き換えることができますが（5 なら las que、6 なら en las que、7 なら lo que）、よく使われるのは que のほうです。

4. 関係形容詞による形成

形容詞節は、形容詞として働く関係詞（関係形容詞）の cuyo でも作られます。この関係形容詞は、先行詞の名詞の性・数ではなく、cuyo が形容詞として修飾する相手の名詞の性・数と一致して、cuyo, cuya, cuyos, cuyas と変化します。

8. El niño cuyo padre murió vive ahora conmigo.
   「父親が死んだ（父親に死なれた）その子供は、いま私と住んでいる」

9. El hombre cuyas hijas son actrices es mi tío.
   「娘たちが女優であるあの男性は、私のおじである」

5. 関係副詞による形成

従属節としての形容詞節は、関係副詞を使って作ることもできます。場所指示の関係副詞 donde、様態指示の関係副詞 como、時間表示の関係副詞 cuando を使うのですが、これらが作る従属節は場所や様態や時間の意味の先行詞を伴います。そこで従属節としての働きは、先行詞を修飾する形容詞である、ということになります。

10. El pueblo donde nací está muy cerca de aquí.
    「私が生まれた村は、このすぐ近くにある」

11. El modo como lo consiguieron fue muy extraño.
    「彼らがそれを成しえた方法は、とても奇妙（なもの）であった」

12. Ahora recuerdo aquellos días cuando todo parecía difícil.
    「このごろ、すべてが難しく思われた日々を思い出す」

これらの関係副詞は en que に置きかえられます（10 なら el pueblo en que nací、11 なら el modo en que lo consiguieron、12 なら aquellos días en que）。関係副詞は文語的であり、口語では en que のほうがよく使われます。

ユニット 26　形容詞節の関連事項

スペイン語の形容詞節には、ユニット 25 で触れたように、関係詞と名詞修飾節がありますが、ここでは関係詞で作る形容詞節に関するその他の関連事項についてお話しします。

- 形容詞節が修飾する相手は、主語のなかで核となる名詞であることが多いが、そうでない場合もある。
- 形容詞節に相当する意味は、動詞の非人称形である過去分詞・現在分詞・不定詞でも表現することができる。
- 形容詞節には、修飾する相手の名詞の意味を限定する用法と、その名詞の意味を説明する用法がある。

1. 形容詞節が修飾する相手

　形容詞節は名詞を修飾しました。その名詞は主語（主部）の核であることが多いのですが、そうでないこともあります。たとえば、主語の核を修飾する形容詞句の名詞を修飾することがあります。例文 1 の主語の核は el jardín「庭」であり、それに de la casa「その家の」という形容詞的な修飾語がついていますが、その修飾語の名詞 la casa をさらに形容詞節が修飾しています。例文 2 では、直接補語 la película que me recomendó Paco の核である名詞 la película を修飾しています。

　1.　El jardín de la casa que visitamos me gustó mucho.
　　　「私たちがたずねた家の庭は、私はとても気に入った」

　2.　Vamos a ver la película que me recomendó Paco.
　　　「パコが私にすすめた映画を見てみよう」

　また、形容詞節が修飾する相手が、普通名詞ではなくて代名詞であることもあります。例文 3, 4a では指示代名詞の aquellos と estos ですし、5 では人称代名詞（主格）tú です。

　3.　Aquellos que no obedezcan serán castigados.
　　　「従わない者たちは罰せられるだろう」

　4a.　Estos que compraste ayer no parecen buenos.
　　　「君が昨日買ったこれらは、良質であるようには見えない」

　5.　Tú, que eres mi amigo, no me mentirás.

「君は私の友達だから（友達である君）、私にうそは言わないだろう」

2. 形容詞節に相当する表現形式

　形容詞節になる従属節は、節ですから活用している動詞をひとつ含んでいます。しかし普通に活用している動詞ではなく、動詞の非人称形（語形からはその主語の人称や行為の時が不明な変化形の過去分詞・現在分詞・不定詞）を使って、形容詞節相当の意味を表現することもあります。このような非人称形の使い方は、ひとつの文に、もうひとつの文に相当の意味を加える働きをする叙述補語に似た用法であることになります。形容詞節相当の用法は、名詞を修飾するという点が重要です。叙述補語についてはユニット 8 を参考にしてください。

A. 過去分詞：形容詞節に相当する意味を表現する場合の過去分詞は、修飾相手の名詞の性・数に一致します。例文 6 でのように過去分詞 agasajado が修飾語 por su jefe を伴っている場合です。修飾語を伴わない単独の過去分詞なら、例文 7 の agasajado のように、単なる形容詞として名詞を修飾する要素である、ということになります。

　6. El obrero agasajado por su jefe trabaja con empeño.
　　「上司に手厚くもてなされる労働者は熱心に働く」

　7. El obrero agasajado trabaja con empeño.
　　「手厚くもてなされる労働者は熱心に働く」

　なお、名詞を修飾していない過去分詞は、叙述補語になることがあります。確認しておきましょう。例文 8 は主語（Antonio）にかかる叙述補語です。主語の属性を表示していて、Antonio llegó「アントニオが着いた」という意味の文に、Antonio estaba cansado「アントニオは疲れていた」という、もうひとつの文的な意味を加えています。

　8. Entonces Antonio llegó cansado.
　　「そのときアントニオは疲れて着いた」

B. 現在分詞：現在分詞も同様に、名詞を修飾するときに形容詞節相当の意味を表現します。例文 9 の vendiendo、10 の prohibiendo などです。

　9. Allí andaba un chico vendiendo periódicos.
　　「そこには新聞を売っている少年が歩いていた」

　10. Ya existe una ley prohibiendo la fabricación de estos juguetes.

「もう、このような玩具の製造を禁止する法律が存在する」

　現在分詞による形容詞節相当の意味の表現は避けるべきであるという見方があります。というのも、このような形容詞節に相当する意味の表現は、例文 9 なら un chico que vendía、10 なら una ley que prohíbe というように、関係代名詞 que で書きかえることができるからです。例文 10 のように修飾する名詞が事物のときには、que での表現の方が好まれます。

　なお、名詞を修飾していない現在分詞は、叙述補語になることがあります。例文 11 は主語（Antonio）にかかる叙述補語です。すなわち、Antonio llegó「アントニオが着いた」という文に、Antonio estaba silbando「アントニオは口笛を吹いていた」という、もうひとつの文的な意味が加わっているからです。

11. Entonces Antonio llegó silbando.
　　「そのときアントニオは口笛を吹きながら着いた」

Ⓒ. 不定詞：不定詞もまた、形容詞節に相当する意味を表現します。名詞の後ろに関係代名詞 que をもってきて、それに不定詞をつなぐと、形容詞的な意味を表現することができます（例文 12）。実行する義務や必要が表現されます。この表現形式は que の代わりに前置詞 por を持ってきても可能です（13）。例文 14 のように前置詞 a で代替する形式は、今日では使用頻度が高くなってきているものの、伝統文法では認められないので、使わないようにしましょう。

12. Tenemos muchas cosas que hacer.
　　「私たちにはするべきことがたくさんある」
13. Nos quedan muchas cosas por hacer.
　　「私たちにはするべきことがたくさんある（残っている）」
14. × Estos son los aspectos a considerar.
　　「これらは考慮するべき（さまざまな）局面である」
　　（a を que にすれば自然な表現になります）

　なお、これらの形容詞節相当の不定詞構文は、義務や必要性の意味を表現していますが、おなじ名詞＋前置詞＋不定詞の語連鎖でも、別の意味を表現している場合があります。例文 15 は用途を表現しており、16 は目的を表現しています。

15. Isabel ha comprado una máquina de coser.
    「イサベルはミシンを買った」
16. Este es un dispositivo para evitar errores.
    「これはエラーを防ぐための装置です」

3. 形容詞節の限定用法と説明用法

すでに紹介した例文の 4a と、それによく似た例文の 4b を見てください。

4a. Estos que compraste ayer no parecen buenos.
    「君が昨日買ったこれらは、良質であるようには見えない」

4b. Estos, que compraste ayer, no parecen buenos.
    「これらは君が昨日買ったものだが、良質であるようには見えない」

形容詞節は、4a ではそれが修飾する名詞に続いていて、いろいろあるなかで君が昨日買ったもの、という限定がなされており、そうでないものの存在を暗示しますが、4b では短い休止のコンマで区切られていて、先行詞の名詞について説明しています。そうでないものの存在は暗示していません。そして話しことばでは短い休止が入ります。短い休止なしで続いているのを限定用法、短い休止のあるのを説明用法と呼びます。文章語では短い休止がコンマで示されます。

また、17a のように形容詞節を伴う名詞が単数で限定用法なら、そうでないものの存在を暗示し、例文 17b のようにその名詞が単数で説明用法なら、その性質を示します。

17a. Este camino que es angosto es el más corto a la estación.
    「この狭い道が、駅までの一番の近道だ」

17b. Este camino, que es angosto, es el más corto a la estación.
    「この道は、狭いけど、駅までの一番の近道だ」

限定用法と説明用法という区別は、形容詞の場合にも起こります。

18a. Los estudiantes ignorantes de esto suspendieron. （限定）
    「このことを知らない学生たちは落第した」（知っている学生もいた）

18b. Los estudiantes, ignorantes de esto, suspendieron. （説明）
    「その学生たちは、（全員）このことを知らなかったが、落第した」

ユニット27　日本語の連体節

　日本語の連体節は、スペイン語の形容詞節に相当します。

　日本語では、「太郎が書いた小説」という表現では、「太郎が書いた」という節が名詞「小説」を修飾しています。このように名詞を修飾する節を「連体節」、それが修飾する名詞を「被修飾名詞」と呼びます。スペイン語ではこのような節を形容詞節と、そしてこのような名詞を先行詞と呼びます。このユニットではこのような日本語の表現について説明し、それらの表現がどのようなスペイン語表現に相当するのかを検討して、スペイン語と日本語との対応関係を探ってみましょう。

　連体節は被修飾名詞への修飾の仕方によって3種類に分類されます。スペイン語の関係節にあたる「補足語修飾節」、そしてスペイン語の名詞修飾節にあたる「相対名詞修飾節」と「内容節」です。後者の2種類の例文のスペイン語が、スペイン語の名詞修飾節の表現になります。

- 補足語修飾節：従属節の補足語を修飾する連体節。
  - 太郎が書いた小説（「小説を書いた」という関係）
    la novela que escribió Taro
- 相対名詞修飾節：従属節の意味と相対的な関係にある意味の相対名詞を修飾する連体節。
  - 太郎が旅行に出かける前日
    un día antes de que salga Taro de viaje
- 内容節：被修飾名詞（先行詞）が指示する対象の内容を表す連体節。
  - 太郎が失敗した（という）事実
    el hecho de que Taro fracasó

1. 補足語修飾節

　「太郎が書いた小説」という表現では、「太郎が書いた」という節が名詞「小説」を修飾しています。被修飾名詞「小説」は述語「書いた」の補足語（スペイン語なら直接補語）です。補足語修飾節の意味の仕組みを考えながら、スペイン語の表現と比べてみましょう。

　　1.　太郎が書いた小説　（「小説を書いた」という関係）
　　1'.　la novela que escribió Taro　（直接補語になる関係代名詞 que で）

2. この写真をとった写真家 (「写真家がとった」という関係)

2'. el fotógrafo que sacó esta foto （主語になる関係代名詞 que で）

3. 太郎がお金を貸した青年 (「青年に貸した」という関係)

3'. el joven al que Taro prestó dinero （間接補語の関係代名詞 el que で）

4. 太郎が旅行に出かけた日 (「〔その〕日に出かけた」という関係)

4'. el día (en) que Taro salió de viaje
（時の状況補語の関係代名詞 en que で、あるいは関係副詞 que で）

5. 太郎が講演をした場所 (「〔その〕場所で講演をした」という関係)

5'. el lugar {en que / donde} Taro echó un discurso
（場所の状況補語の関係代名詞で、あるいは関係副詞 donde で）

6. 太郎が学校を休んだ原因 (「〔その〕原因で休んだ」という関係)

6'. la causa por la que Taro faltó a clase （関係代名詞 la que で）

7a. 太郎が好きな女の子 (7a'「〔太郎がその〕女の子が好きだ」という関係と、7a"「〔女の子が〕太郎を好いている」という関係)

7a'. la muchacha a la que quiere Taro （関係代名詞 la que で）

7a". la muchacha que quiere a Taro （主語になる関係代名詞 que で）

ここまででも、日本語に関係詞のないことがわかりますね。なくてもスペイン語と同様の意味が表現されます。

補足語修飾節には限定用法と説明用法があります。2種類の用法があることは、スペイン語の関係詞の使い方と同じです。

8. きのう家で食べた料理 (限定用法)

8'. la comida que tomé ayer en casa

9a. 子供が食べたがる料理 (説明用法)

9a'. la comida, que los niños quieren tomar

また、補足語修飾節のなかで名詞に付く助詞「が」は、「の」にもなります。

7b. 太郎の好きな女の子

9b. 子供の食べたがる料理

2. 相対名詞修飾節

たとえば「太郎が旅行に出かける前日」という言い方のとき、被修飾名詞（先行詞）の「前日」は、「太郎が旅行に出かける日」の前の日であるという意味で、補足語として機能する｜(出かけるその) 日」と相

対的な関係にあるのです。このような関係にある名詞が「相対名詞」と呼ばれます。相対名詞には、時間的な意味の「まえ」「あと」、空間的な意味の「まえ」「うしろ」「そば」などがあります。

相対名詞修飾節をスペイン語で表現するのは少しやっかいです。これらの相対名詞はすべて名詞ですが、そのような意味の多くは、スペイン語では前置詞句で表現されます。例文 10 の「前日」は名詞ですが、10′ では前置詞句 antes de によって示される前の期間が 1 日である、比較の差異の表現です（ユニット 43 で扱います）。11 の「まえ」は名詞であり、11′ の antes de que Taro vea a Hanako は前置詞句 antes de に接続詞 que でできている名詞節がつながっています。12 の「そば」も名詞であり、12′ は al lado de という前置詞句と関係代名詞 que で表現された形容詞節でできています。なお、名詞節についてはユニットの 29, 30 と 32, 33 で説明します。

 10. 太郎が旅行に出かける前日
 10′. un día antes de que salga Taro de viaje
 11. 太郎が花子に会うまえに
 11′. antes de que Taro vea a Hanako
 12. 家が並んでいるすぐそばに
 12′. justo al lado del lugar que está bordeado de casas

日本語には関係代名詞 que や接続詞の que に相当する要素のないことと、日本語の相対名詞がスペイン語では前置詞句で表現されることが、これらの対応からよくわかります。

3. 内容節

内容節とは、被修飾名詞（先行詞）が指示する対象の内容（関連情報）を表す連体節のことです。たとえば「太郎が失敗した事実」なら、「事実」の内容が「太郎が失敗した」です。内容節の場合、それが被修飾名詞と「～という」などの形式で接続することができますが (13)、「太郎が明らかにした事実」のような補足語修飾節の場合 (14)、それができません。

 13. 太郎が失敗した（という）事実
 13′. el hecho de que Taro fracasó
 14. 太郎が明らかにした事実　　14′. el hecho que Taro reveló

スペイン語に訳すとすれば、内容節なら例文 13′ のように、先行詞 el

hecho と前置詞 de と接続詞 que で作られる名詞節が対応しますが、補足語修飾節なら 14′ のように、従属節で直接補語の働きをする関係代名詞 que を使うことになります。

　内容節である連体節を伴うことのできる名詞には、3 種類あります。まず、例文 13 のような「事実」、それに「例 (15)」「可能性 (16)」「仕事 (17)」などです。これらの名詞と内容節は、13 のような文型で表現できます。「〜という」を加えることができるのです。ただし、17 には主語が含まれていないから、名詞節を使った 17′ は不自然です。それよりも不定詞を使った 17″ のほうが自然な表現でしょう。このような単純な内容節なら、意味上の主語を伴う不定詞を使った 15″, 16″ という表現も考えられるでしょうが、こちらもスペイン語では不自然になります。

　15. 太郎が失敗した（という）例
　15′. el ejemplo de que Taro fracasó
　15″. el ejemplo de haber fracasado Taro（？）
　16. 太郎が来る（という）可能性
　16′. la posibilidad de que venga Taro
　16″. la posibilidad de venir Taro（？）
　17. 日本人にスペイン語を教える（という）仕事
　17′. el trabajo de que se enseña español a los japoneses（？）
　17″. el trabajo de enseñar español a los japoneses

つぎに引用が関係する名詞があります。「報告」「質問」「指示」などです。内容節とは、「〜という」か「〜との」を介してつながります。

　18. 太郎が助けられた {という / との} 報告
　18′. la noticia de que Taro fue salvado
　19. 太郎の意見は何か {という / との} 質問
　19′. la pregunta de qué es la opinión de Taro
　20. 太郎にそれを書かせろ {という / との} 指示
　20′. instrucciones para que Taro lo escriba

そして感覚にかかわる意味の名詞の「におい」「気配」「音」などがあります。「〜という」も「〜との」も使えません。

　21. 肉が焼けるにおい　　21′. el olor de que se está asando carne
　22. そこに誰かがいる気配　22′. señales de que allí hay alguien
　23. 誰かが歩いている音　　23′. el rumor de que anda alguien

ユニット 28　関係節の接続法

　スペイン語では、従属節のなかに、主節に含まれる名詞を形容詞として修飾するものがあります。関係詞（代名詞・形容詞・副詞）で作られる関係節です。その大半は形容詞節ですが、関係詞が先行詞を含んでいるときには名詞節になります。そして関係詞のなかの動詞は、直説法になったり接続法（ユニット 13）になったりします。このユニットではその様子を見てみましょう。

- 関係節の動詞は、先行詞が不明のときには接続法になる。
- 関係節の動詞は、主節が否定文のときには接続法になる。
- 関係詞を含む特別な譲歩構文では、従属節の動詞は、現在・未来のことなら接続法が使われ、過去のことなら直説法が使われる。

1. 先行詞の指すものが不明であるとき

　つぎの例文はふたつとも、関係代名詞 que でできた従属節（関係節）が、主節に含まれる名詞 coche を修飾しています。しかし関係節の動詞は、1a では直説法に、1b では接続法になっています。その選択の基準は何なのでしょうか。

1a. Prefiero ese coche que tiene dos puertas.
「私はそのツードアの車のほうがほしい」

1b. Prefiero un coche que *tenga* dos puertas.
「私はツードアの（ような）車のほうがほしい」

　話し手にとって、関係節の先行詞の指しているものが不明であるとき、関係節の動詞は接続法になります。例文の 1a と 1b では、関係節の意味「ふたつのドアを持っている、ツードアである」は共通しているのに、その動詞の法は異なります。1a の例文は、たとえば目の前に何台かの車があるが、話し手はそのなかのツードア車のほうが気に入っている、という状況で行なわれる発話でしょう。しかし例文 1b の場合には、話し手は具体的な車をイメージしていません。とにかくツードアの車のほうがいい、という意味の発話です。話し手にとって、ツードア車という概念だけが重要であり、具体的な車のことは確認された情報になっていません。話し手が仮に想定した存在です。すなわち、先行詞の指すもの

が不明である、ということになります。だから接続法です。

つぎの例文も検討してみましょう。例文 2a では先行詞に不定冠詞の un が付いています。先行詞は不定の新聞、ということになります。しかし、不定冠詞は話し相手には特定できないものを指す名詞に付くのであり、不定冠詞の付いている名詞でも 2a のように、話し手の頭のなかでは特定しているものを指す場合もあります。その場合、先行詞の指すものは決して不明ではありませんので、関係節の動詞は直説法です。2b では、先行詞は不明です。和訳文は同じです。2b の意味を日本語で伝えたいのなら、「決まっていないが、とにかくスペインの新聞を」のような説明が必要でしょう。その違いを例文 3 で確認してください。

2a. Estoy buscando un periódico que es de España.
「私は（自分では決めている）スペインの新聞を探している」

2b. Estoy buscando un periódico que *sea* de España.
「私はスペインの新聞（のどれか）を探している」

3. —¿Aquí hay personas que *hablen* español?
—Sí, señor, hay dos personas que lo hablan.
「ここにはスペイン語を話す人はいますか？」
「はい、それを話す人がふたりいます」

過去の話なら、事態はすべて起こってしまっていることだから、すなわち確認できる事態であるので、関係節のなかの動詞はたいてい直説法になりますが、先行詞の指すものが不明であることを表現したいときには接続法になることもあります。

4. A fines del mes pasado envié un correo electrónico a la oficina de turismo para pedir un folleto que *explicara* rutas turísticas de Chile. Y ayer recibí uno que las explicaba.
「先月末、私は観光事務所にメールして、チリの観光ルートが説明してあるパンフレットを請求した。そして昨日それを説明しているのを 1 部受け取った」

先行詞が人を指すとき、関係節の先行詞が主節のなかで直接補語になっていれば前置詞の a が付きますが、先行詞が不明なら付きません（例文 5）。しかし先行詞が alguien や nadie のように、もともと人しか指さない不定代名詞なら a が付きます（6）。

5. —¿Conoce usted una secretaria que *hable* ruso?

—Sí, señor, conozco a una (secretaria) que lo habla.
「あなたはロシア語を話す女性秘書を知っていますか？」
「はい、それを話す女性秘書をひとり知っています」

6. —¿Conoce usted a alguien que *domine* el árabe?
—No, señor, no conozco a nadie que lo *domine*.
「あなたはアラビア語をマスターしている人を知っていますか？」
「いいえ、それをマスターしている人は知りません」

2. 先行詞が否定文のなかにあるとき

主節が否定文のとき、従属節の動詞は接続法になります。先行詞は 7, 8 のように否定語であることが多いようです。また、過去の話でも接続法になります（9）。

7. Aquí no hay nadie que lo *sepa*.
「ここには、そのことを知っている人はひとりもいない」

8. En este mundo no hay nada que te *guste* tanto como el vino.
「この世には、君にとってワインほど好きなものは何もない」

9. En la universidad no había estudiantes que no lo *supieran*.
「（その）大学には、そのことを知らない学生はいなかった」

3. 先行詞を含む関係詞のとき

先行詞を含む関係詞の従属節は名詞節になりますが、その動詞は、先行詞の指す意味が話し手にとって不明なら接続法になります（**10, 11, 12**）。話し手が確認している情報であったり（**13**）、「～のものはすべて・だれでも」という例外なしの全称的な意味のときには（**14, 15**）、直説法になります。

10. Los que *quieran* ver la película, levanten la mano, por favor.
「その映画を見たい人は、手をあげてください」

11. De aquí en adelante haré todo lo que me *digas*.
「今後は君に言われたことをすべてするよ」

12. —¿Qué libro me dejas? —El que más te *guste*.
「どんな本を貸してくれるの？」「君が一番気に入ったものだよ」

13. Pedro no hace lo que le dice su madre.
「ペドロは母親に言われたことをしない」

14. Todos los que vieron la película aprendieron muchas cosas.
    「その映画を見た人は皆、多くのことを学んだ」
15. El que no entra a nadar no se ahoga en la mar. （ことわざ）
    「（海に）泳ぎに入らない人は（だれでも）海でおぼれない」

4. 特別な譲歩表現の構文

関係詞と接続法を使った「なにであっても、どれだけ〜でも」という譲歩の意味の構文があります（16, 17, 18）。関係詞は使わなくてもそれらと類似の意味を表現する構文も加えておきます（19, 20）。

16. *Sea* lo que *sea*, ya estoy cansado. 「どうであれ、私は疲れた」
17. *Cueste* lo que *cueste*, debes comprarlo ahora mismo.
    「どんなに高価でも、君はそれを今すぐ買うべきだ」
18. *Vayas* donde *vayas*, yo te encontraré.
    「君がどこへ行こうが、私は君を見つけるからね」
19. *Llueva* o no *llueva*, saldremos mañana.
    「雨が降っても降らなくても、私たちは明日出かけよう」
20. *Quieras* o no *quieras*, tienes que trabajar.
    「好きでもきらいでも、君は働かなくてはならない」

5. ［関係詞＋ quiera（＋名詞）＋ que］の譲歩構文

この「どんなに〜でも」という意味を表現する構文の動詞は、現在・未来のことなら接続法になり（21, 22, 23）、過去のことなら直説法になります（24, 25）。

21. Me gusta mucho cualquier libro que *sea* de este autor.
    「私はこの作家の本ならどれでも、とても好きです」
22. Quienquiera que *sea*, no se atreverá a hacerlo.
    「だれであっても、それをしようとはしないだろう」
23. Dondequiera que *vayas*, te acompañaré de buena voluntad.
    「君がどこへ行こうが、よろこんで付いていくよ」
24. Me gustaba cualquier libro que me recomendabas.
    「君にすすめられた本はどれも、気に入ったものだ」
25. Pepe podía hacer amigos, dondequiera que viajaba.
    「ペペはどこへ旅行しても、友だちを作ることができた」

ユニット29　que の名詞節

　スペイン語の従属節のひとつである名詞節は、さまざまな手段で形成されますが、まず、接続詞の que で形成される名詞節のことを解説しましょう。しかしこの接続詞はとても重要な働きをするので、その他のいくつかの使い方も明らかにしておきます。

- スペイン語の単語 que は、関係代名詞になるし、接続詞にもなる。接続詞としては名詞節を作る。
- 接続詞として働く que の基本的な機能は「従属節の文頭に置かれてその文を名詞相当の節、すなわち名詞節にすること」である。
- 接続詞 que が作る名詞節は、主節のなかで主語・直接補語・叙述補語などとして働く。
- 接続詞 que は、文頭で確認・強調・間接命令・願望・強い命令・譲歩などの意味を表現し、文頭以外の位置では限定・軽い理由・結果などの意味を表現する。また、比較表現のときの比較の基準を表示する。
- que の訳し方には、手掛かりがある。

　スペイン語の que はとてもよく使われます。関係代名詞と接続詞として機能します。接続詞として働く que の基本的な機能は「従属節の文頭に置かれてその文を名詞相当の節、すなわち名詞節にすること」です。基本的には従属節の内容を「〜のこと」という意味で名詞にして、主節につなげます。

1. 名詞節を作る que

　接続詞 que が作る名詞節は、主節のなかで主語になったり（例文 1a）、直接補語になったり（2a）、叙述補語になったり（3a）します。なお、以下の例文のように、名詞節である従属節のなかの動詞が接続法になる場合については、ユニットの 32 と 33 を参照してください。

　1a. Me extraña *que no me lo expliques en seguida.*
　　　「私には君がそれをすぐに説明してくれないことが不思議だ」
　1b. Ello me extraña. 「そのことが私には不思議だ」

2a. Te ruego *que me lo expliques en seguida*.
「私は君にそれをすぐに説明してくれることを頼む」

2b. Te lo ruego. 「私は君にそのことを頼む」

3a. Mi deseo es *que me lo expliques en seguida*.
「私の希望は君にそれをすぐに説明してもらうことだ」

3b. Mi deseo es eso. 「私の希望はそのことだ」

例文 1a では、名詞節は主節の主語になっています。ですから中性の主格人称代名詞 ello に置き換えて、その文を 1b のような単文にすることができます。2a では、名詞節は主節の直接補語です。それで 2b のように中性の対格人称代名詞 lo に置き換えられます。例文 3a では、名詞節は主節の叙述補語になっています。それゆえ 3b のように中性の指示代名詞 eso に置き換えることが可能です。

また接続詞 que が作る名詞節は、前置詞を伴って、名詞や形容詞に意味を加える要素になります。例文 4 では、主節の主語は la alegría de que hayas venido ですが、主語の核である名詞 la alegría に de + 名詞節が加わっています。5 では主語の核 el miedo を a + 名詞節が修飾しています。

4. La alegría de *que hayas venido* me hace feliz.
「君が来てくれたということの喜びで、私は幸せになる」

5. El miedo a *que te vayas* me pone triste.
「君が行ってしまうのではないかという不安で、私は悲しくなる」

接続詞 que で作られる名詞節が、名詞であることを強調するとき、定冠詞 el を伴うことがあります。とくに文頭に置かれて主語になるときです。そうすると、形は関係代名詞の el que と同じになります。

6. A Paco le preocupa mucho *el que alguien se entere*.
「パコはだれかに気づかれることをとても気にしている」

7. *El que lleguéis a tiempo* es lo más importante.
「君たちが時間通りに着くことが、一番大切なことだ」

ついでに、定冠詞を伴う関係代名詞の que の使い方も紹介しておきますので、名詞節との違いを理解してください。接続詞の que のときには、例文の 6 でも 7 でも、que 以下の文はそれだけで完結しています。しかし関係代名詞の el que は以下の文の一部になっています。関係代名詞の el que は、先行詞の名詞が男性単数形であることを明示したり (8)、独立用法で「～する人 (男性)」の意味を表現したりします (9)。例文 10

は総称(「～する人すべて」)の意味が表現されています。これらの例文では el que が従属節のなかの主語として働いています。

8. Hoy viene el hijo de la señora Lapesa, el que es músico.
「今日、ラペサ夫人の息子が来るが、彼は音楽家です」

9. El que está fuera es el hermano de Isabel.
「そとにいる人は、イサベルの弟(兄)です」

10. El que da recibe. 「与える人は受け取る」
(ことわざで「情けは人のためならず」)

なお、接続詞の que は省略されることもあります。とくに手紙の場合です。しかしスペイン語を学ぶ私たちは que を入れたほうがいいでしょう。

2c. Te ruego (que) *me lo expliques en seguida.*

2. 接続詞 que の、そのほかの使い方

この接続詞は名詞節を作るのですが、ほかにも接続詞としてさまざまな意味を表現します。まず、文頭に置かれるときです。例文 11 では確認の意味、12 では強調の意味が表現されています。13 は間接命令であったり願望の表現であったりします。14 は直接命令を強調しています。そして 15 は特別な譲歩の構文です。

11. ¿Que lo dijiste tú? 「君がそういったのか」

12. ¡Que Ana está allí! 「アナはあそこにいるって!」

13. ¡Que Paco venga pronto! 「パコにすぐ来させなさい」(間接命令)
または「パコが早く来ればいいのになあ」(願望文)

14. ¡Que vengas pronto! 「早く来いって!」

15. Que vaya Pepe, que venga Isabel, el resultado será igual.
「ペペが行ってもイサベルが来ても、結果は同じことだろう」

文頭に置かれないときには、以下のような意味を表現します。

16. Pedro es mexicano, que yo sepa.
「私の知る限り、ペドロはメキシコ人である」(限定)

17. No salgo, que está lloviendo. 「雨だから外出しない」(軽い理由)

18. Hablas tan bajito que no te oigo.
「君はとても小さな声でしゃべるから、聞こえないよ」(結果)

また、比較の表現で比較の基準を表示します。

19. Ana come más que yo. 「アナは私よりもよく食べる」

20. Tengo la misma opinión que tú. 「私は君と同じ意見だ」

3. que の見分け方

　文中の que の働きを理解するためには、なによりもまず、活用している動詞を探すことです。動詞の活用形から主語の人称や数がわかるので、主語になりそうな名詞を探します。さらに動詞が他動詞か自動詞かを見分けます。他動詞なら名詞か名詞句か名詞節として少なくとも主語と直接補語を従えています。ただし、主語はいつでも表示されているとは限りません。

　文に含まれている que を解釈するには、手掛かりがふたつあります。①まず、que が導く文を「～のこと」と訳してみて、前後の文に、その主語や直接補語の資格で組み込むことができれば、その que は接続詞で、名詞節を作っています。②直前に名詞（句）があれば、関係代名詞である可能性が大です。例文 21 を見てください。

21. El presidente, *que* mañana cumplirá dos años de su mandato, dijo *que* el suceso exigía acciones más adecuadas.

　活用している最初の動詞は cumplirá という他動詞で、主語は 3 人称単数の名詞であることがわかります。最初の que で導かれている文はコンマで区切られて挿入されていますね。区切られた文を①に従って訳せば「あした任期の 2 年を果たすだろうこと」となりますが、それでは主語がわからないし、前後の文に組み込めません。さらに②に従えば、その que の前に 3 人称単数の名詞 el presidente「大統領」があるので、que はその名詞を先行詞にする関係代名詞であると理解することができます。すると、この que が cumplirá の主語の役割を果たしていることがわかります。活用している 2 番目の動詞は他動詞の dijo ですから、主語が 3 人称単数の名詞であることと直接補語の名詞が要求されることがわかります。その後ろに 2 番目の que が来ています。②に従って確認すると、その que の前には名詞がありません。①に従ってそのあたりを訳すと「その出来事はもっと適切な行動を要求していたこと」となります。これは意味的にも dijo の直接補語になるから、2 番目の que は接続詞である、という解釈が可能になります。そこで全文を「大統領はあした任期の 2 年を果たすことになるが、その出来事はもっと適切な行動を要求していると言った」のように訳すことができます。

ユニット30　その他の名詞節

スペイン語の名詞節は、接続詞 que 以外に、関係詞や接続詞 si や疑問詞などでも形成されます。これらの品詞の語がどのように名詞節を作るのかを見てみましょう。

- 関係詞の名詞節：独立用法の関係詞の関係節は名詞節になる。
  Quien mal anda mal acaba.
  「行ないの悪い人は、良い死に方をしない」
- 接続詞 si の名詞節：全体疑問文は間接話法で、si に導入される名詞節になる。
  Le pregunté *si quería venir*.
  「私は彼に、来たいかどうかをたずねた」
- 疑問詞の名詞節：部分疑問文は間接話法で名詞節になる。
  Le pregunté *qué quería beber*.
  「私は彼に何を飲みたいか（を）たずねた」

1. 関係詞で導入される名詞節

関係詞が独立用法で使われるとき、その関係節は名詞節になります。独立用法とは、関係詞が先行詞の意味を含んでいる使い方です。

A. 主語になる場合：以下の例文では、関係詞で作られた名詞節が主節の主語になっています。例文 1 は関係代名詞 quien が、2 では el que が、3 では lo que が、4 では cuanto が先行詞を含んでいる独立用法で使われています。

1. *Quien mal anda* mal acaba.
   「行ないの悪い人は、良い死に方をしない」（ことわざで「自業自得」）
2. *El que ha dicho esto* está loco. 「これを言った者は、気がふれている」
3. *Lo que perdí en el negocio* es muy poco.
   「私が仕事で失ったものは、ほんの少ししかない」
4. *Cuanto nos dijeron* era verdad.
   「私たちが言われたことは、すべて真実だった」

B. 主語以外になる場合：関係節が名詞の働きをするとき、主節のなか

で主語以外の働きもします。例文 5, 6, 7 は直接補語として、8 は間接補語として、9 は叙述補語として働いています。

5. Debes creer *a quien te lo dijo*. 「君はそう言った人を信じるべきだ」
6. Paco olvidó *cuanto le dije*. 「パコは私が言ったことをすべて忘れた」
7. Tú no sabes *lo que ha pasado*. 「君は起こったことを知らない」
8. (Les) Daré un cuaderno nuevo *a los que me entreguen la tarea*.
 「宿題を提出した人には、新しいノートをあげましょう」
9. Precisamente eso es *lo que quiero decir*.
 「まさにそのことが、私が言いたいことである」

Ⓒ. 名詞の修飾語になる場合：独立用法の関係節が名詞節になるとき、場合によっては前置詞を伴って名詞を修飾することもあります。前置詞とともに名詞の修飾語になる、という場合です。

10. La crítica de *los que te atacan* no vale nada.
 「君を攻撃している者たちの非難は、なんの価値もない」
11. Yo no soy amigo de *los que te critican*.
 「私は君を非難している者たちの友人ではない」

Ⓓ. que の解釈上の注意：しかし前置詞を伴う名詞節が que で作られているときには、例文 12 の解釈の違いにも注意してください。12a では接続詞 que 以下が名詞節で、「そのことの」という意味で la noticia という名詞を修飾しています。しかし 12b では de que 以下が形容詞節であり、関係代名詞 que が従属節のなかで la noticia の代名詞になっています。

12a. Ya he recibido la noticia de que habló el jefe en la sesión.
 「私はもう、上司が会議で話をしたという情報を受け取った」
12b. Ya he recibido la noticia de *que habló el jefe en la sesión*.
 「私はもう、上司が会議で話した情報（の内容）を受け取った」

Ⓔ. 名詞節を作る関係形容詞：名詞節を作る関係詞には、関係代名詞だけでなく、関係形容詞もあります。

13. La protesta de *cuantas personas lo veían* era muy fuerte.
 「それを見ている人たち全員の抗議はとても強かった」

2. 接続詞 si で導入される名詞節

接続詞の si は、よく知られている仮定の「もし～なら」という意味のときの Si quieres, puedes comprarlo.「もしほしいのなら、それを買ってもいいよ」などのほかに、「～であるかどうか」という意味で、名詞節を作ります。この名詞節は、直接話法の全体疑問文、すなわち文全体の真偽を問う形の、たとえば ¿Quieres venir?「来ませんか？」を間接話法に移したときのものです。この全体疑問文が間接話法になると、例文 14a のようになります。

14a. Le pregunté *si quería venir.*　14b. Se lo pregunté. (se lo ← le lo)
「私は彼に、来たいかどうかをたずねた」

接続詞 si によって、知られていない文的な内容の名詞節が導入されるから、そのときの主節の動詞は質問や未知を意味します。例文 14a, 15a では、名詞節が主節の述語の直接補語になっています。ですから、名詞節は中性の対格人称代名詞に置き換えることができます（14b, 15b）。

15a. No sé *si me explico bien.*　15b. No lo sé.
「私には自分が十分に説明できたかどうか、わからない」

この場合、「～であるのかないのか」の意味で、14c や 15c のように文末に o no が付加されることもあります。

14c. Le pregunté *si quería venir o no.*

15c. No sé *si me explico bien o no.*

主節の動詞が疑いの意味のものなら、例文 16 のように、名詞節を作る接続詞には si の代わりに que が使われます。

16. {Dudo / No creo} *que me entiendas.*
「私は、君に私の言っていることがわかっているとは思わない」
（←「君が私［の言っていること］を理解することを {疑う / 信じない}」）

3. 疑問詞で導入される名詞節

疑問詞は、人や物事に関する特定の情報を話し相手に求めるためのことばですが、品詞としては 3 種類あります。疑問代名詞（qué, quién, cuál, cuánto）、疑問形容詞（qué, cuál, cuánto）、疑問副詞（qué, dónde, adónde, cuándo, cómo, cuánto）です。疑問詞は、直接話法で部分疑問文、すなわち文の一部を問う形の、たとえば ¿Qué quieres beber?「君は何を飲みたいか」などを作ります。これが間接話法になると、その作り方に

従って名詞節になります。¿Qué quieres beber? なら、例文 17a のようになるでしょう。

疑問代名詞は例文 17 の a, b, c や 18a のように前置詞を伴わなかったり、18b, 18c のように前置詞を伴ったりして名詞節を作ります。

17a. Le pregunté *qué quería beber*.
「私は彼に何を飲みたいか(を)たずねた」

17b. Le pregunté *cuál quería beber*.
「私は彼にどれを飲みたいか(を)たずねた」

17c. Le pregunté *cuánto quería beber*.
「私は彼にどれだけ飲みたいか(を)たずねた」

18a. Paco me pregunta *quién se lo dio*.
「パコは私にだれが彼にそれを与えたか(を)たずねている」

18b. Paco me pregunta *a quién se lo dieron*.
「パコは私に彼らがだれにそれを与えたか(を)たずねている」

18c. Paco me pregunta *para qué se lo dieron*.
「パコは私に彼らが何のために彼にそれを与えたか(を)たずねている」

疑問形容詞も名詞節を作ります。なお、19b の cuáles cosas は、理屈では使えそうですが、実際は使われず、その意味では 19a が使われます。

19a. Le pregunté *qué cosas le había dado*.
「私は彼に何を彼に与えたのか(を)たずねた」

19b. × Le pregunté *cuáles cosas le había dado*.
「私は彼にどんなものを彼に与えたのか(を)たずねた」

19c. Le pregunté *cuántas cosas le había dado*.
「私は彼にどれだけのものを彼に与えたのか(を)たずねた」

そして疑問副詞も名詞節を作ります。

20a. No sé *dónde se escondió Pepe*.
「私にはぺぺがどこに隠れたのか(が)わからない」

20b. No sé *cuándo se escondió Pepe*.
「私にはぺぺがいつ隠れたのか(が)わからない」

20c. No sé *cómo se escondió Pepe*.
「私にはぺぺがどのようにして隠れたのか(が)わからない」

21. No sabes *cuánto me alegro*.
「私がどれほど喜んでいるのかを、君は知らないよ」

ユニット31　日本語の補足節

　スペイン語の名詞節に相当する日本語の文構成要素は、補足節です。日本文法でも名詞節と呼ばれることがあります。「太郎は車の調子が悪いことに気づいた」のとき、「気づいた」という述語が、その内容である「車の調子が悪いこと」を補足節として取ります。補足節は格助詞や引用の形式を伴います。ここでは形式名詞と格助詞を使う補足節を扱います。補足節は太字にします。

　日本語の補足節はどのようなスペイン語表現に相当するのでしょうか。スペイン語の名詞節との類似点や相違点を確認してみましょう。

☛日本語の補足節は、文に形式名詞「こと」「の」「ところ」を付加して主節に導入される。
　・太郎は**車の調子が悪い｛こと／の｝**に気づいた。
　・太郎は**朝早く起きる｛の／こと｝**が苦手である。
　・太郎は**花子がその店に入る（入ろうとする）ところ**を見かけた。
☛「こと」しか使えない場合や「の」しか使えない場合がある。
☛「こと」には「ことができる」などの慣用表現がある。
☛疑問表現の補足節はスペイン語の名詞節とよく似た使われ方をする。

---

1. 形式名詞「こと」「の」「ところ」による導入

　日本語の補足節は、文を形式名詞の助けを借りて名詞相当の表現にします。そしてそれに格助詞を付けて使います。

A. 補足節を作る形式名詞：補足節を作る形式名詞は「こと」「の」「ところ」です。「こと」と「の」は交替することができますが、できないときもあります。対応するスペイン語表現を加えますので、日本語表現と比べてみてください。

　1. 太郎は**車の調子が悪い｛こと／の｝**に気づいた。
　1'. Taro se dio cuenta de que no andaba bien su coche.
　2. 太郎は**早く起きる｛の／こと｝**が苦手である。
　2'. A Taro le cuesta trabajo levantarse temprano.
　3. 太郎は**花子がその店に｛入る／入ろうとする｝ところ**を見かけた。

3'. Taro vio a Hanako {entrar / entrando} en la tienda.

1'は接続詞のqueを使った名詞節、2'は不定詞（男性単数の名詞扱いができて、「〜すること」と訳すことができます）、3'は「見る・見える」の意味の動詞verの構文ですが、3に相当するスペイン語には不定詞や現在分詞が使われるでしょう。単純な対応ではありませんね。また、形式名詞「の」は「〜のは…だ」という強調の表現（分裂文）を作りますが、この使い方についてはユニット40を参照してください。

B. 形式名詞の使い方：補足節を作る形式名詞として「こと」しか使えない場合があります。その場合、主節の述語が、補足節の内容を実現させようとする「命じる」「依頼する」などのとき（4）、そして補足節の内容の実現を祈願する「祈る」「望む」などのとき（5）です。「こと」しか使われない補足節は、スペイン語では接続詞queで作る名詞節に対応します。

4. 主任は太郎に報告書をすぐに提出することを命じた。
4'. El jefe ordenó a Taro que le diera pronto el informe.
5. 病気が早くよくなることを心から願っています。
5'. Espero, sinceramente, que se recupere usted pronto.

他方、補足節の形式名詞として「の」しか使えない場合もあります。それは主節の述語が、「聞く・聞こえる」（6）のような感覚動詞であるときと、働きかけを表す「手伝う」（7）、「待つ」（8）、「じゃまする」（9）などのときです。各例文にそえられたスペイン語文を見ればわかるように、スペイン語では、感覚動詞の場合、従属節に相当する文的意味の主語の動作を不定詞や現在分詞で表現できますが、働きかけの意味のときはそれぞれの動詞の表現方法に従うことになります。

6. 太郎には花子が {歌う / 歌っている} のが聞こえた。
6'. Taro oyó a Hanako {cantar / cantando}.
7. 太郎は花子が皿を洗うのを手伝った。
7'. Taro ayudó a Hanako a lavar los platos.
8. 太郎は花子が来るのを待った。
8'. Taro esperó a que viniera Hanako.
9. 太郎は花子が歌うのをじゃました。
9'. Taro molestó a Hanako cuando ella cantaba.

補足節の文が形式名詞の「ところ」を取るときの主節の述語は、例文3のような「見かける」とか、「捕まえる」（10）などです。「ところを見かける」は、「ところ」の時の表現を生かせば、3′のほかに、例文11′のようなスペイン語にもなります。このような「ところ」の補足節は、スペイン語では接続詞 cuando で作る副詞節で表現できそうですね。副詞節についてはユニットの34と35をご覧ください。

　　10. 警察は犯人たちが銀行から出てくるところを捕まえた。
　　10′. La policía arrestó a los atracadores cuando salían del banco.
　　11. 太郎は花子が先生と話しているところを見かけた。
　　11′. Taro vio a Hanako cuando ella hablaba con el profesor.

　しかし形式名詞の「ところ」には、ほかの使い方もあります。例文12では情報源を示しますが、慣用句で行為の時を示す「〜する（した）ところだ」の表現（13, 14）、「ところとなる」の結果の表現（15）などがあります。対応するスペイン語文に注目して、日本語とスペイン語の違いを理解してください。

　　12. 太郎の言うところでは、花子は来ないようだ。
　　12′. Por lo que dice Taro, parece que Hanako no viene.
　　13. 私は出かけるところだ。
　　13′. Estoy a punto de salir.
　　14. 私は家に着いたところだ。
　　14′. Acabo de llegar a casa.
　　15. その件は社長の知るところとなった。
　　15′. Resultó que el presidente se dio cuenta del asunto.

C. 形式名詞「こと」の慣用句：「こと」を伴う補足節は様ざまな慣用句を作ります。動詞の基本形＋「ことができる」による可能の表現（例文16）、述語（動詞や形容詞）の基本形＋「ことがある」による事態の反復や可能の表現（17, 18）、述語のタ形＋「ことがある」による経験の表現（19）、動詞の基本形＋「ことになる」による決定の表現（20）などがあります。これらの表現はスペイン語との対応がはっきりしています。なお、「タ形」とは、終助詞の「た」を伴う動詞の形です。

　　16. 太郎はスペイン語を話すことができる。
　　16′. Taro puede hablar español.（不定詞で）

17. 太郎は（よく）遅刻することがある。（反復）
17'. Es probable que Taro llegue tarde.（ser probable などで）
18. 月が赤いことがある。（可能）
18'. Es posible que la luna se ponga roja.（ser posible などで）
19. スペイン語を勉強したことがありますか。
19'. ¿Ha estudiado usted español?（時制の現在完了形で）
20. 私たちはここで働くことになりました。
20'. Hemos decidido trabajar aquí.（現在完了形で）

2. 疑問表現の補足節

　話されたままの表現形式（直接話法）の疑問文が、間接話法で引用され、補足節として主節に組み込まれるとき、形式名詞を取りません。組み込むときには、多少の調節は必要ですが、基本的には疑問文に「を」（例文21）とか「が」（22）という格助詞を付けます。また、スペイン語と同様、疑問詞を使う部分疑問文（21）と選択を問う全体疑問文（22）があります。

　21. 太郎はそのとき何をしていたかを説明しなければならない。
　21'. Taro tiene que explicar qué estaba haciendo entonces.
　22. 私には太郎がそのときそれを見たか｛どうか／見なかったか｝がわからない。
　22'. No sé si Taro lo vio entonces (o no).

全体疑問文を補足節にするときには、「〜かどうか」の形式で導入されることもあります。スペイン語なら接続詞の si で十分ですが、文末に o no を付加することもあります（22'）。日本語では「〜どうか」や「〜しなかったか」を付加します（22）。

　補足節を導入する格助詞の「を」や「が」は、省略されることがあります。例文21なら「していたか説明しなければならない」に、22なら「見たかどうかわからない」などになります。

　全体的に、疑問表現の補足語は、スペイン語で（全体疑問文を作る）接続詞 si や（部分疑問文を作る）疑問詞を使って名詞節を作る方法と似ています。ユニット30の **2** と **3** を見て、日本語の補足節とスペイン語の名詞節との対応関係をよく確認してください。

ユニット 32　名詞節の動詞の法 1

接続法というスペイン語の動詞の変化形は、名詞節でも使われます。名詞節とは、従属節が主節の文中で名詞として働くときの名前です。このユニットでは従属節の名詞節が主節の補語になるときの動詞の法を調べてみましょう。

- 接続法は、主節の補語となる名詞節で使われることがある。
- 名詞節の動詞が常に直説法になることがある。
- 名詞節の動詞が常に接続法になることがある。
- 名詞節の動詞が直説法になったり接続法になったりすることがある。
- 名詞節の文の意味は、その文の主語が主節の主語と同じ場合、不定詞句になる。

1. 補語になる名詞節の動詞が常に直説法になるとき

まず、従属節の動詞が常に直説法になるときを区別しておきましょう。従属節の意味する事態が話し手にとって確かな情報であるときです。ですから当然、主節の動詞はその主語が確信している意味を表現します。

1. *Sé* que la realidad *es* a veces más extraña que la novela.
「ときに事実は小説よりも奇妙であることを、私は知っている」
2. Ayer *confirmé* que la noticia *era* falsa.
「私は昨日、その知らせがうそだということを確認した」
3. *Dicen* que *va* a casarse. 「彼は結婚するそうだ」

2. 補語になる名詞節の動詞が常に接続法になるとき

主節の主語（話し手など）が、従属節の意味する事態を情報として確認していないときです。いくつかの場合が考えられますが、いずれもその事態を想定しているときです。

A. 主節の主語が、名詞節の表現する事態を否定したり疑ったりするとき：
4. *No creo* que *vaya* a casarse. 「彼が結婚するなんて思わない」
5. *Dudo* que lo *haya dicho*. 「彼がそう言ったなんて疑わしい」

B. 主節の主語が特別な感情を表現するとき：特別な感情は、思っても

いなかった事態に出会って起こるものです。従属節の事態は、主節の主語にとって既に確認している情報ではなく、新たな情報です。発話時以前には持っていません。それを想定として提示します。

6. *Siento* que lo *hayas perdido*. 「君がそれをなくしたことが残念だ」
7. *Temo* que *te equivoques*. 「君が間違えるのではないかと心配だ」
8. *Me extraño de* que no lo *sepas*. 「君がそれを知らないのはおかしい」

Ⓒ. 主節の主語が自分の意思を表現するとき：従属節の内容である事態はまだ起こっていないので、確認した情報ではありません。意思の内容は命令（**9**）・要求（**10**）・提案（**11**）・願望（**12**）・主張（**13**）などです。

9. Te *mando* que lo *leas* pronto. 「はやくそれを読みなさい」
10. Te *pido* que lo *leas* pronto. 「はやくそれを読んでくれ」
11. Te *propongo* que lo *leas* pronto. 「はやくそれを読んだらどうだ」
12. *Deseo* que lo *leas* pronto. 「はやくそれを読んでほしい」
13. *Insisto* en que lo *leas* pronto. 「はやくそれを読むべきだよ」

3. 補語になる名詞節の動詞が直説法にも接続法にもなるとき

　主節の動詞の意味的な違いで、従属節の動詞が直説法になったり接続法になったりします。従属節の情報が確認ずみか（直説法）、未確認か（接続法）、で選択されます。未確認なら単なる想定です。

Ⓐ. 主節が「言う」や「伝える」の意味の伝達動詞でできているとき：decir「言う」、insistir「言い張る」、escribir「書く」、comunicar「伝える」など、ある情報を相手に単に伝える意味のときには、従属節の動詞は直説法になりますが、その伝達する内容（従属節の意味）を相手に要求したり命令したりするときには、従属節の動詞は接続法になります。命令の意味の間接話法（**14b, 16b**）と単なる伝達の間接話法（**15b, 17b**）を比べるとわかりやすいでしょう。直接話法の文（それぞれのa）を間接話法で表現するとそれぞれのbのようになります。

14a. Paco, te dice el profesor: —*Cierra* la puerta.
14b. Paco, te dice el profesor que *cierres* la puerta.
　　「(呼びかけて) パコ、先生がドアを閉めなさいと言っているよ」
15a. Profesor, dice Paco: —Está cerrada la puerta.
15b. Profesor, dice Paco que la puerta está cerrada.

「(呼びかけて) 先生、パコはドアが閉まっていると言っています」

16a. Isabel le escribió a su hijo: —*Regresa* a casa pronto.
16b. Isabel le escribió a su hijo que *regresara* a casa pronto.
「イサベルは息子に、すぐに家に戻りなさいと (手紙に) 書いた」

17a. Isabel le escribió a su hijo: —Regreso a casa pronto.
17b. Isabel le escribió a su hijo que regresaba a casa pronto.
「イサベルは息子に、(自分が) まもなく家に戻ると (手紙に) 書いた」

B. 主節の動詞が思考・残念・心配・許可・想定などのとき：動詞としては sentir「残念である、感じる・気がする」(**18, 19**)、temerse「(恐れて) 心配する、(心配して) 思う」(**20, 21**)、aceptar「(許可して) 認める、(そうであることを) 認める」(**22, 23**)、pensar「(単なる想定として) 考える、(確信した情報として) 考える」(**24, 25**) などがあります。感じたり思ったりするのなら、確認している情報についてであるから直説法、残念・心配・許可・想定などの意味なら、発話時以前には確認していない情報のことだから接続法になります。

18. Siento que *hayas fracasado* en el examen.
「君が試験に失敗して、私は残念です」

19. Siento que está temblando la tierra.
「大地が揺れているように、私は感じます」

20. Me temo que aquí *haya* otro terremoto pronto.
「ここでまもなく別の地震が起こるのではないかと、私は心配する」

21. Me temo que aquí va a haber otro terremoto pronto.
「ここでまもなく別の地震が起こるのではないかと、私は思う」

22. Acepto que *vayas* a Osaka mañana.
「(父親が息子に) あした大阪へ行ってもいいよ」

23. Acepto que tengo muchos defectos.
「私は自分に欠点が多いことを認めるよ」

24. Pienso que le *digas* la verdad a Pedro.
「私は君がペドロに本当のことを言う (だろう) と考えている」

25. Pienso que Pedro te dice la verdad.
「私はペドロが君に本当のことを言うと考えている」

C. 主節の動詞が esperar「期待する」・sospechar「(そうではないかと)

推量する」のとき：esperar は、普通は従属節の動詞が接続法になります
し（26）、sospechar は直説法になるのが普通です（28）。しかし esperar
のときに主節の主語が従属節の内容について起こりそうだという確信の
ニュアンスを持っていれば直説法になり（27）、sospechar のときに従属
節の内容について確信を持てないときには接続法になります（29）。

26. Espero que *tengas* éxito en el examen.
    「君が試験で成功するように、私は期待します」

27. Espero que lloverá este año menos que el año pasado.
    「今年は去年ほど雨が降らないと、私は思う」

28. Sospecho que no lloverá esta tarde.
    「今日の午後は雨が降らないと思う」

29. Sospecho que *llueva* esta tarde.
    「今日の午後は雨が降るのではないかなあ」

4. 補語が名詞節であったり不定詞の句であったりするとき

主節の文の主語と従属節の文の主語が異なっていて従属節に接続法の
動詞が来るような構文があります。しかし主節の文の主語と従属節の文
の主語が同じなら、従属節の文の意味は不定詞句で表現されます。主節
の動詞には esperar（例文 30, 31）、desear（32, 33）、querer（34, 35）な
どがあります。

30. Espero que *salgas* mañana conmigo.
    「私は君に明日、いっしょに出かけてほしいのだが」

31. Espero *salir* contigo mañana.
    「私は明日、君といっしょに出かけたいのだよ」

32. Deseo que *aprendas* a nadar pronto.
    「私は君に早く泳げるようになってほしい」

33. Deseo *aprender* a nadar pronto.
    「私は早く泳げるようになりたい」

34. Quiero que *saborees* esta comida japonesa.
    「私は君にこの日本料理を味わってほしい」

35. Quiero *saborear* esta comida japonesa.
    「私はこの日本料理を味わいたい」

ユニット 33　名詞節の動詞の法 2

　前のユニット 32 では、補語になる名詞節で使われる接続法のことを解説しました。このユニットでは、その名詞節が主語になるときに、名詞節の動詞が直説法になったり接続法になったりする様子を説明しましょう。また、名詞節が主語にならない場合も加えてみます。

- 主語になる名詞節の動詞は、名詞節の内容が話し手の確認している情報であれば、直説法になる。
- 主語になる名詞節の動詞は、名詞節の内容が、話し手が判断を下すために単に想定した事態であれば接続法になる。
- 名詞節の動詞が直説法になったり接続法になったりすることがある。

　ここで扱う、名詞節が主語になる構文は、[動詞 ser + 形容詞 + que の名詞節] です。名詞節が 3 人称単数の名詞として働くので、ser も 3 人称単数形になります。その構文の形容詞は話し手の判断を表現しています。話し手が名詞節として確認している情報を「～のこと」という意味で表現するとき、名詞節の動詞は直説法になります（例文 1a）。そして名詞節の内容が話し手の確認していない情報、すなわち単なる仮の想定であれば、接続法になります（2a）。形容詞の代わりに、名詞が来ることもあります（3a）。

1a. Es evidente que Fernando tiene razón.
　　「フェルナンドが正しいのは明らかである」
　　（話し手はフェルナンドが正しいことを確信している）

2a. Es necesario que *trabajemos* más que antes.
　　「私たちが以前よりももっと働くことが必要である」
　　（名詞節の内容は単なる想定された事態）

3a. Es verdad que va a visitarnos el presidente.
　　「大統領が私たちを訪問しにやってくることは本当だ」
　　（話し手にとって名詞節の内容は確認ずみの情報）

1. 主語になる名詞節の動詞が常に直説法になるとき

　名詞節の内容が話し手の確認している情報の場合は、名詞節の動詞は

常に直説法になります。その場合の形容詞は、例文 1a の evidente のほかに、4a の seguro や 5a の cierto などが来ます。また、3a や 6 のように名詞の verdad も話し手が確信している情報の名詞節を主語にします。

- 4a. Es seguro que hay solo dos sexos en este mundo.
「この世にふたつの性しかないことは確かである」

- 5a. Es cierto que cada uno tiene su mérito.
「人それぞれに長所があるのは確かだ」

- 6. Es verdad que el sol sale por el este.
「太陽が東から上るのは真実である」

2. 主語である名詞節の動詞が常に接続法になるとき

A. 主節の確信の意味が否定されるとき：上記の例文 1a, 3a, 4a, 5a の主節が、以下のように否定文になるときです。すなわち名詞節の内容が話し手の確認している情報ではなく、単に想定された事態のときです。

- 1b. No es evidente que Fernando *tenga* razón.
「フェルナンドが正しいなんて、明らかではない」

- 3b. No es verdad que *vaya* a visitarnos el presidente.
「大統領が私たちを訪問しにやってくるなんて、本当ではない」

- 4b. No es seguro que *haya* tres sexos en este mundo.
「この世に三つの性があるなんて、確かではない」

- 5b. No es cierto que aquel chico no *tenga* mérito.
「あの少年に長所がないなんて、確かではない」

B. 話し手が名詞節の内容について評価したり判断を下したりするとき：話し手は自分が確認した情報ではなくて、仮に想定した事態についてその必要性（前ページの例文 2a や下記の 7）や可能性（8a, 9）、難易（10, 11）、疑惑（12, 13）などの判断を下します。話し手はその事態をあくまで仮の想定としているのです。

- 7. Es imprescindible que Fernando *trabaje* más que antes.
「フェルナンドが前よりもよく働くことが必要不可欠です」

- 8a. Es probable que María *llegue* aquí tarde.
「マリアがここに遅れて着く可能性は高い」

- 9. Es imposible que María *llegue* allí a tiempo.

「マリアがあそこに時間通りに着くのは不可能だ」

10. ¡Ya es difícil que *llegues* allí a tiempo!
「君があそこに時間通りに着くなんて、もう難しいよ！」

11. Ahora es fácil que *llegues* allí a tiempo.
「いまなら、君があそこに時間通りに着くのは簡単だ」

12. Es dudoso que Paco *estudie* tres horas cada día.
「パコが毎日3時間勉強するなんて、疑わしい」

13. ¿Es posible que Ana no lo *sepa*?
「アナがそのことを知らないなんて、ありうるのか？」

つぎのように、良し悪し（14, 15）、意外性（16, 17）、素晴らしさ（18）、当然（19, 20, 21）などの意味の形容詞も使われます。これらの形容詞のとき、名詞節の内容は現実の世界の事実である可能性が高いのですが、話し手はそのような事態を確認した情報として持っておらず、あくまで名詞節の内容を仮に想定した事態として提示し、それに自分の評価や判断を下しているから、名詞節の動詞は接続法になります。

14. Es muy bueno que lo *leas* en voz alta.
「君がそれを音読するのは、とても良いことだ」

15. Es malo que lo *leas* escuchando la radio.
「君がそれを、ラジオを聴きながら読むのは、悪いことだ」

16. Es extraño que Pedro *llegue* aquí a tiempo.
「ペドロが時間通りにここに着くなんて、珍しい」

17. Es increíble que Paco *haya llegado* allí a tiempo.
「パコがあそこに時間通りに着いたなんて、信じられない」

18. Es maravilloso que *te cases* con ella.
「君が彼女と結婚するということは、すばらしいことだ」

19. Es natural que *sea* así. 「そうなるのは自然だ」

20. Es lógico que la gente *se enfade*. 「人々が怒るのももっともだ」

21. Es normal que cada uno *diga* lo que piensa.
「各自がそれぞれ考えていることを口にするのは正常なことだ」

C. 主節が婉曲表現のとき：主節の動詞 ser が過去未来の sería で婉曲的な意味を表現するとき、名詞節の動詞は接続法過去になります。

2b. Sería necesario que *trabajáramos* más que antes.

「私たちが以前よりももっと働くことが必要ではないでしょうか」

8b. Sería probable que María *llegara* aquí tarde.
「マリアがここに遅れて着く可能性は高いのではないでしょうか」

主節の動詞が過去未来で従属節の動詞が接続法過去という時制の組み合わせについては、ユニット 38 などを参考にしてください。

3. 名詞節の動詞が直説法にも接続法にもなるとき

上記の ser 動詞の構文ではありませんが、主語ではない名詞節の動詞が直説法になったり接続法になったりすることがあります。

「事実」とか「こと」を意味する名詞 hecho を使った el hecho de que ... という構文の名詞節があります。話し手が自分の判断を下すときに「こと」として想定する事態を表現するときには動詞が接続法になりますが (22)、「事実」の意味を表現するときは、話し手の確認した情報ですので直説法になります (23)。

22. *El hecho de que* los padres *sean* ricos no quiere decir que sus hijos puedan casarse cuando quieran. 「両親が金持ちだということは、その息子や娘が好きなときに結婚できるという意味にはならない」

23. El jefe ha aceptado *el hecho de que* llegó el momento de debatir.
「主任は討議するときが来たという事実を受け入れた」

また、[lo + 形容詞 + es que ...] の名詞節 (que ...) が叙述補語のときには、名詞節の動詞は直説法にも接続法にもなります。この場合も que 以下の名詞節の内容が単なる想定の事態なら接続法に (24a, 25a)、話し手が確認している情報なら直説法になります (24b, 25b)。

24a. Lo malo es que Pedro *se entere* y *se enfade*.
「悪いのは、ペドロが気づいて立腹するということだ」

24b. Lo malo es que Pedro se entera y se enfada.
「悪いことに、ペドロが気づいて立腹しているのだ」

25a. Lo importante es que Isabel *se case*.
「大事なのは、イサベルが結婚することだ」

25b. ¡Lo importante es que Isabel se casa!
「大事なことだが、イサベルが結婚するというのだ！」

ユニット34　スペイン語の副詞節

このユニットではスペイン語の副詞節について説明します。副詞節とは、主節のなかで副詞として機能する従属節、すなわち活用している動詞をひとつ含む文的な要素ですが、独立した文ではありません。色いろな意味の接続詞や接続詞句で作られます。副詞的な働きをして主節の文の全体にかかることもあります。副詞節を斜字体で示します。

- 副詞節は文中で副詞の働きをする。例文 a の entonces は単なる副詞として働き、b の副詞節 cuando Ana tenía cinco años は entonces と同じ働きをする。

    a. Entonces Paco tenía quince años.
    「その頃は、パコは15歳だった」

    b. Paco tenía quince años *cuando Ana tenía cinco años*.
    「アナが5歳のとき、パコは15歳だった」

- 副詞節に相当する意味は、前置詞の付いた名詞（例文 c）や前置詞付きの名詞節（d）でも表現される。

    c. Paco lo hizo por su propia voluntad.
    「パコは自発的にそれをした」

    d. Paco entró allí *sin que nadie se enterara*.
    「パコはそこに、だれにも知られずに入った」

- 副詞節は時間・相関関係・比較・原因（理由）・目的・結果・条件・限定・譲歩・例外・追加など、さまざまな意味を表現する。
- 副詞節の語順は、一般的には決まっていないが、決まっているものもある。
- 副詞節は副詞と同じように動詞・形容詞・副詞を修飾するが、文全体を修飾するときもある。

1. 副詞的表現

文中で副詞としての働きをするのは、単なる副詞（例文1の entonces や4の allí）や副詞句（たとえば a tiempo「間に合って」）、前置詞の付いた名詞句（3の por su propia voluntad）や前置詞の付いた名詞節（4の sin que nadie se enterara）、そして単独の接続詞の付いた副詞節（2, 5）

などです。なお、前置詞の sin「〜なしに」や para「〜のために」は que の名詞節とともに接続詞句になり、副詞節を形成します。

1. Entonces Paco tenía quince años.
   「その頃は、パコは 15 歳だった」

2. Paco tenía quince años *cuando Ana tenía cinco años*.
   「アナが 5 歳のとき、パコは 15 歳だった」

3. Paco lo hizo por su propia voluntad.
   「パコは自発的にそれをした」

4. Paco entró allí *sin que nadie se enterara*.
   「パコはそこに、だれにも知られずに入った」

5. Paco lo hizo *porque quería*.
   「パコは望んで(いたので)それをした」

例文 6 のような二者択一の仮定の意味の副詞節は、ふたつの並置された等位節の組み合わせでできています。

6. *Quieras o no (quieras)*, te nombrarán director.
   「君は望んでも望まなくても、部長に任命されるだろう」

2. 副詞節で表現される意味

副詞節は様ざまな意味を表現します。いくつかの接続詞や接続詞句の例文を紹介しましょう。

7. *Mientras hay vida*, hay esperanza.（時間）
   「生きている間は希望がある」

8. *Cuanto más pide*, menos consigue.（相関関係）
   「要求すればするほど、得るものは少なくなる」

9. Puedes hacerlo *como quieras*.（様態）
   「君はそれを、したいようにすればいい」

10. La niña escribe mejor *que (escribe) su hermano*.（比較）
    「その女の子は兄よりも上手に字を書く」

11. Estoy contento *porque me acompaña Ana*.（原因・理由）
    「私はアナがいっしょなので満足だ」

12. Estudia más, *para que estén satisfechos tus padres*.（目的）
    「ご両親が満足されるように、君はもっと勉強しなさい」

13. Estudió tanto *que cayó enfermo*.（結果）

「彼は勉強しすぎて病気になった」

14. *Si hace buen tiempo mañana*, saldremos juntos a pasear.（条件）
    「あした天気なら、いっしょに散歩に出よう」

15. En esta casa, *que yo sepa*, no ha pasado nada.（限定）
    「この家では、私の知っている限りでは、なにも起こらなかった」

16. *Aunque la casa es moderna*, su ambiente es horrible.（譲歩）
    「この家は近代的だが、その環境はひどいものだ」

17. Esta obra es muy valiosa, *aparte de que cuesta mucho*.（例外）
    「この作品は、高価なことを別にすると、とても価値がある」

18. Esta obra es muy valiosa, *aparte de que cuesta poco*.（追加）
    「この作品は、値段が安いことに加えて、とても価値がある」

3. 副詞節の語順

スペイン語の副詞節は、一般的には主節の後にも（19a）、主節の前にも（19b）、主節の文中にも（19c）置かれます。しかしこの語順の自由さは、副詞節の意味や接続詞の種類によって変わってきます。

19a. Un buen resultado es poco probable, *por mucho que estudies*.
     「君がどんなに勉強しても、よい結果は疑わしい」

19b. *Por mucho que estudies*, un buen resultado es poco probable.

19c. Un buen resultado, *por mucho que estudies*, es poco probable.

たとえば、porque で原因を表す副詞節は、例文 11, 20 のように、文頭には出ません。主節の後ろに来るのが普通です。

11. Estoy contento *porque me acompaña Ana*.
    「私はアナがいっしょなので満足だ」

20. Paco no viene *porque no quiere*.
    「パコは来たくないので来ない」

それに反して、como で作る理由の副詞節はいつも文頭に来ます。

21. *Como llovía mucho*, me quedé dos horas en la estación.
    「雨がひどく降っていたので、私は駅に 2 時間とどまった」

比較表現の副詞節を作る que は、例文 10, 22 のように、主節の動詞の前には来られません。主節の動詞の前に置かれるためには、少なくとも比較の内容を提示することばを伴う必要があります。23 の mejor などです。

10. La niña escribe mejor *que* (*escribe*) *su hermano*.
    「その女の子は兄よりも上手に字を書く」

22. Adolfo tiene más libros *que Ignacio*.
    「アドルフォはイグナシオよりも多くの本を持っている」

23. Mejor *que lo hizo José* no lo podrá hacer Pepe.
    「ペペは、ホセが（それを）したよりも上手にはできないだろう」

結果を表現する副詞節は、主節に程度や様態のことば（tanto, tan, tal）を伴っていても常に文末に置かれます。

13. Estudió tanto *que cayó enfermo*.
    「彼は勉強しすぎて病気になった」

24. Practicó tan intensamente *que ganó el campeonato*.
    「彼はとても熱心に練習したので優勝した」

25. Paco tiene tal cantidad de dinero *que lleva una vida regalada*.
    「パコはそれほど多くのお金を持っているので、優雅に生活している」

4. 副詞節が修飾する相手

副詞の修飾相手は、原則として動詞（canta bien「上手に歌う」の bien）・形容詞（muy grande「とても大きい」の muy）・副詞（muy bien「とても上手に」の muy）です。evidentemente「明らかに」のように（26）、事態や聞き手に対する話し手の判断や態度を表す意味の副詞は文全体を修飾します。そして副詞節の修飾相手は副詞と同じです。

文頭に置かれて主題になる副詞（1）や副詞節（7）は文を修飾します。また、主題でなくても、evidentemente と同じように話し手の判断や態度にかかわる意味の副詞なら文全体にかかります（6, 14）。

26. Evidentemente estás equivocado. 「明らかに、君は間違っている」

1. Entonces Paco tenía quince años. 「その頃は、パコは 15 歳だった」

6. *Quieras o no* (*quieras*), te nombrarán director.
   「君は望んでも望まなくても、部長に任命されるだろう」

7. *Mientras hay vida*, hay esperanza.
   「生きている間は希望がある」

14. *Si hace buen tiempo mañana*, saldremos juntos a pasear.
    「あした天気なら、いっしょに散歩に出よう」

ユニット 35　日本語の副詞節

　日本語の副詞節は、主節の述語（動詞・形容詞）や副詞を修飾したり、主節の文全体を修飾したりします。この点はスペイン語の副詞節と異なりません。異なっているのはその作り方です。

　日本文法における副詞節のことを説明し、例文にスペイン語訳を付けて両者の相違点や類似点を探ってみます。

- 副詞節には主節の述語を修飾するもの（例文 a）と、主節の文全体を修飾するもの（b）がある。
    a. 太郎はいつも新聞を読みながら朝食をとる。
    b. もし気が進まなければ、来なくていいよ。
- 副詞節（c）の意味は、名詞を使っても表現することができる（d）。
    c. 太郎はフランス語を勉強するためにこの本を買った。
    d. 太郎はフランス語の勉強のためにこの本を買った。
- 副詞節は色いろな意味を表現する。

1. 基本的性格

　日本文法では、副詞は原則として述部の核である述語を修飾します。「ゆっくり」などの様態の副詞、「少し」などの程度の副詞、「たっぷり」などの量の副詞などです。他方、述部の文全体を修飾するものも副詞として扱われます。「ぜひ」（＋依頼文）のような文末の表現に結びつくものや、「当然」とか「あいにく」のような評価の副詞、「じつは」とか「いわば」などの発言態度を表現する発言の副詞などは、述部の文全体を修飾する副詞として扱われます。そして副詞節の修飾もそれに準じます。

　たとえば、例文 1 では、主節は「太郎はいつも朝食をとる」で、副詞節は「新聞を読みながら」です。この副詞節は付帯状況や様態を表現し、主節の述語を修飾します。例文 2 では、主節は「来なくていいよ」で、副詞節は「もし気が進まなければ」です。この副詞節は主節の内容が起こるための条件を表していて、主節の文全体を修飾しています。

1. 太郎はいつも新聞を読みながら朝食をとる。
1'. Taro desayuna siempre leyendo el periódico.

2. もし気が進まなければ、来なくていいよ。

2'. No tienes que venir, si no te apetece.

なお、副詞節の語順ですが、日本語では主節が文末に来るので、副詞節は常にその前に置かれます。この点はスペイン語と異なります。

2. 名詞による副詞節相当の意味の表現

例文 3a の「フランス語を勉強するために」という副詞節に相当する意味は、日本語では抽象的な名詞を使って 3b の「フランス語の勉強のために」のように表すこともできます。この 3a や 3b のような、目的を表す副詞的表現の日本語は、スペイン語に対応させると、活用している動詞を含む節にはなりません。スペイン語では、日本語と同じように名詞を使って表現することもできますが (3b')、主節の動詞の主語と副詞的表現の意味上の主語が同一であるときには、目的を表す副詞的表現は不定詞を使った状況補語になるからです (3a')。

3a. 太郎はフランス語を勉強するためにこの本を買った。

3a'. Taro compró este libro para estudiar francés.

3b. 太郎はフランス語の勉強のためにこの本を買った。

3b'. Taro compró este libro para el estudio del francés.

なお、4a の副詞節「その事故が起こったために」は 4b の名詞表現「その事故のために」で表現できますが、おなじ［形式名詞「ため」＋格助詞「に」］でできている形式の「ために」でも、副詞節の主語が主節の主語と異なる場合にはスペイン語でも副詞節 (4a') になるし、名詞表現 (4b') にもなります。

4a. その事故が起こったために列車がそこで止まった。

4a'. El tren se paró allí *porque ocurrió* el accidente.

4b. その事故のために列車がそこで止まった。

4b'. El tren se paró allí debido al accidente.

3. 副詞節で表現される意味

1 で見た例文 1 は主語の様態を、2 は仮定的な条件を表しています。ここではその他の、日本語の代表的な副詞節を紹介します。スペイン語表現と比べてみてください。

A. 時の表現：

5. けい子が5歳のとき、太郎は15歳だった。（主節の事態の時）
5′. Taro tenía quince años cuando Keiko tenía cinco años.
6. バスを降りるやいなや、雨が降り出した。（主節の行為の終わる時）
6′. Empezó a llover en cuanto bajé del autobús.
6″. Tan pronto como bajé del autobús, empezó a llover.
7. 列車に乗る前に、本を1冊買った。（主節の行為の前の時）
7′. Compré un libro antes de subir al tren.
8. 夜が明ける前に家を出た。（主節の行為の前の時。別の主体の行為）
8′. Salí de casa antes de que amaneciera.
8″. Salí de casa antes de amanecer.（amanecerに主語はない）
9. 夜が明けた後で家を出た。（主節の行為の後の時）
9′. Salí de casa una vez que amaneció.
9″. Salí de casa después de amanecer.
10. 夜にならないうちに家を出よう。（主節の行為の起こる時間帯）
10′. Voy a salir de casa antes de que se haga de noche.
11. 授業が始まるまで、ここにいよう。（主節の行為の終わる時）
11′. Estaré aquí hasta que empiece la clase.

B. 原因や理由：

12. 雨が降り出したので出かけなかった。（因果関係の理由）
12′. No salí, porque empezó a llover.
12″. Como empezó a llover, no salí.
13. 太郎は頭が痛かったため（に）、出かけなかった。（原因・理由）
13′. Taro no salió porque le dolía la cabeza.
14. 食べ過ぎたせいで、病気になった。（望ましくない事態の原因）
14′. Me puse enfermo debido a que comí demasiado.
15. 君が来てくれたおかげで、成功した。（望ましい事態の原因）
15′. Gracias a que viniste, tuve éxito.
16. 雨が降り出したから帰ろう。（判断の理由）
16′. Vamos a regresar porque ha empezado a llover.

C. 程度の表現：

17. この事件は子供でも知っているくらい有名だ。（状態の程度）

17′. Este suceso es tan famoso que hasta un niño lo sabe.
18. この問題はあなたが考えているほど難しくはない。（同程度）
18′. Este problema no es tan difícil como cree usted.
18″. Este problema es menos difícil de lo que cree usted.
19. ここがこんなに寒いからには、外は雪だろう。（前提となる程度）
19′. Estará nevando fuera, {ya que / puesto que} aquí hace tanto frío.
20. 薬を飲むより、休んだほうがずっと良い。（比較）
20′. Es mucho mejor descansar que tomar medicinas.

D. その他の意味：
21. もし（かりに）私が鳥なら、空を飛べるのだが。（反事実の条件）
21′. Si yo fuera pájaro, podría volar.
22. 太郎は年を取っていても、とても元気だ。（譲歩）
22′. Taro está muy sano, aunque ya es mayor.
23. 私が指示するように、それをしなさい。（様態）
23′. Hazlo como te mando.
24. 駅に行ったが（行ったのに）、太郎はいなかった。（逆接）
24′. Fui a la estación, pero Taro no estaba allí.
25. けい子がよくわかるように、太郎はゆっくり話した。（目的）
25′. Taro habló muy despacio para que Keiko le entendiera mejor.
26. 太郎は家を買うために貯金をした。（同一主語の目的）
26′. Taro ahorró para comprar una casa.

このように、日本語の副詞節には、スペイン語の副詞節に対応するものもありますが、いくつかはスペイン語の不定詞構文に対応しています。
　日本語では動詞に不定詞という概念がなくて、「〜する」の語形を基本形と呼びます。動詞の基本形は、スペイン語の不定詞とは異なって、名詞の働きをしません。あくまで活用している動詞の一種です。日本語の副詞節には活用している動詞が含まれていますが、スペイン語では、日本語の副詞節相当の文でも、その主語が主節の主語と同じであれば不定詞構文で表現され、活用している動詞を含みません。それゆえ「節」（活用している動詞を含む）にはならないのです。

ユニット 36　副詞節の動詞の法

スペイン語の副詞節は、複文のなかで副詞的に働く従属節です。副詞節の動詞は直説法にも接続法にもなります。このユニットでは副詞節の動詞の法について説明します。

> ・副詞節の動詞は、基本的に、その内容が主節の行為の時点でまだ起こっていないこと（話し手の確認していない情報）なら接続法になり、その時点で確認できていることなら直説法になる。
> ・話し手が主節の主語ではない文でも、同じ理由で直説法か接続法が選択される。

1. 動詞が常に接続法になる副詞節

主節の出来事が行なわれるときに、副詞節の事態がまだ実行されていないなら、副詞節の動詞は接続法になります。話し手は副詞節の内容を確かな情報として持っていないからです。未来の時の副詞節（1a）や目的の副詞節（2）、後述の antes (de) que, sin que などの副詞節です。

1a. Saldremos juntos cuando *venga* Paco.
　　「私たちはパコが来たらいっしょに出かけよう」

2. Te lo digo para que no *fracases* en el negocio.
　　「君が事業で失敗しないように、君にそう言うのです」

また、仮定の表現で条件を表す副詞節でも、副詞節の内容は仮に想定された事態として提示されるので、si 以外による仮定の表現では、動詞は基本的に接続法になります（ユニットの 38 と 39）。

3. Con tal que no la *molestes*, te la voy a presentar.
　　「彼女を困らせないというのなら、君に紹介しよう」

2. 動詞が常に直説法になる副詞節

話し手が確認している情報を理由として提示するとき、その副詞節の動詞は直説法になります。接続詞句は puesto que, ya que, dado que です。この副詞節と主節の前後関係は自由です。

4. Puesto que ya lo sabes, ven con nosotros.
　　「君はもうそのことを知っているのだから、私たちと一緒に来なさい」

5. Hazlo en seguida, ya que no te queda otro remedio.
   「君にはほかに方法がないのだから、すぐにそうしなさい」

6. Debes estudiar más, dado que eres estudiante.
   「君は学生なのだから、もっと勉強しなさい」

dado que は接続法の動詞とともに仮定の表現をします（ユニット 39）。

3. 時を表す副詞節

時の表現の副詞節の動詞は、その内容がまだ起こっていない未来のこと、すなわち確認ずみの情報でなければ接続法になり（例文 **1a, 7a, 8a**）、すでに起こった過去のことなら確認ずみの情報として扱われ、直説法になります（**1b, 7b, 8b**）。

1b. Salimos juntos cuando vino Paco.
   「私たちはパコが来たとき、いっしょに出かけた」

7a. Llámame por teléfono, en cuanto *llegues* a la estación.
   「駅に着いたらすぐに、私に電話してください」

7b. Me llamó por teléfono, en cuanto llegó a la estación.
   「彼は駅に着いたらすぐに、私に電話した」

8a. La esperaré hasta que *vuelva*. 「彼女が戻るまで待とう」

8b. La esperé hasta que volvió. 「私は彼女が戻るまで待った」

習慣的な行為の時の表現なら、動詞は現在でも過去でも直説法です。

9a. Leo libros cuando estoy cansado de estudiar.
   「私は勉強に疲れたときは本を読みます」

9b. Yo leía libros cuando estaba cansado de estudiar.
   「私は勉強に疲れたときは本を読んだものです」

接続詞句 antes (de) que ... は未遂の事態を表現するので、その副詞句の動詞はいつも接続法です。de が入ることもあります。

10a. Ana prepara la comida antes (de) que *vuelva* su marido.
   「アナは夫が戻るまえに、食事を準備する」

10b. Ana preparó la comida antes (de) que *volviera* su marido.
   「アナは夫が戻るまえに、食事を準備した」

接続詞 mientras (que) は、条件的な「～の限りは」の意味のとき、普通は que なしで、未来のことなら接続法の動詞を従えますが（**11**）、現在や過去のことなら直説法になります（**12**）。que を伴うこともありま

す。そして対置される同時進行の「一方は〜」の意味なら que を伴って、動詞は常に直説法です（**13, 14**）。

11. Mientras (que) *te quedes* aquí, no sufrirás nada.
    「君はここにいる限り、なにも苦しむことはないだろう」

12. Mientras (que) vivía allí, no le molestaba nadie.
    「彼はそこに住んでいる限り、だれにも困らされなかった」

13. Yo preparo la bebida, mientras que tú preparas la comida.
    「君が食事を準備するあいだ、（一方で）私は飲み物を用意するよ」

14. Mientras que Carmen leía el periódico, Pepe enviaba e-mails.
    「カルメンは新聞を読み、（一方で）ペペはメールを送っていた」

4. 目的を表す副詞節

副詞節が「〜するために」という目的の意味を表現するとき、その内容は、主節の行為が起こる時点では起こっていません。確認されている情報ではないことになり、副詞節の動詞はいつも接続法になります。

15a. Te lo digo {a fin de que / para que} *tengas* éxito.
    「君が成功するために、私は君にそう言うのだ」

15b. Te lo dije {a fin de que / para que} *tuvieras* éxito.
    「君が成功するために、私は君にそう言ったのだ」

命令表現に続く que は、その節の動詞が接続法なら目的の意味になり（**16**）、直説法なら軽い理由の意味になります（**17**）。

16. Llévate este plano de la ciudad, que no *te pierdas*.
    「迷わないように、この市街地図を持って行きなさい」

17. Ven aquí en seguida, que te traigo una sorpresa.
    「びっくりするものを持ってきてあげたので、すぐここに来なさい」

5. 様態を表す副詞節

接続詞 como の副詞節が主節の後ろに置かれるとき、様態を表します。その様態の内容がまだ確認されていない情報であるなら、動詞は接続法になり（**18a**）、確認された情報なら直説法になります（**18b**）。接続詞句の a medida que も同様です（**19a, 19b**）。

18a. Lo estudiaré como nos *indique* el profesor.
    「私はそれを、先生がおっしゃるように勉強するつもりです」

18b. Lo estudiaré como nos indicó el profesor.
「私はそれを、先生がおっしゃったように勉強するつもりです」

19a. A medida que *estudies*, lo entenderás mejor.
「君は勉強するにつれて、それを一層よく理解するだろう」

19b. A medida que estudió, lo entendió mejor.
「彼は勉強するにつれて、それを一層よく理解した」

副詞節を作る接続詞句の como si は、主節の動詞の時制にかかわらず、いつも接続法過去の動詞で、仮に想定された「まるで～のように」の意味を表します (20)。副詞節の内容が完了の意味なら、動詞は接続法過去完了になります (21)。主節の動詞が現在でも過去でも同じです。

20. Allí le {tratan / trataban} como si *fuera* padre de todos.
「そこでは、彼は皆の父親であるかのように {扱われる / 扱われた}」

21. Paco {está / estaba} contento como si *hubiera comido* mucho.
「パコはたらふく食べたかのように {満足している / 満足していた}」

副詞節を作る接続詞句の sin que は、実現されなかった事態を導入します。それは主節の主語が確認した情報ではないので、副詞節の動詞はいつも接続法です。接続法の時制は主節の動詞の時制に従います。

22. Pedro está en cama sin que nadie le *atienda*.
「ペドロは誰にも世話されずに、(病気で) 寝ている」

23. Isabel se marchó sin que lo *supiera* su padre.
「イサベルは父親に知られずに、行ってしまった」

主節の後ろに置かれる接続詞句 de modo que や de manera que で作る副詞節は、動詞が接続法なら様態の「～するように」という意味で主節につながり (24a, 25)、直説法なら主節の行為の結果を表します。結果の意味のときには、主節とコンマで軽く区切られます (24b, 26)。

24a. Te lo aviso de modo que *tengas* éxito en la vida.
「私は君が人生で成功するように、それを教えてやるのだ」

24b. Te lo avisé, de modo que tuviste éxito en la vida.
「私が君にそれを教えてやったので、君は人生で成功したのだ」

25. Llegó a casa muy tarde de manera que no la *viera* nadie.
「彼女は誰にも見られないように、とても遅く帰宅した」

26. Llegó a casa muy tarde, de manera que no había nada que comer.
「彼女はとても遅く帰宅したので、食べるものが何もなかった」

ユニット37 譲歩の副詞節

このユニットでは譲歩の意味の副詞節を扱います。譲歩の意味の副詞節を作る代表的な接続詞は aunque です。おもにこの接続詞の使い方を説明します。

- aunque を使った譲歩の副詞節の動詞は、事実の譲歩なら直説法に、単なる想定の内容の譲歩なら接続法になる。
- 譲歩の意味の副詞節の動詞は、仮定の表現なら、特定の時制の組み合わせに従う。現在・未来の非現実的な仮定なら主節の動詞が過去未来で副詞節の動詞が接続法過去になり、過去の事実に反する仮定ならそれぞれ過去未来完了と接続法過去完了になる。

1. 接続詞 aunque の副詞節

aunque の従属節は基本的に譲歩の意味「～ではあるが」を表現します。そしてその動詞は直説法になったり接続法になったりします。どのような理由で動詞の法が選ばれるのでしょうか。

A. 動詞が直説法になるとき：譲歩の内容が事実のときは、直説法になります。

1a. Me gusta este libro, aunque no puedo comprarlo.
　「私は、買うことはできないが、この本が好きだ」

2. Aunque no me apetece, te acompañaré al centro.
　「行きたくはないのだが、君といっしょに繁華街に行こう」

3. Aunque está lloviendo, voy a pasear.
　「雨が降っているが、私は散歩にいくよ」

4. Aunque llovía, fui a pasear. 「雨が降っていたが、私は散歩にいった」

例文 1a のように、aunque の副詞節が主節の後ろに置かれるとき、逆接の接続詞 pero と同じような意味になって、譲歩なのか逆接なのかがわからなくなります。ですから 1a は 1b に、5a は 5b に書きかえることができます。文全体はほぼ同じ意味を表現しています。

1b. Me gusta este libro, pero no puedo comprarlo.
　「私はこの本が好きだが、買うことはできない」

5a. Miguel no es japonés, aunque su apellido es Mihura.
「ミゲルは苗字がミウラだが、彼は日本人でない」

5b. El apellido de Miguel es Mihura, pero no es japonés.
「ミゲルの苗字はミウラだが、彼は日本人でない」

ただしこの場合の aunque は pero と同じ働きをするわけではありません。pero ならその後ろに命令文や疑問文が来ることがありますが、aunque ならめったに来ません。しかし aunque が節よりも短い語句を従えるときには、例文の 6 や 7 のように、pero と同義になります。

6. Respondió a todas las preguntas, {aunque / pero} no con la misma seguridad.
「彼はすべての質問に答えたが、自信の程度には大小があった」

7. Finalmente, lo ha conseguido, {aunque / pero} trabajando mucho.
「彼は大いに働きながらだが、ついにそれを達成した」

B. 動詞が接続法になるとき：aunque の従属節の動詞が接続法になることがあります。それにはいくつかの理由があります。

①従属節の内容が話し手にとってまだ確認されていない情報であるとき：譲歩の内容が単なる想定として提示されます。未来のことなどです。

8. Mañana saldré a pasear, aunque *haga* mal tiempo.
「明日、天気が悪くても散歩に出るつもりです」

9. Paco no lo confesará, aunque le *amenacen* de muerte.
「パコは殺すとおどされても、それを白状しないだろう」

②従属節の内容が話し手にとって主節の内容と矛盾していることが表明されるとき：Aunque A, B. という組み合わせのとき、B の成立のために A がその条件として結びついていないため、B の成立を認めるとき、A は B と矛盾する事態です。そしてその矛盾を表明したいとき、aunque 節の動詞は、話し手が従属節で単なる想定を提示する接続法になります。

たとえば例文 10a なら、話し手の頭のなかでは、「雨が降ったはずだ」という推定された情報があって、「通りがぬれていない」という確認された情報と組み合わされています。10b なら「通りがぬれている」事実と「雨が降ったはずだ」という判断がつながっています。それゆえ、「雨が降ったはずだ」という認識は「通りがぬれていない」という事態とは

矛盾しますが、話し手がその矛盾を表明するときには、10c のように副詞節の動詞が接続法になります。「通りはぬれていない」ことが、話し手が「雨が降ったはずだ」という認識を発話するときの単なる想定として表示され、その想定に譲歩の「それでも〜だ」という意味が加わっているのです。

- 10a. Aunque debe de haber llovido, las calles no están mojadas.
  「雨が降ったはずなのに、通りはぬれていない」
- 10b. Como las calles están mojadas, debe de haber llovido.
  「通りがぬれているので、雨が降ったはずだ」
- 10c. Aunque las calles no *estén* mojadas, debe de haber llovido.
  「通りはぬれていないにしても、雨が降ったはずだ」

そして、話し手がその種類の矛盾を表明しないときには、10d のように、aunque の節に直説法の動詞が来る、と解釈されます。

- 10d. Aunque las calles no están mojadas, debe de haber llovido.
  「通りはぬれていないが、雨が降ったはずだ」

おなじように、例文 11a では、話し手がそのような矛盾を表明しないので副詞節の動詞は直説法になりますが、一般的な通念に反しているという矛盾を表明したいのなら 11b のように接続法の動詞を従えることになる、と解釈されます。

- 11a. Aunque soy español, no me gustan los toros.
  「私はスペイン人だが、闘牛は嫌いだ」
- 11b. Aunque *sea* español, no me gustan los toros.
  「私はスペイン人だが、(通念に反して)闘牛は嫌いだ」

③現在・未来の起こりそうにない事態について：仮定の表現です。それに譲歩の意味が加わっています。主節の動詞が過去未来で副詞節の動詞が接続法過去になります。くわしくはユニット 38 をご覧ください。

- 12. Mañana, aunque no *saliera* el sol, yo saldría contigo.
  「明日、たとえ太陽が昇らなくても、私は君と出かけるだろう」

④過去の事実と反対の事態について：これも仮定の表現です。主節の動詞は過去未来完了に、副詞節の動詞は接続法過去完了になります。ユニット 38 を見てください。

- 13. Ayer, aunque no *hubiera llovido*, no habríamos salido.
  「昨日、雨が降らなかったとしても、私たちは出かけなかっただろう」

しかし、過去の事実を譲歩節にもってくるのなら、動詞は直説法です。

14. Aunque estaba lloviendo, Pepe vino a verme.
「雨が降ってはいたが、ペペは私に会いに来た」

2. その他の譲歩の副詞節

［por ＋形容詞・副詞・名詞＋ que ... ］の構文で譲歩の表現ができます。「どんなに…しても」という意味になりますが、程度の表現も加わります。

Ⓐ. 現在・未来に起こりうる事態についての仮定の譲歩：副詞節が可能性のある事態に関する仮定の譲歩の表現なら、単なる想定ですから接続法の動詞が使われます。結論の表現には推測の意味の動詞が使われます。

15. Por {mucho / más} que *corras*, ya no podrás llegar allí a tiempo.
「君がどんなに走っても、もうあそこに間にあって着けないだろう」

16. Por {muy / más} inteligente que *seas*, no podrás entenderlo.
「君がどんなに賢くとも、それを理解することはできないだろう」

17. Por mucho calor que *haga*, Alfonso no se quitará la chaqueta.
「どんなに暑くなっても、アルフォンソは上着を脱がないだろう」

Ⓑ. 過去に起こった事態についての譲歩：直説法を使います。事実に関する単なる譲歩になって、事実の結論につながります。

18. Por {muy / más} inteligente que era, no pudo entenderlo.
「彼はどんなに賢くとも、それを理解することはできなかった」

19. Por {mucho / más} que se lo dije, Isabel no lo hizo.
「イサベルは、私がどんなに言ってもそうしなかった」

Ⓒ. 非現実的な仮定の譲歩：これらの譲歩表現でも、現在・未来の非現実的な事態を仮定する譲歩では、主節が過去未来で従属節が接続法過去の動詞になり（20a)、過去の事実に反する仮定の譲歩の表現ではそれぞれ過去未来完了と接続法過去完了の動詞になります (20b)。くわしくはユニット 38 をご覧ください。

20a. El árbol no se caería, por {mucho / más} viento que *hiciera*.
「その木はどんなに風が吹いても倒れないだろう」

20b. El árbol no se habría caído, por {mucho / más} viento que *hubiera hecho*.「その木はどんなに風が吹いても倒れなかっただろう」

ユニット 38　si による仮定の表現

　「仮定の表現」とは、ある事態を仮定して、その仮定にもとづいて結論を述べる表現です。仮定と結論の両者を合わせた表現が、仮定文とか条件文と呼ばれます。また仮定の従属節が条件節と、結論の主節が帰結節と呼ばれます。

　スペイン語では、仮定表現で条件を提示する副詞節は、いくつかの接続詞（句）で表現できます。まずこのユニットで、代表的な仮定表現の条件節を作る接続詞の si の使い方を解説します。スペイン語の接続詞 si「もし〜なら」の日本語「もし」は副詞です。

　スペイン語の動詞は法や時制（や人称）によって複雑に変化し、その違いが仮定の表現にも利用されていますが、日本語の動詞には未完了の意味を表現する基本形（「〜する」）と完了の意味を表現するタ形（「〜した」）があり、仮定の表現はそれに接続助詞を付けて「〜すると」「〜すれば」「〜するなら」などの仮定条件を表す副詞節で表現されます。

- 仮定の表現でよく使われる接続詞は si である。si の条件節は、仮定の性格によって動詞の形を変える。
- 現実性にこだわらない単純な仮定の表現では、条件節は直説法現在の動詞で作られる。主節の動詞は、未来の仮定なら直説法未来、現在の習慣の仮定なら直説法現在、仮定にもとづく命令の表現なら命令表現になる。
- 現実性に反する仮定の表現では、現在や未来に起こりそうにないことの仮定なら si の条件節に接続法過去の動詞が、主節の帰結節に過去未来の動詞が使われる。過去に起こったことの反対の事態の仮定なら si の条件節に接続法過去完了の動詞が、主節の帰結節に過去未来完了の動詞が使われる。
- si 条件節には直説法の未来・未来完了や接続法の現在・現在完了の時制は使われない。

1. 現実性にこだわらない単純な仮定の表現

　現実性にこだわらない仮定なら、何らかの情報を伝えるだけなので、その副詞節は直説法現在の動詞で作られます。主節の動詞は、未来の

仮定なら直説法未来（1）、単なる見解（2）や現在の習慣の仮定（3, 4）なら直説法現在、仮定にもとづく命令の表現なら命令表現（5, 6）になります。

1. Si vas en taxi, llegarás allí a tiempo.
「もしタクシーで行けば、君はあそこに間にあって着くだろう」
2. Si quieres, puedes venir con nosotros.
「君がもし望むのなら、私たちといっしょに来てもいいよ」
3. Si tengo frío, me pongo el abrigo. 「私は寒ければコートを着る」
4. Pedro va al cine, si tiene tiempo y dinero.
「ペドロはお金と時間があれば、映画を見に行きます」
5. Si tienes fiebre, acuéstate en seguida.
「熱があるのなら、すぐに寝なさい」
6. Si estás cansado, deja de trabajar en seguida.
「もし疲れているのなら、すぐに働くのをやめなさい」

過去の単なる仮定を述べるのなら、条件節は直説法完了過去（点過去）の、帰結節は直説法の動詞が来ます。

7. Si salió de casa a las dos de la tarde, llegará aquí pronto.
「もし午後の2時に家を出たなら、彼はすぐにここへ着くだろう」
8. Si dijiste eso, dijiste la verdad.
「君がもしそのことを言ったのなら、本当のことを言ったのだ」

過去の習慣の表現ならどちらの節も直説法未完了過去（線過去）です。

9. Si no me levantaba temprano, perdía el autobús.
「もし早く起きなかったら、バスに乗り遅れたものだ」
10. Si Ana bebía vino, se mareaba pronto.
「アナがもしワインを飲めば、すぐに酔ったものです」

2. 現実性に反する仮定の表現

現実性に反する仮定の条件文は、以下のように表現されます。

A. 現在や未来に起こりそうにないことの仮定：siの条件節に接続法過去の動詞が、主節の帰結節に過去未来の動詞が使われます。

11. Si yo tuviera dinero, iría a España.
「もし私にお金があったなら、スペインへ行くのだが」

12. Si fuera barato este coche, yo lo compraría.
「もしこの車が安いのなら、私は買うのだが」

B. 過去の事実に反することの仮定：過去に起こったことの反対の事態を仮定する表現は、si の条件節に接続法過去完了の動詞が、主節の帰結節に過去未来完了の動詞が使われます。

13. Si Paco *hubiera tenido* dinero, lo habría comprado.
「もしパコがお金を持っていたのなら、それを買っただろう」

14. Si me *hubieras llamado*, te (lo) habría avisado.
「もし君が電話してくれていたなら、それを知らせていただろう」

C. 過去の事実に反することを仮定して現在・未来のことを表現するとき：si の条件節に接続法過去完了の動詞が、主節の帰結節に過去未来の動詞が使われます。

15. Si *hubieras bebido* menos anoche, no te dolería tanto la cabeza.
「君はもし昨夜あんなに飲まなかったなら、そんなに頭痛がしないだろう」

D. 過去未来と接続法：ここまで見てきたように、現在・未来の実現しそうにないことを仮定する条件節や過去の事実に反することを仮定する条件節には、接続法の過去や過去完了の時制が使われます。そして結論にあたる帰結節には過去未来や過去未来完了が使われます。その理由は何なのでしょうか。

このような仮定の表現の条件節に接続法が使われるのは、話し手にとって条件節の内容が確認された情報ではなく、仮定の表現を行なうために単に想定された事態だからです。ではなぜ、接続法の過去や過去完了になるのでしょうか。

現実性に反する仮定の表現では、主節である帰結節には過去未来が使われます。直説法の過去未来という時制は、本来、過去の一時点において推測される事態を表現します。その応用として、例文 16 や 17 のように、発話時の婉曲表現に使われています。

16. Francamente, me gustaría verle a usted otro día.
「正直申しまして、別の日にお会いできればうれしいのですが」

17. Yo desearía hablar con el Sr. Gómez.
「（できれば）ゴメス氏とお話ししたいのですが」

しかし発話時の婉曲表現が主節になる場合、過去未来は基本的に過去の一時点での推測表現をするものですから、従属節の内容は推測の対象（想定）です。話し手が確認している情報ではなくて、仮に想定された事態ですから動詞は接続法になります。そして、接続法の時制は、主節が過去時の事態を表現しているので、その時制に支配されて過去になります。たとえば例文 **18, 19** のようにです。

18. Me gustaría que viniera usted conmigo.
「あなたが私といっしょに来てくだされればうれしいのですが」

19. Le agradecería a usted que me lo trajera mañana.
「あなたが明日それを持ってきてくだされればありがたいのですが」

そしてこの、［過去未来の主節＋接続法過去の従属節］という時制の組み合わせが、発話時の仮定の表現にも使われているのです。そして過去時の仮定表現には、発話時よりも過去のことであるので、完了の意味が加わって［過去未来完了の主節＋接続法過去完了の従属節］という時制の組み合わせになるのです。

3. si の仮定表現に関する注意

si の条件節には、現在・未来の単なる仮定では直説法の現在が使われ、未来・未来完了は使えません（例文 **1-6**）。また、現在・未来の非現実的な仮定では接続法の現在・現在完了は使えません（**11, 12**）。

習慣を表す条件節には cuando などの接続詞も使われます。

3′. Cuando tengo frío, me pongo el abrigo. 「私は寒ければコートを着る」

現在・未来の単なる仮定のとき、帰結節の動詞の時制が現在であったり未来であったりします。現在なら単純な意見の表明であり、未来なら推測の意味が加わります。

20. Si mañana tengo tiempo, {salgo / saldré} de paseo contigo.
「もしあした時間があれば、君と散歩に {行くよ / 行くつもりだ}」

接続詞の si は、また、「〜であるかどうか」という意味の名詞節を作ります。ユニット 30 の **2** を参照してください。

21. Fernando me pregunta si tú vendrás mañana con nosotros.
「フェルナンドは私に、あした君が私たちといっしょに来るかどうか、たずねている」

ユニット 39　si 以外による仮定の表現

　仮定の意味の条件節は si 以外の接続詞（句）を使っても表現できます。また、条件節以外の手段で条件の意味を表現することもできます。

- si 以外でも、単純な条件の副詞節を、接続詞の como や接続詞句の con que, con tal (de) que, a condición de que, en caso de que, siempre que などと接続法の動詞を使って作ることができる。
- 例外的な条件の意味の副詞節は、接続法の動詞を伴う接続詞句の a no ser que や a menos que で作ることができる。
- 接続詞句 dado que を使う従属節は、接続法の動詞が来れば仮定の条件を表現し、直説法の動詞が来れば確認ずみの情報である事実を表現する。
- 仮定の表現は、従属節以外によっても可能である。条件節の文の省略、現在分詞・過去分詞、前置詞付きの不定詞、前置詞付きの名詞、仮定の意味を含む主語、などで可能になる。

1. si 以外の接続詞による仮定の副詞節

　単なる想定の事態を仮定して、それが条件になればこうなる、という型の仮定表現があります。想定の内容は話し手が確認した情報ではなく、単なる条件ですから、条件節には接続法の動詞が使われます。帰結節には直説法の現在や未来の動詞が来ます。

A. 単純な条件の副詞節：いくつかの接続詞（句）で形成されます。

①接続詞 como の副詞節：この接続詞で作られる従属節が主節の前に出されて接続法の動詞を伴うとき、「もし〜なら」という意味の単純な仮定の条件を表現します。口語的であり、ふつうは「話し手の意にそわないが」という否定的な意味を含みます。主節の動詞は直説法未来（例文 1, 2）や直説法現在（3, 4）になります。主節の前に出されても動詞が直説法なら、理由の意味の副詞節になります（5, 6, 7）。

1. Como no le *digas* la verdad, se enfadará.
   「もし君が彼に本当のことを言わないのなら、彼は怒るだろう」

2. Como *siga* lloviendo mañana, se suspenderá la excursión.

「明日もし雨が降り続いていたら、遠足は中止になるだろう」

3. Como *vuelvas* a hablar de eso, no te acompaño más.
「君がそのことをまた話すのなら、もう君とはいっしょにいないよ」

4. Como *sea* plato de carne, no lo como.
「それが肉料理なら、私は食べない」

5. Como es plato de carne, no lo como.
「それは肉料理だから、私は食べない」

6. Como tuve que salir en seguida, no te lo dije.
「すぐに出かけなくてはならなかったので、君にそれを言わなかった」

7. Como llovía mucho, decidí quedarme en casa.
「大雨だったので、私は家にいることにした」

接続詞 como の従属節は、主節の後ろに置かれると様態・方法の意味の副詞節になります。そして様態の内容が確認された情報なら動詞は直説法になり (8, 9)、確認されていない想定の内容なら接続法になります (10, 11)。

8. El profesor siempre nos trata como deseamos todos.
「先生はいつも、私たち全員が望むように扱ってくださいます」

9. Pedro lo hizo como quiso. 「ペドロはそれをしたい方法でした」

10. Hágalo usted como *quiera*.
「あなたはそれをお好きなようになさってください」

11. Vamos a hacerlo como nos *mande* el jefe.
「私たちはそれを主任の言うようにやりましょう」

②接続詞句 con que, con tal (de) que, a condición de que, en caso de que, siempre que などの副詞節：接続法の動詞を伴って「もし～ならば」という単純な条件を表します。

12. Vamos a comprar este coche {con que / con tal (de) que / a condición de que / en caso de que / siempre que} te *guste*.
「もし（妻の）君が気に入ったのなら、私たちはこの車を買おう」

ただし siempre que は直説法の動詞を伴うと、13 のように、「～するときにはいつも」という意味になります。

13. Siempre que nos vemos, nos preguntamos por la salud.
「私たちは会うといつも、健康のことをたずね合います」

Ⓑ. 例外的な条件の副詞節：接続詞句の a no ser que や a menos que が接続法の動詞を伴う副詞節は「もし〜でさえなければ」という例外的な条件を表します。

14. Me casaré contigo a no ser que *vivas* con ellos.
    「君が彼らといっしょに住まないのなら、私は君と結婚するよ」

15. Yo estudiaba aquí a menos que *estuviera* ocupado.
    「私は忙しくなければ、ここで勉強したものだ」

Ⓒ. 接続詞句 dado que を使う副詞節：この接続詞句の副詞節は、動詞が接続法なら仮定の意味を表しますが (16a)、動詞が直説法なら既成の事実を理由として表現します (16b)。

16a. Dado que *sea* cierto lo que me dices, te ayudaré.
    「君の言うことが本当なら、私は君を助けよう」

16b. Dado que tienes dinero, págalo tú mismo.
    「君はお金を持っているのだから、君自身がそれを払えよ」

Ⓓ. 現実性のない仮定の副詞節：si 以外の接続詞（句）で作られる仮定の副詞節も、現実性に反する仮定の表現では、ユニット 38 で説明された接続詞 si の時制の組み合わせになります。

2. 副詞節以外による仮定の表現

仮定の条件という意味は副詞節でなくても表現できます。まず条件節の文の省略で反対の意味を表現するときです。例文 17a なら 17b のようになります。

17a. Si no *viniera* el autobús, tendrías que ir a pie.
    「もしバスが来ないなら、君は徒歩で行かなくてはならないだろう」

17b. Si no, tendrías que ir a pie.
    「もしそうでないのなら、君は徒歩で行かなくてはならないだろう」

現在分詞（18）や過去分詞（19）でも可能です。

18. Abriendo yo la puerta de la jaula, saldrá el canario.
    「私が鳥かごの入り口を開けたなら、カナリアが出るだろう」

19. Aceptada su propuesta, Pepe no se quejaría.
    「ペペは自分の提案が受け入れられれば、不平を言わないだろう」

前置詞付きの不定詞でも表現できます。前置詞 a ＋不定詞は、慣用的

な表現です。前置詞 de も使えます（23）。

20. A juzgar por lo que dicen, Paco será nombrado jefe.
「うわさから判断すれば、パコは主任に指名されるだろう」

21. A decir verdad, mi padre no quería ser presidente.
「本当のことを言うとすれば、父は社長になりたくなかったんだよ」

22. A no ser por tu ayuda, yo no habría podido ser presidente.
「君の助けがなかったなら、私は社長になることができなかったよ」

23. De haberlo sabido, yo no te habría llamado aquella noche.
「もしそのことを知っていたなら、あの夜君に電話しなかっただろう」

前置詞の付いた名詞で仮定の表現をすることができます。

24. Con todo esto, Pedro no quedaría satisfecho.
「ペドロはこれすべてでも、満足しないだろう」

25. Con una pizca de suerte, yo habría tenido éxito.
「ほんの少しの運があれば、私は成功していただろう」

26. Sin tu ayuda yo no podría vivir.
「君の助けがなければ、私は生きていけないだろう」

27. En España su vida habría sido feliz.
「もしスペイン（に住んでいた）なら、彼の人生は幸せだっただろう」

主語に仮定の意味を含めることもできます。

28. Carlos cometió un disparate, pero yo no haría lo mismo.
「カルロスはでたらめをしたが、私ならそんなことはしないだろう」

29. Yo que usted, me callaría en tal situación.
「もし私があなたなら、そのような状況では沈黙するでしょう」

30. Javier, ciertamente, no lo aceptaría.
「ハビエルなら確実に、それを受け入れないだろう」

31. Tu colaboración me aseguraría el triunfo.
「もし君の協力があれば、私の成功は間違いないだろう」

前置詞付きの名詞による仮定の表現や主語による仮定の表現は、基本的に、動詞の活用形（過去未来）があるから可能になるのですね。

ユニット40　強調の表現

　日本語の形式名詞「の」は、提題助詞の「は」を伴って「〜のは…だ」という強調の表現を作ります。この形式は、述部における述語の補足語のひとつに焦点を置いてそれを強調する構文であり、日本語では補足節が主題となる場合としても理解されています。

- 日本語の強調表現：日本語は「〜のは…だ」という文型を使う。
- スペイン語の強調表現：スペイン語にも動詞 ser と従属節を使った強調構文がある。主語も、述部を構成している直接補語や間接補語や状況補語といった要素も、文頭に出して強調することができる。
- スペイン系アメリカのスペイン語：強調される要素とは関係なく、従属節が que だけで表現されることがある。

1. 日本語の強調表現

　たとえば例文 1a です。「太郎は」は主題（主部）ですが、行為者としての主語の役割も果たします。その主語を強調するときには 1b のようになります。述部の「その本を昨日、教室で花子に手渡した」が文頭に出て形式名詞の「の」と提題助詞の「は」が加わって主題になりますが、結果としてその行為者（主語）が太郎であることを強調しています。1c, 1d, 1e, 1f のように、述部のその他の要素を強調することもできます。

　1a. 太郎はその本を昨日教室で花子に手渡した。
　1b. その本を昨日教室で花子に手渡したのは、太郎だ。
　1c. 太郎が昨日教室で花子に手渡したのは、その本だ。
　1d. 太郎がその本を教室で花子に手渡したのは、昨日だ。
　1e. 太郎がその本を昨日花子に手渡したのは、教室だ。
　1f. 太郎がその本を昨日教室で手渡したのは、花子だ。

　例文の 1b、1c、1d は自然な日本語です。1e は場所の強調ですから「教室でだ」などに、1f は行為の相手（スペイン語では間接補語）ですから、「手渡したのは」の代わりに「手渡した相手は」のようにすれば自然な日本語になりますね。これは日本語の問題であり、スペイン語にはこのような問題がありません。

2. スペイン語の強調表現

スペイン語には動詞 ser と従属節を使った強調構文があります。強調される主部（主語）や述部のなかの要素が切り離されることから、この構文は「分裂文」とも呼ばれます。

スペイン語の文は主部（主語）と述部で構成されていますが、その主語も、述部を構成している直接補語や間接補語や状況補語といった要素も、文頭に出して強調することができます。動詞 ser でつながれる従属節は、独立用法の関係節（先行詞の意味を含む関係代名詞や関係副詞で形成される節）です。

たとえば例文 2a があります。この文について、2b 以下のような強調表現ができます。強調されているのは、例文 2b では主語、2c では直接補語、2d では時の状況補語、2e では場所の状況補語、2f では間接補語です。日本語の「〜のは…だ」という構文に相当しますが、主題文として訳しておきます。そうすると 2d の日本語は少し不自然になります。「パコがこの本を教室でイサベルに手渡したのは昨日だ」のほうが自然な日本語ですね。なお、斜線で選択可能な関係詞を示しておきます。

2a. Ayer en la clase Paco le entregó este libro a Isabel.
「昨日教室でパコはイサベルにこの本を手渡した」

2b. Paco fue {el que / quien} ayer en la clase le entregó este libro a Isabel.
「パコは、昨日教室でイサベルにこの本を手渡した人だ」

2c. Este libro es el que ayer le entregó Paco a Isabel en la clase.
「この本は、パコが昨日教室でイサベルに手渡したものだ」

2d. Ayer fue cuando le entregó Paco este libro a Isabel en la clase.
「昨日は、パコがこの本を教室でイサベルに手渡した日だ（？）」

2e. En la clase es donde ayer le entregó Paco este libro a Isabel.
「この教室は、パコがこの本を昨日イサベルに手渡した場所だ」

2f. A Isabel fue {a la que / a quien} le entregó Paco ayer este libro.
「イサベルは、パコが昨日この本を手渡した相手だ」

3. その他の強調構文

スペイン語の一般的な強調表現は例文 2b-2f のような構文で行なわれますが、そのほかにもいくつかの方法があります。そして日本語との対

応がずれてきて、「〜のは…だ」という構文で訳すのが難しくなります。例文3は文全体の強調ですが、従属節は関係節ではなくて不定詞構文になり、主語（主題）は lo que hizo Paco になります。4は対象の意味の状況補語の強調です。ここで強調されている para ti は与格人称代名詞 te に置き換えられません。5は理由の状況補語（前置詞の付いた副詞句）の強調です。6は述部の形容詞の強調です。4, 5, 6 は理屈っぽくて、直訳的な日本語はわかりにくいですね。主題を明示する日本語にも訳しづらいので、適訳を工夫しましょう。

3. Lo que hizo Paco fue entregarle ayer a Isabel este libro en la clase.
「パコがしたことは、昨日教室でイサベルにこの本を手渡したことだ」

4. Para ti es para {la que / quien} Pepe compró estas flores en la calle.
「ペペが通りでこれらの花を買った対象は、君だ」（？）
→「ペペは君のために、通りでこれらの花を買った」

5. Por eso es por lo que te lo advertí ayer.
「私が昨日君にそのことを教えたのは、そのためにだ」（？）
→「そのために私は昨日君にそのことを教えたのだ」

6. Caras es {como / lo que} son estas corbatas.
「これらのネクタイの様子は高いことだ」（？）
→「高いんだなあ、これらのネクタイは」

4. つなぎの動詞 ser について

動詞 ser は文法的に同じ資格のふたつの要素をつなぎます。分裂文における使い方については、つぎの点に注意してください。

A. 強調される要素の語順：ser でつながれている要素のどちらが主語（主題）であるかの判断は、ときに不明になります。分裂文では、ser と強調される要素との語順は 7a でも 7b でも可能です。日本語に訳して「〜は」となりそうなほうを主題（主語）であると解釈しましょう。

7a. Este libro fue el que le entregó Paco a Isabel.
7b. Fue este libro el que le entregó Paco a Isabel.
「パコがイサベルに手渡したのは、この本だ」
「この本はパコがイサベルに手渡したものだ」

B. 動詞 ser の時制：分裂文における ser の時制は、上記の例文でもわか

る通り、発話時のこととして表現されれば現在形の es などに、行為の発生した時点のこととして表現されれば 7a のように完了過去（点過去）の fue などになります。

C. 動詞 ser の数：強調される要素が定冠詞の付いた複数名詞なら、ser も複数形です。

    8a. Son los caracteres chinos lo que me molesta.
       「漢字は私が煩わしく思うものだ」

    8b. Lo que me molesta son los caracteres chinos.
       「私が煩わしく思うのは、漢字だ」

D. 人称と数：強調される要素が単数のときには、ser はその人称に一致しますが、関係節のなかの動詞はその人称に合わせたり、3人称になったりします（9）。とはいえ、その人称に合わせる使い方（bebí）は不自然なようです。1人称や2人称の複数形の代名詞が強調されるときには、ser も関係節のなかの動詞も強調される要素の人称と数に一致します（10）。しかし一致しない表現（bebieron）も可能です。

    9. Soy yo el que lo {bebí（？）/ bebió}. 「それを飲んだのは私だ」

    10. Vosotros sois los que lo {bebisteis / bebieron}.
       「それを飲んだのは君たちだ」

5. スペイン系アメリカでの表現

スペイン系アメリカのスペイン語では、強調される要素とは関係なく、従属節が que だけで表現されることがあります。従属節は、独立用法の関係節ではなくて、接続詞 que で作られる、単なる名詞節です。

    11. Era Pancho que le llamó ayer a Carmen. （主語の強調）
       「昨日カルメンに電話したのは、パンチョだった」

    12. Ayer fue que le llamó Pancho a Carmen. （時の状況補語の強調）
       「パンチョがカルメンに電話したのは、昨日だった」

    13. En la clase es que vio Pancho a Carmen. （場所の状況補語の強調）
       「パンチョがカルメンに会ったのは、教室だ」

    14. Es por eso que te lo advertí ayer. （理由の状況補語の強調）
       「私はそのために、昨日君にそのことを教えたのだ」

ユニット41　同等比較の表現

比較の表現は、従属節の形式がこれまでに扱ってきた複文とは異なりますが、文の構成では複文に準じるので、複文の一部として、以下で扱うことにします。比較の表現を「同等比較」「不等比較」「比較の差異」「最上級」に分けて検討していきます。

日本語では、比較の構文は基本的に単文として扱われ、二者の比較と三者以上の比較が区別されます。二者の比較はスペイン語の不等比較表現に対応し、「AはBより（も）～だ」の形式で表現されます。三者以上の比較はスペイン語の（相対）最上級表現に対応し、「XはYのなかで一番～だ」の形式で表現されます。

まず、スペイン語の同等比較です。

同等比較：

- 「～と同じ…」の表現には mismo や igual が使われる。
    - Paco es de la misma opinión que Ana.
      「パコはアナと同じ意見である」
    - Paco tiene una camisa igual que la de Pepe.
      「パコはペペ（の）と同じシャツを持っている」
- 「～と同じような…」の表現には tal が使われる。
    - Tales cosas no ocurren en esta ciudad.
      「そんな（こんな）ことは、この町では起こらない」
- 「～と同じぐらいの・に…」の表現には tanto が使われる。
    - No tengo tanto dinero como tú (tienes).
      「私は君ほど多くのお金を持っていない」
    - Tengo tanto dinero que no sé qué hacer con él.
      「私は大金を持っているが、その使い道がわからない」

1.「～と同じ…」の表現

形容詞の mismo, misma「同じ、同一の」や igual「等しい、同様の、同等の」と接続詞 que で構成する副詞節で表現されます。この副詞節が比較の基準を提示します（副詞節の述部は省略されています）。

1. Paco es de la misma opinión que Ana.

「パコはアナと同じ意見である」

2. Paco tiene una camisa igual que la de Pepe.
   「パコはペペ（の）と同じシャツを持っている」

比較の基準が文脈からわかるときには、比較の基準は省略されます。

3. Isabel siempre llega aquí a la misma hora.
   「イサベルはいつも同じ時間にここに着く」

形容詞 igual は、例文2のように比較の基準が que で導入されるとき、話し手の意識では類似性を表現する意識が強いようです。そっくりであるという意識が強いときには比較の基準が前置詞の a で導入される傾向があります（例文4）。

4. Esta reproducción es exactamente igual al original.
   「この複製はまさに本物とそっくりだ」

また igual は熟語的な igual que で副詞として働き、「〜と同じように」の意味を表現します。

5. Paco siempre trabaja mucho, igual que su padre.
   「パコはいつも、父親と同じようによく働く」

2.「〜と同じような・に…」の表現

不定語の数量詞である tal は、その場の話に出てきたものや文脈で示されたものを受けて、それと同じような種類や程度を表現します。数の変化（複数形 tales）をして形容詞（6）・代名詞（7）・副詞（8）として働きます。「そのような（もの・こと）」や「そのように」という意味になります。話し手が自分の言ったことを指すときには「このような、このように」という日本語に相当します。

6. Tales cosas no ocurren en esta ciudad.
   「そんな（こんな）ことは、この町では起こらない」

7. Aquí no hay tal. 「ここにはそんな者はいない（そんなことはない）」

8. Tal me dijo Pedro. 「そのようにペドロは私に言った」

例文8のように副詞として働くとき、副詞の así と同義語になります。

この不定語は同種や同程度の意味を、比較の基準を接続詞 como で作る従属節で表現することがあります（9）。比較の基準が結果を表すときには、接続詞 que が使われます（10）。そして同種や同程度の意味が強調されることもあります（11）。しかし例文 10, 11 の tal は、それぞれ

así や tanto のほうが自然です。

9. Toma la nota tal como oyes. 「聞いたままにメモを取りなさい」
10. Alfonso nos lo contó tal que parecía que lo había visto.
「アルフォンソはまるでそれを見たかのように私たちに話した」
11. Tal se emocionó que no podía decir nada.
「彼はそんなに感動したので、なにも言えなかった」

3.「〜と同じぐらいの・に…」の表現

不定の数量詞である tanto は、その場の話に出てきたものや文脈で示されたものを受けて、それと同じような数量や程度を表現します。性や数の変化（tanto, tanta, 複数形 tantos, tantas）をして形容詞（12）・代名詞（13）として、そして副詞（14）として働きます。

12. Sí, tengo tantos libros. （その場ではもうわかっている数量のことで）
「そうだよ、私もそれぐらいの本は持っているよ」
13. Este año no he podido ganar tanto. （その場ではもうわかっている数量のことで）「今年はそんなに多くはかせげなかった」
14. Paco se puso ronco de tanto hablar.
「パコは話しすぎて声がかれてしまった」（←「あんなに話して」）

副詞として形容詞や他の副詞を修飾するときには tan になります。しかし比較級語の más, menos などの前では tanto のままです。

15. Nunca he visto hacerlo tan perfectamente.
「私はそれをあんなに完全にするのを見たことがない」
16. Tanto mejor si se lo avisas de antemano.
「君が事前にそれを彼に知らせれば、（それだけ）もっといい」

基本的には同量や同程度を表現するのですが、ことばに出して表現するのは、その量や程度が普通ではない、という意味を表現する意図がうかがわれるので、強調的な「それほど多くの（もの・こと）、それほどに」という意味になります。話し手が自分の言ったことを指すときには「このような、このように」という日本語に相当しますし、話し相手も知っている数量や程度の場合には「あんな、あんなに」に相当します。日本語ではコソアと呼ばれる指示詞のことです（ユニット 46）。

17. ¡Ojalá no lloviese tanto! （目の前で雨が降っている）
「こんなに降らなければいいのに」

18. No llores tanto. (目の前で話し相手が泣いている)
    「そんなに泣かないで」
19. Entonces pudimos trabajar tanto. (ふたりの昔の話)
    「私たちは当時、あんなに働くことができたのだね」

また、「多くの」の意味の形容詞 mucho と混同しないようにしてください。mucho は話し手が判断する数量や程度の大小の、単なる「大」を指しているだけですが、tanto は文脈に出てきた大きな数量や程度を指すので、強調の意味を伴います。

tanto は副詞節（従属節）を伴って比較の基準を示し、同量・同程度の意味を表現します。単なる比較なら接続詞 como の従属節が使われ (20)、比較の基準が結果であるときの比較なら接続詞 que が使われます (21, 22)。そして文章語なら比較の基準が cuanto で導入されることもあります (23)。

20. No tengo tanto dinero como tú (tienes).
    「私は君ほど多くのお金を持っていない」
21. Tengo tanto dinero que no sé qué hacer con él.
    「私は大金を持っているが、その使い道がわからない」
22. Comí tanto que no pude hacer nada.
    「私はたらふく食べたので、なにもすることができなかった」
23. Paco trabajó tanto cuanto pudo. 「パコはできる限り働いた」

tanto はまた、[tanto ＋比較級語…, cuanto ＋比較級語] という組み合わせで、比例比較の意味を表現します。この場合の cuanto は接続詞の機能を果たしています (24, 25)。比較の基準は cuanto の節の代わりに mientras の副詞節で導入されることがありますし (26)、tanto が省略されることもあります。

24. Se sentía (tanto) más ignorante cuanto más estudiaba.
    「彼は勉強すればするほど、それだけ自分が無知であると感じた」
25. Cuanto menos dormía, (tanto) más débil se sentía.
    「彼は眠りが浅ければ浅いほど、それだけ自分が弱くなったと感じた」
26. Mientras más me enteraba, (tanto) más me dolía.
    「私は知れば知るほど、それだけ（心の）痛みが強くなった」

ユニット 42 不等比較の表現

　スペイン語の比較級語を使った不等比較の表現では、接続詞 que で形成される従属節を使って比較の基準を導入します。その従属節は副詞節です。不等比較の表現について見てみましょう。

> ☛ スペイン語の不等比較の表現は、比較の基準を que の副詞節で導入する。
> ・Me gusta más el teatro que (me gusta) el cine.
> 　「私は映画よりも演劇のほうが好きです」
> ・Pepe escribe más ensayos que (Pepe escribe) novelas.
> 　「ペペは小説よりも随筆のほうをよく書く」
> ☛ 比較の基準は、数詞や抽象名詞の節なら de で導入される。
> ・Se lo dije ya más de tres veces. 「彼にはもうそれを 3 度以上言った」
> ・Ana es más inteligente de lo que crees.
> 　「アナは君が思っている以上に賢い」
> ☛ 比較級語には、más と menos、mejor と peor、mayor と menor の 3 種類 6 語がある。

1. 不等比較の仕組み

　不等比較は比較級語を使ってふたつの文をつないで作られます。比較の基準は接続詞 que で作る副詞節で導入されますが、基準になる文の全体は表示されません。例文の 1 や 2 のカッコのなかは示されず、比較の焦点を表現する要素だけが示されます。

1. Me gusta más el teatro que (me gusta) el cine.
「私は映画よりも演劇のほうが好きです」

2. Pepe escribe más ensayos que (Pepe escribe) novelas.
「ペペは小説よりも随筆のほうをよく書く」

　不等比較には優等比較と劣等比較があります。とはいえ、とくに優れているとか劣っているという意味はなく、優等比較とは数量や程度の度合いが高いという意味に過ぎず、劣等比較はそれが低いということです。比べられるふたつの要素を A（比べられるもの）と B（比べられるときの基準）だとすると、優等比較では「A は B より～である（大きい・

多い)」という日本語に対応し（例文 3）、劣等比較では「A は B ほど〜でない」という表現（4）になります。

 3. Tengo más libros que tú. 「私は君よりも多くの本を持っている」
 4. Tienes menos libros que yo. 「君は私ほど多くの本を持っていない」

しかし実際には、ほとんどの不等比較は優等比較で表現されており、劣等比較はその 10 分の 1 ほどしか使われていません。

比較級語は、量の多少の más と menos（←形容詞・副詞：mucho と poco）、質の上下の mejor と peor（←形容詞・副詞：bueno, bien と malo, mal）、形の大小の mayor と menor（←形容詞のみ：grande と pequeño）の 3 種類 6 語です。カッコのなかは原級語です。

2. 不等比較表現の構文

A. más / menos の不等比較：形容詞として名詞を修飾したり（例文 3, 4）、副詞として形容詞を修飾したり（5, 6）、副詞として副詞を修飾したり（7, 8）、副詞として単独で使用されたり（9, 10）します。

 5. Este libro es más barato que aquel. 「この本はあれより安い」
 6. Este libro es menos barato que aquel. 「この本はあれほど安くない」
 7. Paco corre más rápido que Ana. 「パコはアナより速く走る」
 8. Ana corre menos rápido que Paco. 「アナはパコほど速く走らない」
 9. Mario estudia más que Pepe. 「マリオはペペよりも勉強する」
 10. Pepe estudia menos que Mario. 「ペペはマリオほど勉強しない」

比較の基準が定冠詞付きの、独立用法の関係節で作られることがあります。このとき比較の基準は de で導入されます。

 11. La librería me envió más libros de los que le pedí.
   「本屋は私が注文したのよりも多くの本を送ってきた」
 12. Paco me pagó menos dinero del que me debía.
   「パコは私に借りている金額ほど（は）払ってくれなかった」

比較の基準が数値のときには、その導入は接続詞の que ではなくて前置詞の de が使われます（13）。比較の基準が抽象概念のときも de が使われます。独立用法の関係詞を使った名詞節のとき（14）や中性の冠詞 lo ＋形容詞で作る抽象名詞のとき（15）です。

 13. Se lo dije ya más de tres veces. 「彼にはもうそれを 3 度以上言った」

14. Ana es más inteligente de lo que crees.
   「アナは君が思っている以上に賢い」
15. Pepe siempre desea más de lo necesario.
   「ペペはいつも必要以上にほしがる」

B. mejor / peor の不等比較：形容詞として名詞を修飾したり (**16, 17**)、副詞として単独で使われたり (**18**) します。形容詞のときは数変化（複数形 mejores, peores）します。副詞のときは語形を変えません。

16. Paco tiene mejores diccionarios que Pepe.
   「パコはペペよりも上等な辞書を持っている」
17. Pepe tiene peores diccionarios que Paco.
   「ペペはパコほど上等な辞書を持っていない」
18. Ana habla inglés mejor que Isabel.
   「アナはイサベルよりも上手に英語を話す」

人間の性格（善良さ）を比較するときには mejor / peor の代わりに más bueno / más malo が使われます。

19. Ana es más buena que Isabel. 「アナはイサベルよりも善良だ」
20. Isabel es más mala que Ana. 「イサベルはアナより意地悪だ」

C. mayor / menor の不等比較：形容詞ですから複数形は mayores / menores になります。抽象的な内容や程度の大小、年齢の上下を比較します (**21, 22**)。具象的な形の大小や人間の偉大さを比較するときには más grande / más pequeño が使われます (**23, 24, 25**)。

21. Paco es mayor que Mario. 「パコはマリオより年上である」
22. Ana es menor que Isabel. 「アナはイサベルより年下である」
23. Paco es más grande que Mario. 「パコはマリオよりも体が大きい」
24. Esta casa es más pequeña que aquella. 「この家はあれより小さい」
25. Paco era más grande que su padre. 「パコは父親より偉大だった」

3. 不等比較表現の注意事項

①不等比較の疑問文：疑問詞 cuál を使います。

26. ¿Cuál te gusta más, el café o el té?
   「君はコーヒーと紅茶の、どちらが好きですか」

②優等比較の否定表現：比較の基準が数字でも、que で導入されること

があります (27b)。

27a. Paco no tiene más de diez libros.
「パコは本を 10 冊しか持っていない」(本は 10 冊しかない)

27b. Paco no tiene más que diez libros.
「パコは 10 冊の本以外は持っていない」(ノートも辞書もない)

③劣等比較よりも同等比較の否定表現のほうがよく使われます。

28. Tengo menos libros que tú. → No tengo tantos libros como tú.
「私は君ほど (多くの) 本を持っていない」

④ mejor / peor + que の表現には、不等比較ではなくて、名詞節を主語にした評価文であることがあります。

29. Será mejor que se lo digas ahora.
「いま君が彼にそれを言うほうが (一層) いいだろう」

30. Es peor que se lo digas ahora.
「いま君が彼にそれを言うのは一層悪いことだ」

⑤特別な形の比較級語があります。上下や優劣の意味を表現する superior / inferior、前後の意味を表現する anterior / posterior などです。比較の基準は前置詞 a で導入します。

31. Este coche es {superior / inferior} a ese.
「この車はそれよりも {優れて / 劣って} いる」

32. Isabel estaba sentada en la fila {anterior / posterior} a la mía.
「イサベルは私の {前の / 後ろの} 列に座っていた」

4. 日本語の「〜より」について

　日本語の不等比較は「もっと、さらに、いっそう、より」などで表現されますが、この「より」は、もともと「明朝より発売開始」のように、動作や作用の起点を表示する格助詞です。また、「思ったより簡単だ」のように比較の基準も表します。すなわち、スペイン語の構文 [A más... que B] (A は B より〜) の基準表示の que の意味を表現しています。しかし 19 世紀後半から西欧の言語学の影響を受けて比較表現で使われるようになり、現在では比較の基準なしで、あたかも más に相当するかのように「より高く飛ぶ」などと使われています。この場合の「より」は、文法的には副詞として扱われています。

ユニット 43　比較の差異の表現

　ふたつのものや概念を比べて、そこで認識される差異は、どのように表現されるのでしょうか。スペイン語の比較表現で使われている表現方法を観察してみましょう。

> 　スペイン語の比較表現では、比較級語を使って比較の結果の差異を表現することができる。具体的な差異は比較級語の直前に位置を占める「差異項」によって表現される。
> - 高い程度の度合いを強調する表現：副詞の todavía や aún を使う。
>   　Paco es {todavía / aún} más aplicado que su hermano.
>   　　「パコは（勤勉である）兄よりももっと勤勉である」
> - 差異の具体的な表現：数詞やそれで作る名詞（句）を使う。
>   　Este objeto es dos veces más pesado que ese.
>   　　「この品物はそれより 2 倍重い」
> - 差異の強調の表現：副詞や形容詞である mucho を使う。
>   　Esta casa es mucho más nueva que aquellas.
>   　　「この家はあれよりもずっと新しい」
> - 副詞の después や antes も差異の表現ができる。

1. más を使うとき

　比較表現は基本的にプラス思考ですから、比較級語 más の使用が圧倒的に多く見られます。マイナス思考の menos の使用はごくわずかです。ふたつのものや概念を比較するとき、単にどちらがどうかという表現のほかに、その差異がどのようなものかを表現することもあります。

　スペイン語の文では、比較級語の直前の位置が、その差異を表示する要素、すなわち「差異項」の表現のための特別席になっています。そして差異を表現することばが副詞であっても、形容詞であっても、名詞であっても、差異項は、文中で副詞として働きます。差異項の表現の仕方をざっと見てみましょう。

A. 高い程度の度合いを強調する表現：X が Y と比較される場合、Y（比較の基準）がプラスの度合いの大きいことがわかっていて、X の度合い

は一層大きいと認識するとき、そのことを表現するなら、「依然として」の意味の副詞 todavía や aún を差異項として使います。

1. Paco es todavía más aplicado que su hermano.
   「パコは（勤勉である）兄よりももっと勤勉である」

2. Este coche cuesta aún más que aquel.
   「この車は（高価な）あの車よりもっと高い」

Ⓑ. 差異の具体的な表現：X と Y を比べたときの差異を具体的に表現することがあります。差異項はたいてい名詞や数詞などを使う名詞相当句で表現されますが、文中での働きは副詞です。名詞が文中で副詞として働く例として差異項で目立つのは倍数ですが（3, 4, 5）、具体的な計測の差もあります（6, 7）。

3. Este objeto es dos veces más pesado que ese.
   「この品物はそれより 2 倍重い」

4. Esta casa es tres veces más grande que aquella.
   「この家はあれの 3 倍大きい」

5. Paco comió tres veces más que Alfonso.
   「パコはアルフォンソの 3 倍多く食べた」

6. Pedro llegó aquí dos minutos más tarde que Alfonso.
   「ペドロはアルフォンソより 2 分遅くここに着いた」

7. La estación está tres kilómetros más cerca de aquí que el palacio.
   「駅はここから、宮殿よりも 3 キロ近い」

日本語でも名詞が文中で副詞として働くことがあります。たとえば「柿をみっつもらう」の「みっつ」は名詞のなかの数詞ですが、文中では副詞として働いています。

Ⓒ. 差異の強調の表現：比較の結果の差異を mucho を使って表現します。mucho は、形容詞や副詞を修飾するときには副詞の muy になりますが、修飾相手の形容詞や副詞と切り離されると、もとの形である mucho のままで差異項になります。más 以外の比較級語でも同じです（10）。

8. Esta casa es mucho más nueva que aquellas.
   「この家はあれらよりもずっと新しい」

9. Paco llegó aquí mucho más tarde que Alfonso.
   「パコはアルフォンソよりもずっと遅くここに着いた」

10. Ana habla inglés mucho mejor que Isabel.
「アナはイサベルよりもずっと上手に英語を話す」

ひとつふたつと数えられない不加算名詞を強調するときには、たとえば mucha agua「多くの水」になりますが、このときの mucha は形容詞ですね。しかし agua が比較の概念になっているとき、その程度の大きさは、この形容詞 mucha が名詞と切り離されて比較級語の直前に置かれ、差異項になって表現されます。そして文のなかでは副詞として働きます。

11. Paco bebe mucha más agua que Alfonso.
「パコはアルフォンソよりもずっと多くの水を飲む」

加算名詞の時には、その程度の大きさは、たとえば muchos libros「たくさんの本」になります。そして不等比較表現でその度合いの大きさが表現されるとき、この形容詞 muchos が名詞と切り離されて差異項になり、文中では副詞として働きます。

12. Paco tiene muchos más libros que Alfonso.
「パコはアルフォンソよりもずっと多くの本を持っている」

13. Aquí se venden muchas más camisas que en aquella tienda.
「ここではあの店よりもずっと多くのシャツが売られている」

2. después を使うとき

この副詞はもともと比較級語です。空間や時間の前後関係の「あと、後、うしろ」を表示します。時間を表示するときには más tarde と同じ意味を表現しています。ですから más después とは言えません。文中で表示された行為や時間（比較の基準）よりも後の時間帯を表します。その一時点を示したいときには después de ... という前置詞句を使います。そしてまた、差異項を表現することができます。例文 14 では文脈の一時点が llegar a casa という行為であり、dos horas が差異項です。ですから 15 の意味と微妙な違いがあります。

14. Paco ha comido hoy dos horas después de llegar a casa.
「パコは今日、家に着いた 2 時間後（の時点）に昼食をとった」

15. Paco llegó a casa, y comió después de dos horas.
「パコは家に着いて、2 時間後（の時間帯）に昼食をとった」

después には、14 のように después de に行為をもってくる使い方と、

15 の después de dos horas のように時間をもってくる使い方があります。しかし後者は時間を差異項にして dos horas después と言うほうが普通のようです。

なお、話しているとき（発話時）を基準にしてその後に経過した時点を指すときには、dentro de という前置詞句を使います。

 16. Pedro me ha llamado. Llegará aquí dentro de treinta minutos.
  「ペドロが電話をしてきた。30 分したらここに着くだろう」

3. antes を使うとき

副詞 antes も、もともと比較級語で、空間や時間の前後関係の前を表示します。ですから más antes のような言い方はできません。時間表現のときは、文中で表示された時点（比較の基準）よりも前の時間帯を表します。その一時点を示したいときには antes de ... という前置詞句を使います。そして差異項を表現することもできます。例文 17 では、文脈の一時点が llegar a casa で、差異項が dos horas です。

 17. Paco comió dos horas antes de llegar a casa.
  「パコは家に着く 2 時間前（の時点）に昼食をとった」

また、時間の計測の起点をはっきりさせず、ぼんやりとした「過ぎた時間帯」を指すこともあります（18）。例文 19 の años は差異項です。

 18. Antes las mujeres no eran tan activas como ahora.
  「以前は（昔は）女性は今ほど活発でなかった」

 19. Años antes íbamos allí a menudo. Ahora, ya no.
  「私たちは数年前、しばしばそこへ行ったものだが、今はもう行かない」

なお、時間を発話時から計測して、その時までに経過した過去の時間の一時点を指すには、無人称動詞の hacer を使います。その時点で起こって終わる行為なら、主節の動詞は直説法完了過去（点過去）で表現されますが、その時点で起こったことが現在（発話時）まで続いている行為なら、主節の動詞は直説法現在で表現されます。くわしくはユニット 23 をご覧ください。

 20. Hace dos años (que) estudio español.
  「私は 2 年前からスペイン語を勉強している」

 21. Dejé de fumar hace dos años. 「私は 2 年前にタバコをやめた」

ユニット 44 最上級の表現

スペイン語が表現する最上級には、2種類あります。最上級ということばが普通に使われるときは、比べられるものが存在する相対最上級です。比べられるという意識のないのが絶対最上級です。

なお、日本語では、最上級は三者以上の比較として扱われ、「一番」とか「もっとも」ということばで表現されますが、文法的には特別な注意が払われていません。例文の和訳を参考にしてください。

- 相対最上級の表現の3要件：定冠詞（あるいは所有形容詞）、比較級語、「すべて」を意味する比較相手の集団である。
- 副詞の相対最上級の表現：副詞は定冠詞を伴うことができないので、定冠詞付きの関係詞 que（独立用法）などが使われる。
- 絶対最上級は、形容詞や副詞に副詞 muy や sumamente を加えたり、形容詞に接尾辞 -ísimo, ma を付けたりして表現することができる。

1. 相対最上級の表現の3要件

スペイン語には相対最上級の意味を表現する特別な語形がありません。その表現は3種類の要件を組み合わせて行ないます。比較級語と、その意味を限定する定冠詞や所有形容詞、そして比較相手の集団の表示（おもに集合名詞）です。集団の表示は、それが文脈から判断されると省略されます。例文1は形容詞（inteligente）の最上級表現ですが、定冠詞 el、比較級語 más、そして比較相手の集団を意味する de su familia がそろっています。

1. Paco es el más inteligente de su familia.
   「パコは家族のなかで一番かしこい」

2. 形容詞の最上級表現

形容詞の最上級表現は例文1の文型が基本ですが、2のように名詞が加わることもあります。比較級表現の文型で主節を否定文にしたり（3, 4）、比較の基準を否定語にしたりして表現することもできます（5, 6）。

2. Luisa es la alumna más aplicada de la clase.
   「ルイサはクラスのなかで一番よく勉強する生徒である」

3. No hay nada más fantástico que esta novela.
   「この小説ほどわくわくさせるものはない」

4. No conozco a ningún alumno más listo que Paco.
   「私はパコほど賢い生徒を知らない」

5. Leer es más divertido que nada. 「読書は何よりも楽しい」

6. Luisa es más aplicada que ningún otro alumno.
   「ルイサはどんな生徒よりもよく勉強する」

3. 副詞の最上級表現

　副詞の最上級表現には特別な文型がありません。しかし表現手段はあります。たとえば関係節の使用です。定冠詞付きの関係詞 que や（例文 7, 8）、場所（9）・時（10）の関係副詞です。この表現法は形容詞の最上級表現にも使えます（11）。

7. La rosa es la que más me gusta de todas las flores.
   「バラは花のなかで私が一番好きな花だ」

8. Ana fue la que más perfectamente lo hizo.
   「アナは一番完全にそれをした人（女性）です」

9. Nueva York era antes la ciudad donde había más rascacielos.
   「ニューヨークは以前、摩天楼が一番多い街であった」

10. El domingo es cuando mejor se viste la gente.
    「日曜日は人々が一番晴れやかな装いをする時である」

11. Pepe era el que más dinero tenía.
    「ペペは一番多くのお金を持ってい（る人だっ）た」

　また、比較級表現を応用することで、副詞の最上級の意味が表現できます。比較の基準を、その他全員の意味の表現にしたり（12, 13）、否定語をもってきたりするのです（14, 15）。

12. Antonio corre más rápido que los demás.
    「アントニオはほかの誰よりも速く走る」

13. Hoy he trabajado más que en toda la semana.
    「今日はこの 1 週間で一番よく働いた」

14. Isabel se preocupa por su futuro más que nadie.
    「イサベルは自分の将来について誰よりも悩んでいる」

15. Ana lo entiende ahora mejor que nunca.

「アナはいま、これまでで一番よくそれを理解している」

4. 比較相手の集団の表示について

比較の基準に相当する比較相手の集団は、基本的に前置詞 de で示されます。このことについて何点かの関連事項を紹介します。

A. 所有形容詞による最上級表現：定冠詞の代わりに所有形容詞を使っても、例文 16, 17 のように最上級表現ができます。

16. Julio es mi alumno más perezoso.
「フリオは私の（担当している生徒のなかで）一番なまけた生徒だ」

17. ¿Cuál es tu mejor libro?
「どれが君の（持っている本のなかで）一番いい本ですか」

比較の集団は表示されません。所有者が持っているすべてのものが、意味的に比較の集団に相当しているからです。

B. 集団表示の前置詞：比較相手の集団は、普通、前置詞 de と集合の意味の名詞で表示されますが、clase「（授業の）クラス」などの集合名詞でなくて複数名詞のときには、de のほかに前置詞 entre も使われます。

18. Paco es el más listo de la clase.
「パコはクラスのなかで一番かしこい」

19. Ana es la más guapa {entre / de} todas las hermanas.
「アナは姉妹のなかで一番かわいい」

C. 関係節による表示：比較相手の集団が関係節で表示されることがあります。その関係節の動詞は直説法であることが普通ですが（例文 20a）、接続法になることもあります（20b）。先行詞は最上級の意味の名詞ですが、それが最上級の対象であることは、話し手はまだ確認していない情報であって単なる想定である、という気持ちの表れでしょう。ユニット 28 をご覧ください。

20a. Voy a comprar el mejor vestido que hay en esta tienda.
「私はこの店の（なかにあるもので）一番いい服を買おう」

20b. Voy a comprar el mejor vestido que haya en esta tienda.
「私はこの店の（どれかはわからないが）一番いい服を買おう」

D. 比較相手の集団の位置：文末（21a）以外にも、文中（21b）や文頭

(21c) に置くことができます。

21a. Este es el que más leo de todos mis libros.
「これは私が自分の本のなかで一番よく読むものである」

21b. Este es, de todos mis libros, el que más leo.

21c. De todos mis libros, el que más leo es este.

5. 定冠詞＋比較級語の表現

　形容詞の最上級表現では定冠詞と比較級語が使われますが、中性の定冠詞 lo のときにはいつも最上級の意味を表現するとは限りません。lo ＋形容詞で、lo alto「高いところ、高いこと、高いもの」のように抽象名詞が作られます。これを最上級の形にすると lo más alto になりますが、この lo は抽象名詞を作るためのものであり、同時に最上級表現のためのものです。それゆえ「一番高いところ、一番高いもの」という意味と同時に「いっそう高いところ、もっと高いこと」のような意味も表します。その区別は文脈から判断できるでしょう。例文22はことわざですが、lo ＋比較級語が比較級の意味を表しています。

22. Lo mejor es enemigo de lo bueno. 「いっそう良いものは良いものの敵である」（すでにある良いものをさらに良くしようとしてダメにする）

23. Yo soy un terrible idiota. Y lo más gracioso es que no lo he sabido hasta ahora. 「私はとんでもないばかだ。そして｛一番／もっと｝おかしいのは、そのことに今まで気づかなかったことだ」

6. 絶対最上級について

　比較相手の集団が表示されない最上級の表現は、絶対最上級と呼ばれます。副詞の muy や sumamente「この上なく、きわめて」を使った muy bien「とてもいい」や sumamente guapa「最高にかわいい」という言い方は、絶対最上級の意味を表現します。

　また、形容詞に接尾辞 -ísimo, ma を付けても、絶対最上級の意味が表現されます。blanquísimo（＝ muy blanco）、riquísima（＝ muy rica）などです。なお、この接尾辞はいくつかの副詞にも付きます。muchísimo「非常によく、たいへん」、poquísimo「ごくわずかに」、tardísimo「とても遅く」、prontísimo「とても早く」、lejísimos「とても遠くに」、cerquísima「とても近くに」などです。

テーマ5　その他の表現

テーマ5には、これまでのように文や節に関連しなくて、おもに語や語句のレベルに関連して興味深いと思われる項目を集めてみました。とはいえ、やわらげ表現では文レベルの説明も加わります。

ユニット45　スペイン語の指示表現

指示とは、基本的には、発話の現場で指を使って指し示すことです。現場指示と呼ばれます。口語でも文章語でも、文脈に現れたものを指すときは文脈指示と呼ばれます。

スペイン語には代名詞と形容詞になる指示詞と、指示副詞があります。

- 指示には、現場指示と文脈指示がある。
- スペイン語の指示詞は3系列で構成されている。話し手が基準であり、話し手の場所や発話する時を基準にして使い分けられる。それぞれの系列の語形は、形容詞と代名詞として機能する。
- スペイン語の場所を指す指示副詞も3系列で構成される。
- 時の指示にはその他の副詞句も使われる。

1. 指示詞

スペイン語の指示詞は3系列で構成されています。話し手が自分のそばにあるものを指す este, esta, estos, estas, esto「これ、この」、自分から少し離れているものを指す ese, esa, esos, esas, eso「それ、その」、自分から遠く離れているものを指す aquel, aquella, aquellos, aquellas, aquello「あれ、あの」です。これは空間的な指示ですが、発話時を基準にする時間の指示、心理的に自分とのかかわりを示す指示も空間の指示に準じます。それぞれの系列の語形は、形容詞として修飾相手の名詞の性数に合わせて変化し（「この、その、あの」）、また代名詞として指示される名詞の性数に合わせて変化します（「これ、それ、あれ」）。なお、各系列の最後の esto, eso, aquello は中性形であり、指示されるものの名前がわからないときや、文などの抽象的な内容を指します（「これ、このこと」など）。

𝔸. 空間の指示：指示表現の基本である現場指示です。話し手が自分の位置を基準にして対象の遠近を指定します。5 も空間の指示に準じます。

1. *Este* boli es mío, y *ese* es tuyo. （形容詞と代名詞）
   「このボールペンはわたしので、それが君のです」
2. Dame otro boli, por favor. *Este* no escribe bien. （代名詞）
   「別のボールペンをください。これはよく書けません」
3. —¿Qué es *esto*? —(*Ese*) Es un tipo de sacacorchos.
   「これは何ですか？」「（それは）一種のコルク抜きです」
4. —¿*Esa* casa es la tuya? —No, no es *esa*, sino *aquella*.
   「そこにある家が君の？」「いや、それじゃなくてあれだよ」
5. —¿Cómo anda *aquello*? 「あれ（あのこと）はどうなっているの？」

𝔹. 時間の指示：話し手が発話の時点（発話時）を基準にして、時を指定します。現場指示です。発話時やそれに近い過去や未来の時を este の系列で指します（6）。おなじ時間帯でも、este の系列で指されると時間的に発話時に近いほうになります（7-10）。発話時から離れた過去の時を aquel の系列で指します（11, 12）。和訳文に注目してください。

6. Ha llovido mucho *esta* mañana. 「今朝は大雨だった」
7. *Este* domingo llovió mucho. 「この前の日曜は大雨だった」
8. *Este* domingo iré a la ciudad. 「今度の日曜は町へ行くつもりだ」
9. ¿Dónde has estado *esta* noche? 「昨夜はどこにいたの？」
10. Vamos al cine *esta* noche. 「私たちは今夜、映画を見に行きます」
11. Recuerdo bien *aquel* día de nuestra boda.
    「私は君とのあの結婚式の日をよくおぼえているよ」
12. Me interesa mucho la España de *aquel* siglo XVI.
    「私にはあの 16 世紀のスペインがとても興味深い」

ℂ. 文脈指示：談話や記述に出てきたものを指します。空間の指示と同じように、発話時や記述時が基準になり、その基準時の直前・直後に出てきたものが este 系の指示詞で指されますが（13）、話し手自身のことばは este 系で、話し相手のことばは ese 系で指されます（14, 15, 16）。また、すでに文脈上に出てきたものがひとつのときは aquel 系が使われます（17）。ふたつのもののときは発話時・記述時に近いほうが este 系で、遠いほうが aquel 系で示されます（18）。

13. Te digo *estas* cosas para que me entiendas mejor.
「もっとよくわかってもらえるように、こういうことを言うのだよ」

14. *Esto* que te digo es verdad. 「君に言うこのことは本当だ」

15. Te ruego que no olvides *esto*: no tengo dinero.
「忘れてほしくないのはこのことだ。僕には金がないんだよ」

16. *Eso* que me dices es verdad. 「君が言うそのことは本当だ」

17. Érase que se era, vivía una mujer vieja en una cueva. Cuando ella comía en *aquella* cueva…
「むかしむかし、ある洞窟にひとりの老婆が住んでいました。老婆がその洞窟で食事をしているとき、…」

18. En la fiesta había hombres y mujeres. *Estas* hablaban de hombres y *aquellos*, de mujeres. 「そのパーティーには男性も女性も来ていた。後者は男性の話を（しており）、前者は女性の話をしていた」

2. 指示副詞

　副詞のなかに、発話の現場を基準にして場所を指す指示副詞があります。話し手のいる位置を基準にして指示します。話し手の位置を aquí、少し離れたところを ahí、ずっと離れたところを allí で指します。場所を点とみなす指示です。

19. *Aquí* tiene usted el cambio. 「お釣りをどうぞ」

20. ¿Qué te parece dar una vuelta por *ahí*?
「そこらへんを散歩するのはどうでしょうか」

21. *Allí* se ve el alcázar de Segovia. 「あそこにセゴビアの城が見える」

これらの副詞は、現場指示でも文脈指示でも、時を指します。

22. Hasta *aquí* todo nos ha marchado bien.
「今までは（←ここまでは）万事うまくいった」

23. De *ahí* a poco empezó la discordia.
「そのときから（←そこから）すぐあとに、不和が始まった」

24. Hasta *allí* todos trabajaron bien.
「｛あの／その｝頃までは（←あそこまでは）皆よく働いた」

　また、漠然とした場所の指示には、話し手の場所かその近くは acá が、そこから離れている場所は allá が使われます（25a, 26）。25b なら点的な場所指示になります。acá と allá は指される場所を空間として示すの

で、比較表現も可能になります (27, 28)。なお、断定的な発話を避ける傾向の強いスペイン系アメリカでは、aquí のかわりに acá が、allí のかわりに allá がよく使われます。

25a. Oye, ven *acá*. 「ねえ、こっちに来てよ」
25b. Oye, ven *aquí*. 「ねえ、ここに来てよ」
26. Este vino es muy popular *allá* en España.
「このワインは(遠くにある)あのスペインで大人気なんだ」
27. Nuestro hotel está más *acá* de la catedral.
「私たちのホテルはカテドラルのこっち側にあります」
28. La estación está más *allá* de la catedral.
「駅はカテドラルのむこう側にあります」

指示副詞は例文の 22, 23, 24 で見たように、時を指すこともあります。ほかにも de aquí en adelante「今後」、desde ahí, de ahí en adelante「あのとき以来」、desde allí「あのとき以降」などがあります。

3. 発話時と文脈の一時点を基準にする、時の指示

発話時を基準にして計測した時を指示する副詞(句)があります。また、文脈の一時点を基準にする時を指示するものもあります。

発話時は ahora「いま」です。文脈指示の一時点なら entonces「そのとき」です。発話時を基準にする日にちなら今日が hoy、昨日が ayer、一昨日が anteayer、明日が mañana、明後日なら pasado mañana です。文脈指示の日にちなら ese día「(単に)その日」、aquel día「(一度出てきた)その日」になります。este día は、文中で話題になっている「この日」を指しますね。また、前日は el día anterior、翌日は el día siguiente です。

「つぎ」を表す形容詞は、発話時基準なら próximo, próxima (el próximo verano「つぎの夏」、la próxima parada「このつぎの停留所」など)が使われます。文脈上の基準点のつぎなら siguiente (la siguiente parada「そのつぎの停留所」、la página siguiente「つぎのページ」など)が使われます。

発話時の前後の時点は hace una semana「1週間前に」、dentro de tres semanas「3週間後に」などで表現されます。文脈上の一時点の前後なら hacía tres días, tres días antes「3日前に」、al cabo de tres meses, tres meses después「3か月後に」などが使われます。

ユニット46　日本語の指示表現

ユニット45でスペイン語の指示表現を見てみました。ここでは日本語の指示表現を概観し、その使い方をスペイン語と比べてみましょう。

> - 日本文法にはその指示表現の手段として、コソアドの体系が存在する。代表的な指示語の特徴的な部分を集めた言い方である。
> - コソアは、ほかの名詞を修飾したり、それ自体が名詞になったりして対象物を指示する。
> - 日本語では指示の対象が話し手の領域にあるもの、聞き手の領域にあるもの、両者の共通の領域の外にあるもの、の3種類の領域を区別する。指示の仕方では聞き手も基準になっているが、スペイン語では話し手が唯一の基準である。

日本文法にはその指示表現の手段として、コソアド体系の存在が指摘されています。代表的な指示詞と呼んでいいでしょう。語形の特徴的な部分を集めた言い方です。そのうちの、「これ、この」などのコ系、「それ、その」などのソ系、「あれ、あの」などのア系の3系列が指示の表現をします。ドは「どれ、どの」などの、ドで始まる疑問語のことです。コソアの指示詞はほかの名詞を修飾したり、それ自体が名詞になったりして、談話のなかで対象物を指示します。コソアによる指示表現は次のような語形で行なわれます。

　もの（指示代名詞）：これ・それ・あれ
　名詞修飾（指示形容詞）：この・その・あの
　場所（指示代名詞）：ここ・そこ・あそこ
　方向（指示代名詞）：こちら・そちら・あちら

このほかに、属性（「こんな」など）と様態（「こう」など）もありますが、このふたつについては、ユニット41の同等比較をご覧ください。

語形の点では、コソアはスペイン語と同じように3系列で成り立っています。そしてその機能としては、「もの」と「名詞修飾」はスペイン語の指示詞に相当し、「場所」と「方向」はスペイン語の指示の副詞や副詞句に相当します。

1. 基本的性格

指示の種類はスペイン語と同じです。発話の現場にみられる要素や文脈に現れる要素を指します。現場指示と文脈指示です。

しかし、スペイン語と決定的に異なるのは、指示の性格です。日本語では指示の対象が話し手の領域にあるもの、聞き手の領域にあるもの、両者の共通の領域の外にあるもの、の3種類の領域を区別します。指示の仕方で、聞き手も基準になっているのです。スペイン語では話し手が唯一の基準でした。

2. 現場指示

現場指示の場合、話し手は自分の領域にあるものをコ系の指示語で表示し、聞き手の領域にあるものをソ系で、そしてどちらの領域にも属していないもの(両者から見えるもの)をア系で表示します。

1. 「これを見てください」「それは何ですか？」

1′. —Mire usted esto. —¿Qué es eso?

原則的には、コ系はスペイン語のeste系やaquí, acáに相当し、ソ系はese系やahíに相当します。しかしア系の指示語は話し手・聞き手の両者の共通の領域に属さないものを指すのに使われます。この点もスペイン語とは違います。スペイン語のaquel系の指示語は、話し手が自分から遠い存在だと認識するときに使われます。たとえば、つぎのような対応になるでしょう。

2. 「あの機械はどこの製品ですか」「あれはP社の製品です」

2′. —¿De qué compañía es esa máquina? —(Esa) Es de la P.

同様に、日本語では、たとえば信号待ちをしている女性が、自分の連れの女性に、3メートルほど離れたところに立っている人の服を指して小声で、3のようにア系の指示語を使って言うことがあります。話し手と聞き手がひとつになった共通領域が設定され、その外のものだからです。しかしスペイン語では、まず、3′のようにese系の指示語が使われるでしょう。話し手が自分との遠近関係だけを考慮して指示語を選ぶからです。

3. ねえ、あのスカートどう？ 流行遅れね。

3′. Oye, ¿qué te parece esa falda? Ya no está de moda, ¿eh?

この共通領域という指示の仕組みは、日本文化のことでよく指摘され

るウチとソトの違いを思い出させますね。日本には、一定の条件を共有する人たちがひとつの社会的単位、すなわちウチを形成し、その単位に属さない人たちをソトに存在するもの、ウチの人たちとは異なったものとして扱う、という古くからの傾向があります。話し手と聞き手が属するウチの要素をコ系の指示語で指し、ソトの要素をア系で指す、というように理解することも可能です。

3. 文脈指示

談話や記述のなかに出てきたものを指す指示表現です。記憶のなかにあるものを指す用法も含まれます。

コ系の指示語は話し手（4）や聞き手（5）の発話に出てきたものを指します。スペイン語では este 系の指示語に対応します。

4. ホセという友だちがいるが、このスペイン人は歌手なんだ。

4′. Tengo un amigo llamado José. Este español es cantante.

5. 君が提案しているこの企画は面白い。

5′. Es interesante este plan que nos propones.

しかし日本語では聞き手の領域に属していると判断されるとソ系になります（6）。日本語でもスペイン語でも、話し手が自分からはなれたものとして扱うと、おなじようにソ系・ese 系が使われます（7, 7′）。

6. 君が提案しているその企画は面白い。

6′. Es interesante ese plan que nos propones.

7. ホセという友だちがいるが、そのスペイン人は歌手なんだ。

7′. Tengo un amigo llamado José. Ese español es cantante.

コ系はスペイン語と同様に、話し手が発話時以降に発話するものも指します。

8. 昨日こんなことを思いつきました。通りを散歩しているとき…

8′. Ayer se me ocurrió esto. Cuando paseaba por la calle…

文脈指示のア系の指示語の使用には制約があります。話し手が発話したことや記憶していることを、単に遠い存在だからということでア系を使うことはできません。ア系で指せる要素は、聞き手も体験しているものでなくてはならないからです。この条件にかなっていれば9のようにア系を使うことができます。他方、スペイン語では、話し手が自分から遠いと意識される要素は話し相手に関係なく aquel 系で指されます。

9. ホセという友だちがいたが、あのスペイン人は歌手だったんだ。

9′. Teníamos un amigo llamado José. Aquel español era cantante.

4. その他のスペイン語との違い

　日本語の指示表現がスペイン語とどのように違うかについて、上記で何点か見てきました。ほかにも違いがあるので、注意してください。

　まず、「その」に対応するスペイン語のことです。日本語をスペイン語に訳すとき、「その」という日本語が指示語のように理解されるのでしょうか、ese 系の語形を使う現象に気づきます。スペイン語では、話題に出ていて話し相手も認識している要素には、普通、定冠詞が使われます。それを和訳しても「その」になります。現場指示であれ文脈指示であれ、指し示すという意図がうかがわれるときには ese 系を使い、その意図がうかがわれないときには定冠詞を使うほうがいいでしょう。

　また、「その」には「会員とその家族」のような、名詞の所有関係を示す用法がありますが、この用法は「この」や「あの」にはありません。所有関係を示す「その」のスペイン語は、所有形容詞の su か sus になります。上の日本語なら los socios y su familia になるでしょう。

　日本語では談話の場から姿を消した人を指すには、ア系の指示語が使われます。しかしスペイン語では、そういう人は遠い存在ではなく、話し手は自分との心理的な近さで指示表現を選びます。たとえば、息子の部屋で息子と話をしていた母親は、息子が腹を立てて部屋から出て行ったとき、その息子を、普通なら ese 系で、そして特に自分とのかかわりが強いときには este 系で指します。

　10. なんという子なの、あの子は！

　10′. ¡Qué chico {ese / este}！

スペイン語の指示詞は、10′ のように名詞に後置されると軽蔑などの意味が表示される、という点にも注意してください。

　日本語の指示語もスペイン語の指示詞も、原則的にはものを指します。ですから、話し手が自分のそばにいる人を「これ」と呼んだり este 系の指示詞で呼んだり、聞き手のそばの人を「それ」と呼んだり ese 系の指示詞で呼んだりするのは、人を物扱いすることになるので、身内の者をそのように呼んで特別に謙遜する気持ちを表現したりするとき以外は避けましょう。

ユニット47　応答の表現

　スペイン語の応答のことばである sí や no は、副詞として機能しています。この応答の副詞が、日本語の応答語の「はい」や「いいえ」とどのように対応するのかを探ってみましょう。

> - スペイン語の応答語 sí, no は、ラテン語に由来する副詞である。先行する情報（相手や自分の発話内容）に言及する働きがあり、話し手の主体的な態度として肯定・否定の意味を表現する。
> - 日本語の応答語「はい」「いいえ」は、日本語に特徴的な「あいづち」に由来する間投詞である。「はい」は基本的に、相手の発話を受けたことを相手に伝える働きをする。

1. スペイン語の応答表現

　スペイン語には多くの応答表現があります。肯定の返事には、数え方によると10種類以上もあるようですし、否定の返事もいくつかあります。代表的なものを紹介しましょう。

A. 肯定の返事：代表は何といっても sí です。sí と同じような気持ちで答えるときの evidentemente や naturalmente のほかに、相手の発話内容を確認するときの claro や desde luego（例文1）、相手の質問を積極的に肯定するときの claro que sí（2）、相手の質問を肯定する bueno や少し譲歩するときの bueno, sí（3）、相手の要請などを受け入れるときの sí, cómo no（4）、話し手の断定の度合いが低いときの digamos que sí（5）などがあります。

1. —¿O es que tú lo crees? —Claro. / Desde luego.
「では、君はそれを信じているということか」「もちろん」

2. —¿Me lo enseñas? —Claro que sí.
「それを見せてくれませんか」「もちろん、どうぞ」

3. —¿Podrías ir a Madrid a hablar con él? —Bueno. / Bueno, sí.
「マドリッドに行って彼と話してくれないかな」「ええ、いいですよ」

4. —¿Puedo pasar? —Sí, hombre, cómo no, pasa pasa.
「入ってもいいですか」「もちろんですよ、どうぞ、どうぞ」

5. —Ya tienes novia, ¿verdad? —Bueno, digamos que sí.
「もう恋人はいるよね」「ええ、まあ、そうです」

Ⓑ. 否定の返事：否定の返事の代表は no ですね。否定の返事は相手の気持ちを気づかって、感謝の気持ちを添えることが多いようです（6）。ほかには相手が否定的な意味の内容を確認するための質問をしたときにそれを認める claro que no や desde luego que no（7）、相手が与えた情報を強く否定するときの qué va（8）などがありますが、qué va は no と組み合わされることもあります。

6. —¿Quieres un vaso de agua? —No, gracias.
「水を一杯、いかがですか」「いや、結構です」

7. —Tú no vas a ir, ¿verdad? —Claro que no. / Desde luego que no.
「君は行かないよね」「当然だ（行かないよ）」

8. —¿Ya la conocías? —No, qué va, es la primera vez que la veo.
「もう彼女を知っていたの？」「いいや、彼女に会うのはこれが初めてだよ」

Ⓒ. 応答語の sí と no：肯定の返事の sí はラテン語の副詞 sic「そのように、このように」に由来する副詞です（同音語の3人称前置詞格再帰代名詞 sí は別の語です）。スペイン語には関連語として、このラテン語と同じ意味の副詞の así があります。中世では、sí はラテン語と同じ意味で使われていましたが、少しずつ肯定の返事に使われるようになりました。否定の返事の no は、もともと否定の返事にも文中の否定語としても使われていたラテン語の non に由来します。このような sí と no について、つぎの使い方に注意してください。

ともに応答語として使われますが（例文9）、そのほかに no は文中で否定語として使われます。そして sí も文中で、話し手が自身の発話に肯定の意味を加える語として使われることがあります（例文 10, 11）。

9. —¿La estación está cerca de aquí? —Sí. / No.
「駅はこの近くにありますか」「はい / いいえ」

10. Ella sí (que) lo sabía. 「彼女も、そう、それを知っていた」

11. —No he estado nunca en Cádiz. —Yo sí.
「私はカディスに行ったことがありません」「私はあります」

sí も no も、先行する表現に言及する機能があるので、返答としては例文9のように、sí や no だけで十分なのですが、談話で話し相手と協

調するために、返事に新たな情報を加えることがあります（**12, 13**）。

12. —Tú eres japonés, ¿verdad? —Sí, lo soy. / No, soy mexicano.
「君は日本人だね？」「はい、そうです / いえ、メキシコ人です」

13. —¿Has visto mis gafas? —Sí, están en la mesa del comedor.
「私の眼鏡、見なかった？」「ああ、食堂のテーブルにあるよ」

sí には、肯定の意味の返答ではない使い方もあります。出席を確認する時の返事や電話を受けた時の返事などの、単なる受け答えです。そのため、肯定の返事であることをはっきりさせるために、繰り返して強調する必要のあるときがあります（**14**）。許可を求める質問の返事では違いが出てきます（**15**）。

14. —¿Puedo pasar? —Sí, sí, claro. / Sí, sí, pasa.
「入ってもいいですか」「ええ、どうぞ、どうぞ」

15. —¿Te importa que abra la ventana? 「窓を開けてもいいですか」
    —Sí. （Me importa. 開けてはいけない）
    —Sí, claro. （単なる返答。開けていいのかどうか不明）
    —Sí, sí, claro, claro. （「どうぞ開けてください」）

なお、**15** の質問で、開けてほしくないときの丁寧な返事は、Sí. の代わりに Es que tengo frío.「寒いのですが」などが使われます。

2. 日本語の応答表現

日本語の応答表現は、肯定では「はい、ええ」など、否定では「いいえ、いえ、いや」などですね。これらの応答語は、副詞ではなくて間投詞（感動詞）です。日本語の談話は話し手が聞き手に合わせる形で行なわれ、相手を立てる形で進められます。そのため、「あいづち」と呼ばれる応答語が豊富に存在するのですが、「はい」も「いいえ」もこのあいづちに由来します。「はい」は本来、相手に発話の続行をうながす目的で、相手の発話を受けた、ということを相手に知らせるあいづちであり、「いいえ」は話し手が相手の発話にわずかな迷いなどのあるときのあいづちでした。発音も「ええ」に近いですね。そして明治時代に西欧の文法学が導入されて以降、西欧諸語との対比から、たとえばスペイン語の sí には「はい」を、no には「いいえ」を対応させて使われることになったようです。そのとき、西欧諸語では談話は話し手と話し相手が対立した形で、話し手中心に展開される、という談話の基本的な違いは

無視されました。

スペイン語では sí と no が対等に使われているのに、日本語の実際の談話では、「はい」が多用され、「いいえ」はわずかしか使われません。話し手（答える人）が謙遜の気持ちを表すときや、例文9のように第三者の情報に関する否定の返事などに限られるようです。相手の質問に否定的な返事をすると、談話が途切れるかもしれないからです。

3. 応答語の使い方の注意

以上のように、sí, no（副詞）と「はい」「いいえ」（間投詞）には、文法的な違いや発話姿勢の違いがあって、単純な対応はしていません。スペイン語の使い方では、上記の例文を和訳文と対応して理解してください。肯定の sí には日本語に近い受け答えの用法もありましたね。この用法は「はい」とよく似ています。

否定疑問文への応答にも注意してください。日本語では、教科書的には、たとえば「まだ終わりませんか？」という質問に対して、終わっていなければ「はい、まだ終わりません」No, no ha terminado todavía. と答え、終わっているときには「いいえ、もう終わりました」Sí, ha terminado. になると言われています。しかし実際の日本語では、相手の気持ちをたずねるときには、相手に強制の印象を与えないように（相手が容易に否定できるように）、よく否定疑問文にします。ですから例文2のような対応になります。

2. —¿Me lo enseñas? —Claro que sí.
「それを見せてくれませんか」「もちろん、どうぞ」

実際の談話では、その返答が否定文のとき、スペイン語では No, no lo puedo.（直訳「いいえ、見せられません」）などになっても、日本語では明確に「いいえ」とは言いづらく、「はあ、でもちょっと」のようになるでしょう。

また、日本語の「はい」はあいづちの性格を残しているので、相手の発話の途中にある短いポーズにはさみ込むことがよくありますが、スペイン語では相手の発話の途中に sí をはさみません。sí をはさむと、相手の発話を途中で拒絶するような印象を与えます。不自然なことですので、気をつけてください。

ユニット48　「よ・ね」のスペイン語

　日本語の助詞のなかには、文の終わりに付いて命令・願望・疑問・感動・強意などの意味を加える終助詞がありますが、そのなかに「〜ですよ」とか「〜ですね」の「よ・ね」があります。以下ではヨ・ネと書きます。これらの終助詞の働きを調べて、ヨ・ネに対応するスペイン語の表現を紹介しましょう。

- 終助詞ヨ・ネは、話し手が聞き手に、自分はその相手と親しい間柄であることを伝える、すなわち相手のウチの人間であることを伝える手段である。
- 終助詞のヨには、基本的に、聞き手が知らないことに対して注意するように仕向ける働きがある。スペイン語では、相手の理解を確認するための表現が対応する。
- 終助詞のネには、基本的に、話し手が自分の発話の情報を聞き手も持っていることを確認する働きがある。それにはスペイン語の付加疑問の表現が対応する。
- ヨ・ネとも、間投詞としての使い方もあるが、その用法には相応のスペイン語表現があったり、なかったりする。

1. 発話姿勢の違い

　日本語は、不特定多数を読み手として想定する書きことば（文章語）と特定の相手に話しかける話しことば（口語）とでは、文を作るという発話の姿勢が大きく異なります。文章語では、書き手は読み手を想定しつつも一方的な発想で文をつないでいきます。しかし口語の談話では、話し手は聞き手を主役にし、自分は脇役になって相手をもり立てます。発話者は談話において、自分の相手が話しやすいように配慮しながら話を先へ先へと進めていくのです。途中で相手が話しづらくなれば、会話は先へ進みません。相手が自分を理解してくれていることを確認するための念押しの気持ちが「〜よ」や「〜ね」といった終助詞として発話のなかに含まれます。

　他方、スペイン語の談話では、発話者は互いに話し手になると常に主役になります。そして話し手は話し相手を意識しつつも、自分中心の態

度で発話します。スペイン語の談話は、人は話し手になると相手と対等の立場で話をするという意味の「対話」で構成されているのです。とはいえ、対話も話し手とその相手の協力がないと成立しません。話し手は相手が自分を理解してくれていることを確認するために、自分の発話に付加疑問の ¿verdad?「そうでしょ？」などを加えます。

日本語の場合には、話し手は自分の発話の内容を、話し相手を主役にして確認するという傾向が強く、スペイン語の場合には、話し手は自分の発話の内容を、自分を主役にして確認するという傾向が強い、と言えそうです。

2. 日本語のヨ・ネの機能

文法的には終助詞に分類されるヨ・ネは、日本語の談話を特徴づける重要な要素ですが、その働きについては様々な解釈が提案されていて、まだ定説となる見方がなさそうです。それゆえ、どのようなスペイン語表現に対応するかということを考えるときには、まず、その働きを明確にしなくてはなりません。

A. ヨ・ネの機能：ヨ・ネは、話し手が聞き手に自分の発話を伝えるときの意図を表示する、という働きをします。それはどのような意図なのでしょうか。

話し手が相手に情報を提供するという点では、自分の発話にヨやネがなくても意味は変わりません。つぎの例文では 1a と 1b との間や、2a と 2b との間には情報としての文的な内容の違いはありませんね。

　1a. 山田は東京出身です。　　　1b. 山田は東京出身ですよ。
　2a. 今日はいい天気です。　　　2b. 今日はいい天気ですね。

では、1b や 2b のように、文末に終助詞のヨやネを付加することには、どのような意味があるのでしょうか。たとえば、会社のなかで平社員がめったに会わない社長に山田という社員の出身地をたずねられたら、1a と 1b のどちらを使うでしょうか。そして同じく天候をたずねられたら、2a と 2b のどちらを使うでしょうか。1a と 2a ですね。たずねられた人は、親しい態度で接することのできない話し相手（社長）には、ヨもネも使わないでしょう。また、面接会場で名前をたずねられた人は 3a で答えるのが普通であり、3b や 3c の答えは想像しにくいですね。

3a. 鈴木太郎です。

3b. 鈴木太郎ですよ。　　　3c. 鈴木太郎ですね。

　以上のことから、ヨやネは、親しい間の人、すなわちウチとソトの違いで考えると、ウチの人には使えるが、ソトの人には使いにくい、ということがわかります。すなわち、話し手は自分の発話にヨやネを付加して、自分が聞き手と親しい人間であることを、別の言い方をすれば相手のウチに属する人間であることを、相手に伝えることができる、ということになるでしょう。

B. ヨの具体的な働き：終助詞のヨには、基本的に、聞き手が知らない（と思われる）ことに対して注意するように仕向ける働きがあります。すなわち、話し手は、自分が提示する情報や意向を聞き手の情報や意向のなかに加えてほしい、という気持ちを伝えたいのです。このような働きがあるとすれば、たとえば 1b は、自分の情報を相手が知らないものとして知らせているのだ、ということがわかりますね。4 では注意や警告のニュアンスが生まれます。そして 5 なら勧誘のニュアンスがありますね。これが終助詞としてのヨの具体的な働きです。

　1b. 山田は東京出身ですよ。

　4. そんなことを言ってはだめですよ。

　5. 一緒に行こうよ。

　この基本的な働きが弱まると、単なる間投詞として使われます。相手の注意を引くだけの間投詞で、「よう」にもなります。文頭（6）や文中（7）でも使われます。

　6. よ（う）、元気かい。

　7. あなたがですよ、私の立場だったらですよ、どうしますか。

C. ネの具体的な働き：終助詞のネには、基本的に、話し手が自分の発話の情報を聞き手も持っていることを確認する働きがあります。例文の 2b などですね。話し手が自分を相手のウチのものであることを伝えているのですから、その答え（8）にもネが付加されます。

　2b. 今日はいい天気ですね。

　8. そうですね。

　そしてヨのときと同じように、この基本的な働きが弱まると、相手の注意を引くだけの単なる間投詞として使われます。このときは「ねえ」

にもなります。文頭（9）や文中（10）でも使われます。

9. ね（え）、これどう思う？
10. じつはね、私ね、これがほしいの。

3. ヨ・ネのスペイン語

さて、以上のようなヨ・ネの用法は、どのようなスペイン語に対応しているのでしょうか。スペイン語では基本的に、話し手は自分を中心にして発話します。ですからヨ・ネにぴったり対応する表現を探すことは難しくなります。しかし聞き手の注意を引くための間投詞や、自分の発話の内容を相手が理解したかどうかを確認する表現はあり、ヨ・ネに近いスペイン語は見つかります。

ヨの場合を見てみましょう。1bは確認です。4は注意ですね。5, 7ではヨの適当な対応表現が見つかりません。6はあいさつの間投詞に対応します。

1b. 山田は東京出身ですよ。

¿Sabes que Yamada es de Tokio? / Yamada es de Tokio, ¿sabes?

4. そんなことを言ってはだめですよ。

Tú no debes decir tal cosa, ¿eh?

5. 一緒に行こうよ。 Vamos juntos.
6. よ（う）、元気かい。 Hola, ¿qué tal?
7. あなたがですよ、私の立場だったらですよ、どうしますか。

¿Qué harías si estuvieras en mi posición?

ネの場合は次のようになるでしょう。2bは確認ですね。付加疑問でいいでしょう。しかし8や10ではネに直接的に対応するスペイン語表現は見当たりません。9は呼びかけの間投詞に対応します。

2b. 今日はいい天気ですね。Hoy hace buen tiempo, {¿verdad? / ¿no?}

8. そうですね。 Sí, es verdad.
9. ね（え）、これどう思う？ {Oye, / Mira,} ¿qué te parece esto?
10. じつはね、私ね、これがほしいの。

Francamente, te digo que yo quiero {este / esta}.

ユニット 49　接頭辞

　単語のお話です。単語は接辞を付けて派生していきます。日本語のことばは、漢字ならその組み合わせで意味を推測することができますが、スペイン語も接辞の意味を理解しておけば、単語の意味を推測することができます。単語の意味を理解するための手助けとして接辞とその意味を理解してください。

　接辞とは派生語を構成する要素のことであり、派生語とは語幹(単語の核となる形態素)に接辞を付けて形成された単語のことです。接辞には語幹の前につく接頭辞と、語幹の後ろにつく接尾辞があります。このユニットではそういう接辞のなかの、接頭辞のいくつかを紹介しましょう。

- 日本語の接頭辞の意味はいくつかの方法でスペイン語に対応させられる。
- スペイン語の接頭辞はとても多い。それぞれの意味を考えて、スペイン語の単語の意味の仕組みを想像できるようにしよう。
- 接頭辞による派生語の形成は、日本語は日本で形成されたものがほとんどだが、スペイン語はラテン語の段階で形成されたものもある。

1. 日本語の接頭辞

　日本語の接頭辞は次のようなものです。スペイン語との対応も考えてみます。

A. 名詞に付くもの：「お(たとえば『お名前』)、ご(『ご心配』)、み(『み仏』)、ま(『ま冬』)、す(『す足』)、おお(『大雪』)、こ(『小鳥』)、大(『大都市』)、両(『両側』)、本(『本件』)」、などがあります。

　「お、ご」は尊敬表現の敬語として使われますね。「お」は和語(大和ことば、本来の日本語)に付き、「ご」は漢語(中国語から採用された日本語)に付くのが原則です。スペイン語では話し相手を敬語で指すustedの所有代名詞 su, sus「あなたの」ぐらいでしか表現できません。

　「み」は和語の名詞に付いて神仏・天皇・貴人などに属することを示します。スペイン語では、神には親称のtúで呼びかけますから、その所有詞 tu になりますが、天皇や貴人には敬語の usted の所有詞 su, sus

になるでしょう。

　「ま」は「純粋な、真実の」という意味の接頭辞で、「す」は「平凡な、みすぼらしい」という意味の接頭辞です。スペイン語にはこれらの意味の接頭辞がないので、形容詞を使います。たとえば「ま冬」のスペイン語は pleno invierno、「す足」は pie desnudo になるでしょう。

　「おお」や「大」は大きさや数量や程度が大きい意味ですから、grande, enorme, vasto などの形容詞で表現できます。たとえば「大雪」は gran nevada に、「大都市」は gran ciudad になるでしょう。

　「こ」は形や規模が小さい意味を表しますが、スペイン語ではこのような意味を指小辞で表現することができます。「小鳥」なら pajarito（← pájaro「鳥」＋指小辞 -ito）になるでしょうが、2語にして「小さな鳥」pequeño pájaro とも言えますね。つぎのユニットをご覧ください。

　「両」はふたつの意味ですが、スペイン語にもその意味の bi-, bis- という接頭辞があります。しかしごく限られた名詞にしか付きません。普通は形容詞の ambos を使って、たとえば「両側」なら ambos lados と言います。

　接頭辞の「本」は「いま問題にしている」という意味なら、たとえば「本件」が este asunto「この件」で表現できるし、「もとになる」という意味なら、たとえば「本店」は oficina principal「(直訳) 主要な事務所」で表現できるでしょう (1語の sede もあります)。

B. 動詞に付くもの：「うち (『うち沈む』)、とり (『とり壊す』)、ぶち (『ぶち壊す』)、こ (『こ突く』)」などです。

　「うち」、「とり」、「ぶち」は動詞について語調を整えたりその意味を強めたりします。スペイン語には強意の意味の接頭辞 re-, requete- がありますが、これらは形容詞や副詞に付きます。動詞ならそれ相当の意味の動詞になります。「うち沈む」なら desanimarse、「とり壊す」なら derribar あたりでしょう。「こ突く」は dar un golpe という動詞句になるでしょうか。

C. 「い」で終わる形容詞 (イ形容詞) に付くもの：「ま (『ま新しい』)、こ (『こ高い』)、か (『か細い』)」などがあります。

　「ま」は「い」で終わるイ形容詞のほかに「な」で終わるナ形容詞や名詞に付き、「真実の、純粋な、正確な」などの意味を表します。これ

に相当するスペイン語の接頭辞は見当たりません。「ま新しい」なら1語のflamanteがありますし、2語ならtotalmente nuevoで表現できるでしょう。形容詞に付く「こ」に相当するスペイン語の接頭辞は見当たりません。「こ高い」ならun poco「少し」を使って、un poco altoなどになるでしょう。

「か」はイ形容詞について調子を整えたり意味を強めたりします。「か細い」なら語調を整える働きをしているようです。声や糸が細いのならfinoやdelgadoです。意味を強めるのならmuyを使います。

D. 名詞とナ形容詞に付いて否定の意味を表すもの：「無、不、非、未」などです。しかし「無神経（な）、不出来（な）、非常識（な）、未熟（な）」などの意味や使い方を考えると、漢語に付いて、すでに独立した1語になっており、ナ形容詞のときには、接頭辞がはずされた語形では使われない表現が多そうです。スペイン語にも否定の意味の接頭辞がいくつかあります。つぎの2のなかから探してみてください。

2. スペイン語の接頭辞

ここではスペイン語の代表的な接頭辞を、アルファベット順に並べて紹介します。カッコでその意味を示し、例の単語を付けておきましょう。

a-「接近、結合」：atraer「引きつける」、agitanar「ジプシー風にする」。
a-, ad-「否定、喪失」：asimetría「非対称性」、analfabeto「文盲」。
ante-「前方」：anteponer「前に置く」、antebrazo「前腕」。
anti-「反対」：anticristo「反キリスト」、antirrobo「盗難防止装置」。
archi-「強調」：archifamoso「とても有名な」、archimalo「極悪の」。
circun-, circum-「周囲」：circunvecino「周囲の」、circumpolar「極地付近の」。
con-, com-, co-「同伴、共同」：consocio「会員仲間」、compadre「名付け親」、coautor「共著者」。
des-, de-「否定、喪失」：deshacer「壊す」、devaluar「価値を下げる」。
dis-「否定、喪失」：disgusto「不愉快」、disconforme「不一致の」。
en-, em-「内部、獲得」：envolver「包む」、empapelar「紙で包む」。
entre-「中間」：entreplanta「中二階」、entreabrir「半開きにする」。
ex-「外方向」：extraer「引き抜く」（*cf.* ex ministro「前の大臣」）。
extra-[1]「外部」：extraoficial「非公式の」、extraordinario「並外れた」。

extra-[2]「強調」：extraplano「超薄型の」、extrafino「極上の」。
hiper-「上位、過剰」：hipertensión「高血圧」、hipersensible「過敏症の」。
hipo-「下位」：hipotensión「低血圧」、hipodérmico「皮下（注射）の」。
in-, im-, i-「否定」：incierto「不確かな」、impago「不払い」、ilegal「不法の」。
infra-「下位、欠陥」：infrarrojo「赤外線の」、infradotado「身体障害の」。
inter-「中間、相互」：interponer「間に置く」、intercambio「交換」。
intra-「内部」：intramuscular「筋肉内の」、intravenoso「静脈内の」。
pos-, post-「後置性」：posponer「延期する」、pos(t)data「追伸」。
pre-「先行性」：presuponer「前提とする」、prehistoria「先史時代」。
pro-「前方、傾向」：proponer「提案する」、prochino「親中国の」。
re-「反復」：reconsiderar「再考する」、recobrar「取り戻す」。
re-, requete-「強調」：rebonito「とても美しい」、requetebién「見事に」。
retro-「後方」：retropropulsión「逆噴射」、retrovisor「バックミラー」。
sobre-「上位、過剰」：sobrecubierta「ブックカバー」、sobrepaga「ボーナス」。
sub-「下位、欠陥」：submarino「潜水艦」、subdesarrollo「低開発」。
super-[1]「上位、過剰」：superponer「重ねる」、superabundar「多すぎる」。
super-[2]「強調」：superbarato「激安の」、superdotado「天才の」。
supra-「上位」：supranacional「超国家的な」、suprarrenal「副腎の」。
trans-, tras-「反対側」：transatlántico「大西洋横断の」、traspasar「移す」。
ultra-「遠方、超越」：ultramar「海外」、ultraderechista「極右の」。

3. 接頭辞による派生語形成の時期

　接頭辞を使って派生語が形成された時期はいつごろでしょうか。日本語の場合、漢語に付く接頭辞も含めて、その派生語のほとんどが日本語の段階で形成されています。しかしスペイン語の場合、接頭辞による派生語のなかには、スペイン語が生まれる以前のラテン語の段階で形成され、それらがスペイン語になる段階でしかるべき語形変化をしたものもあります。上記の **2** で紹介された派生語のなかでは、atraer, analfabeto, anteponer, anticristo, consocio, compadre, envolver, extraer, extraordinario, incierto, interponer, posponer, proponer, recobrar, superponer, superabundar がラテン語の段階で生まれ、スペイン語に引き継がれました。

ユニット 50　示小辞

　スペイン語には、一般的に小ささを示すと言われている接尾辞があります。示小辞です。この示小辞は頻繁に使われ、いくつかの意味を表現しています。

> - 示小辞とは、話し手が対象を小さいと評価するときに使う接尾辞である。いろいろな語形があり、いろいろな意味を表現する。
> - 示小辞は話し手の個人的な評価を表現するが、語彙にもなる。
> - 日本語にもスペイン語の示小辞と同じような働きをする要素がある。

1. 示小辞とは

　示小辞とは、接尾辞として単語の末部に付加されて、基本的にその単語に小ささの意味を加える、と言われています。縮小辞とか指小辞とも呼ばれます。示小辞はたくさんありますが、代表的なものは -ito, -ita で、libro「本」→ librito「小さな本」、mesa「机」→ mesita「小さな机」などの示小語を作ります。

　示小辞は話し手が自分で評価して付加します。個人的な表現ですから、談話のなかで、A さんが 1 冊の本を librito と呼んでも、B さんにはその本が小さいと思えないので libro と呼ぶ、というようなことがしばしば起こります。

　個人的な評価ですから、示小辞の付いた語形である示小語は、普通は西和辞書に登録されていません。しかし他方では、よく使われる示小語は一般的な単語になって辞書に登録されます。語彙化という現象が起こるのです。

　また、示小辞の意味を考えるとき、「小さいものはかわいい」という文化的評価の傾向のことを念頭に置いておくほうがいいでしょう。

2. スペイン語の示小辞

　スペイン語の示小辞については、以下のことを心得ておいてください。

A. 示小辞の語形：上記の -ito, -ita のほかに、-illo, -illa; -ico, -ica; -uelo, -uela などがあります。「財布」の bolso が bolsillo「小さな財布、ポ

ケット」に、「祖母」の abuela が abuelica「おばあちゃん」に、「布」の paño が pañuelo「ハンカチ」になります。そしてこれらの語形には -c-, -ec-, -ecec- が付加されて、「庭」の jardín が jardincito「小さな庭」に、「橋」の puente が puentecito「小さな橋」に、「恋」の amor が amorcillo「小さな恋」に、「魚」の pez が pececito「小さな魚、小魚」に、「花」の flor が florecita「小さな花」に、「パン」の pan が panecillo「小型のパン」に、「足」の pie が piececito, piececillo, piececico, piecezuelo「小さな足」になったりします。

Ⓑ. 示小辞の意味：示小辞は話し手の個人的な評価を表現しますが、その評価の意味には何種類かあります。
①形の小ささの意味：基本的には、形の見えるものに付いて、その形が小さいという評価の意味を表現します。

　形の見えない抽象的な概念の単語に付くと、その概念の小ささを表します。「近くに」という意味の副詞 cerca が cerquita になると、「ごく近くに、すぐ近くに」などの意味になります。

　日本語では「こ、小」という接頭辞が、このような意味を表現します。「小顔」とか「小一時間」などですね。この接頭辞については後述します。
②プラス評価の意味：小ささの意味が、小ささを積極的にプラス評価する文化的な傾向といっしょになって、話し手が対象に抱く愛情や親愛の情などのプラスの評価を表現することがあります。かわいらしさを評価する意味です。恋人同士の会話に示小語が多いのも、この使い方が関係しています。たとえば hermano「兄、弟、兄弟」という単語を使って mi hermanito と言う場合、①の意味で話し手の「小さな弟」になることがありますが、小さな子供が背の高い兄のことをそのように呼んで愛情表現をすることもあります。日本語なら「おにいちゃん」の「ちゃん」に相当するでしょう。「友だち」の amigo, amiga が amiguito や amiguita になるときも、話し手の親愛の情の厚い「親友」のような意味で使われるほうが多いでしょう。

　形の見えない抽象的な概念の単語に付くと、親愛の情から発展して、その単語の概念が話し手の理想の程度であることを表現します。柔らかさや穏やかさの意味の形容詞 suave が示小語の suavecito になると、適当な日本語にはなりにくいのですが、話し手が理想とする柔らかさ・穏

やかさを表現しています。「熱い」の caliente を使った pan calentito と言う表現は、強意と解釈されて「とても熱いパン」になるという解釈もありますが、むしろ話し手の気に入った「理想的な熱さのパン」の意味だと解釈するほうが自然でしょう。

他方、使用は限られていますが、日本語には「ひめ、姫」という接頭辞が「小ささ、かわいらしさ」を表現しています。「姫百合」「姫りんご」「姫鏡台」などです。

③マイナス評価の意味：示小辞によるマイナス評価とは、基本的に、形が見える意味の単語に付いて、その単語の意味を構成している要素のなかで欠ける部分があると評価することです。ときにはそれが資格に欠けるという意味合いになって、軽蔑などの意味を表現することもあります。

マイナス評価をすることの多い示小辞に -illo, -illa があります。「子供」の意味の chico が chiquillo になるとプラス評価の意味で「かわいい子供」になりますが、「弁護士」の abogado が abogadillo になると、弁護士としての資質に欠けた弁護士というマイナス評価の、「へぼ弁護士」という意味になります。「男性」の hombre は hombrecillo「小男」になり、「女性」の mujer は mujercilla「あばずれ女」になります。

日本語にはこの意味に似た接頭辞に、植物の名前に使われる「イヌ」があります。「イヌツゲ」「イヌタデ」などです。接尾辞には「モドキ」があります。雁の肉に味が似ていても雁の肉ではない「ガンモドキ」、役者のようだが本物の役者ではない「役者もどき」、あるいは植物名の「ウメモドキ」、動物名の「アリモドキ」などです。

④やわらげ表現の意味：示小辞は、ユニット 51 で解説される「やわらげ表現」の手段にもなります。例文 1 は相手の女性を気づかう表現、2 は気の弱い者の遠慮がちな表現です。「用件」の asunto に示小辞 -illo が付いています。

1. Estás gordita. 「ちょっと肉付きがよくなったね」
2. ¿Cuándo será la mejor hora para hablar al señor don José de un ... de un asuntillo?
   「ホセさんにちょっとしたことで話したいのですが、いつがいいでしょうか？」

スペイン系アメリカで示小辞が多用されている現象は、この地域のスペイン語にやわらげ表現を好むという傾向の強いことと関係していると思われます。入院している女性の具合をたずねると 3 のような答えが

返ってきたりします。

 3. Está ya mejorcita.　「もう良くなっているよ」

Ⓒ. 示小辞の加わる単語の品詞：示小辞はⒶやⒷの例からわかるように、名詞や形容詞に付加されます。ほかにも副詞（「あとで」の luego が lueguito）、過去分詞（「疲れた」の cansado が cansadito）、現在分詞（「黙って」の callando が callandito）に付加されますし、固有名詞にも付きます。たとえば Carmen は Carmencita になります。スペイン語を日本語に訳すとき、これが通称となっていれば「カルメンシタ」と訳します。発話の場での個人的な評価表現なら、そうではなくて「カルメンちゃん」のように訳すべきでしょう。

Ⓓ. 語彙化：個人的な評価を表現する示小辞も、よく使われると一般語になり、辞書に登録されます。「窓」の意味の ventana は、ventanilla なら切符売り場などの「窓口」に、ventanillo なら「小窓」になる、というようにです。なお、これまでに紹介した日本語の示小語の多くは語彙化していて、一般的な辞書に登録されています。

3. 日本語の「こ、小」

 これまでに見てきたように、日本語にもスペイン語の示小辞に似た表現手段があります。そのなかの「こ、小」の使い方を見てみましょう。

 「こ、小」は基本的に具体的な形の小ささを表す接頭辞です。ユニット49で見ました。形のわかる2音節の大和ことばの語頭に付加される傾向があります。示小辞の①「形の小ささの意味」に相当する意味です。「小石」「小島」「小枝」「小道」などですね。3音節語に付く「小魚」などもあります。そしてスペイン語の示小辞と同じように、形の小から程度の小に発展して「小降り」「小声」「小銭」などになりますが、形容詞に付いて「小ぎれいな」になったり「小気味がよい」になったりもします。示小辞の②「プラス評価の意味」でしょう。また、示小辞の③「マイナス評価の意味」に相当する意味も表現します。「こしゃくな」「小うるさい」「小生意気」「小せがれ」「小利口」「小器用」などです。

 違いもあります。「こ、小」のついた示小語は語彙化しており、スペイン語の示小辞と異なって、個人の評価を自由に表現することは難しいようです。

ユニット 51 やわらげ表現 1:「ぼんやり型」

　日本語には、発話の断言性を弱めるための「やわらげ表現」がたくさんあります。スペインのスペイン語に比べると、日本語には談話における発話に、話し相手に配慮する表現が豊富に存在すると言えます。そしてスペイン語は、言いたいことを過不足なく表現するのが礼儀であるという西欧型の発話姿勢に属しますが、コミュニケーションを効果的にするために、さまざまなやわらげ表現があります。表現をやわらげるという意識は、スペイン系アメリカのスペイン語のほうが強いようです。

- やわらげ表現のなかには、数の指定で「みっつ」と言わずに「みっつほど」というような、表現形式の意味を語のレベルで弱める「ぼんやり型」がある。
- スペイン語の como, un poco, hasta は「ぼんやり型」のやわらげ表現をする。

1. やわらげ表現とは

　話し手が自分の発話内容を話し相手に効率よく受け入れてもらおうとするとき、言いたいことをそのまま言わずに、言語表現の方法にいろいろな工夫を施しますが、そのひとつに、自分の発話をやわらげる表現、すなわち「やわらげ表現」があります。そしてやわらげ表現のタイプには3種類あります。話し手が語のレベルで自分の主張性を弱める「ぼんやり型」、文レベルで弱める「遠回り型」、表現される情報に話し手や話し相手が直接の行為者としてかかわっていない形式の文の「隠れみの型」です。

　ぼんやり型の表現方法の代表はユニット50の示小辞です。日本語では数量指示の「ちょっと〜」「〜ほど」「〜ばかり」「〜くらい」、選択されたものを指す「〜でも」「〜など」「〜のほう」があります。このユニットではスペイン語で使われるぼんやり型の表現手段を紹介します。

2. como のやわらげ表現

　スペイン語 como には何種類かの文法的な働きがあります。やわらげ表現の手段として使われることばは、話し手の発話姿勢によって採用さ

れるものですから、普通はやわらげ表現を使わない言い方もあります。文から外しても命題的な意味が違ってこない要素は、副詞です。それゆえ、como のやわらげ表現は、その副詞的な用法と直結しています。

como は、接続詞として従属節を作りますが、主節の後ろに置かれるときは「～するように」という意味になります（例文 1）。その仕方が不明なら従属節の動詞は接続法になります（2）。

1. Pedro lo hizo como quiso. 「ペドロはそれを、したいようにやった」
2. Hágalo usted como quiera. 「あなたはそれを、（どのようにしたいかはわからないが）お好きなようにしてください（しなさい）」

前置詞としての como は、冠詞や所有詞が付いている名詞の前なら「～（がする）ように」という意味になります（3a）。この使い方は接続詞的です。接続詞として機能している como tu padre dice「君の父親が言うように」という従属節の省略として考えられるからです。そして裸の名詞の前では「～として」という資格の意味を表現します（3b）。

3a. Te lo diré como tu padre. 「私は君に、君の父親のようにそれを言うよ」
3b. Te lo diré como padre. 「私は君に、父親としてそれを言おう」

「～として」とか「～のように」の意味が、「類似」という意味につながります。小さめの数値の前に置かれて「～ぐらい」とか「約～」の意味も表現します。こうなると、como は副詞として働きます。

4. Te estuve esperando como una hora.
   「私は君を、1 時間ほど（約 1 時間）待っていたよ」
5. Esa calle está como a dos cuadras de aquí.
   「その通りはここから 2 ブロックほどのところにあります」

そして「類似」の意味のとき、前置詞か副詞かの判断が難しい、つぎのような意味の用法もあります。como を加えても加えなくても文的な意味が変わらなければ副詞です。日本語の「～のような、～のように」の表現と似ています。

6. Los dos llegaron como cansados.
   「そのふたりは疲れた人として（のようになって）着いた」
7. Antes el trabajo se consideraba como un castigo.
   「以前、労働は罰則のように考えられていた」

例文 7 は、como がなければ「罰則だと考えられていた」という意味になります。そしてこれらの使い方では、como は表現をやわらげてい

る、と解釈されます。「類似」の意味の副詞 como が、意味をやわらげる機能につながるのです (8)。そして特に絶対最上級 (ユニット 44) の意味をやわらげます (9, 10)。明言する代わりに「～のように」などの語句を加える日本語のやわらげ表現と似ています。

8. Pienso que este tema es como importante.
   「私はこのテーマが重要だというように考えます」

9. Me siento como muy cansada. 「私はとても疲れたように感じます」

10. Yo creo que Sevilla es una ciudad como muy complicada.
    「私にはセビリアがとても複雑な町であるように思えます」

3. un poco のやわらげ表現

スペイン語の un poco は名詞で「少量」の意味があります。これが名詞として (11)、副詞的に (12)、あるいは un poco de ... の形で形容詞的に (13) 使われたりして、文字通り「度合いの小ささ、程度の低さ」の意味を表現します。文字通りの意味を表現しているのか、表現をやわらげているのかは、文脈の解釈による場合が多そうです。

11. Siempre quiere hablar de todo un poco.
    「彼はいつも、あれこれと（全部について少しずつ）話をしたがる」

12. Estoy un poco cansado. 「私はちょっと疲れた」（とても疲れた？）

13. Pues en política pasa un poco de lo mismo.
    「それで、政治では同じことが少し起こるのだ」（しばしば？）

そして話し手が自分の主張を弱めたり (14)、マイナスのイメージの表現を弱めたりすることができます (15)。

14. Mi idea sería un poco..., ya digo, es un poco ideal...
    「私の考えは少し、言ってみれば、ちょっと理想的ですが……」

15. Ella quiere ser laureada, y ahora está un poco histérica.
    「彼女は受賞したくて、いま少しヒステリックになっている」（とても？）

この un poco は上記の como といっしょに使われることもあります。

16. Esta chica tiene el acento un poco como sudamericano.
    「この娘には、ちょっと南米のようなアクセントがある」

un poco は日本語の「少し」や「ちょっと」とよく似ています。「ちょっと」は話し手が相手の注意を引いたりしますが、言いにくいことを言ったりするときにも使われます。例文 12-16 の和訳を見てください。

4. hasta のやわらげ表現

上記の como や un poco のやわらげ表現はスペインでもスペイン系アメリカでも使われていますが、hasta がやわらげ表現をするのはメキシコや南米北部です。

hasta は古くから前置詞として、継続する行為の時間の終点（**17**）や空間の終点（**18**）を指す機能があります。

17. Anoche estudié hasta las dos de la madrugada.
「私は昨夜、夜中の 2 時まで勉強した」

18. Caminamos unos 10 kilómetros hasta la estación.
「私たちは駅までの約 10 キロを歩いた」

そして副詞として、古くから、「多くても」という概算の最大値を表現していました。スペインでもこの用法は使われましたが、現在はほとんど使われません。たとえば例文 19 ですが、スペインの中世で使われました。原文のスペルなどを現代語風に変えています。例文 20 は現代メキシコの用例です。

19. Los caballeros que llegaron allí serían por todos hasta veinte mil.
「そこに到着した騎士は、全部で（最大）2 万人ほどだったろう」

20. Se puede preparar hasta cien litros de agua.
「最大 100 リットルほどの水を用意することができます」

近世になると副詞で「〜さえ」という意味の表現が始まり、現在に至っています（**21**）。スペインでもスペイン系アメリカでも使われています。

21. Lo saben hasta los niños. 「それは子供でも知っている」

そしてメキシコなどでは現在、概算の最大値の表現の応用として、「おおよそ」の意味でやわらげ表現を行ない、前置詞として a や en に似た意味を（**22, 23**）、そして副詞として明確な表示を弱める意味を表現することがあります（**24**）。

22. Pancho va a venir aquí hasta las once. （hasta = a ＋おおよそ）
「パンチョは 11 時ごろにここに来るでしょう」

23. Pudimos oír aquel grito hasta esta casa. （hasta = en ＋おおよそ）
「私たちはその叫び声をこの家あたりでも聞くことができた」

24. Vamos a celebrar la boda hasta el próximo domingo. （おおよそ）
「私たちは結婚式を次の日曜日あたりに行ないます」（決定事項）

ユニット52　やわらげ表現2:「遠回り型」

このユニットでは、話し手の発話の主張性を弱める「遠回り型」のやわらげ表現を解説します。

- 日本語の遠回り型のやわらげ表現には、主題の提示方法、文末の提示方法、応答形式、命令表現、決まり文句などがある。
- スペイン語は遠回り型のやわらげ表現をするために、話し手が自身を指す方法を工夫したり、動詞を利用したり、副詞的表現を利用したりする。

1. 日本語の遠回り型表現

日本語のやわらげ表現のなかの、遠回り型の表現手段にはいくつかありますが、そのうちから以下のものを紹介しましょう。

A. 主題の提示:まず、文の主題の提示方法があります。主題が話し手の場合、はっきり「私は」と言わず、「私てきには」「私などは」「私としては」などと言うことで、直接的な表現の「私は」を避け、話し手の主張性を弱めます。「私てきには」は、日本語の使い方でよく問題にされますが、やわらげ表現の一種であると解釈されます。

また、主題が聞き手の場合、心理的な距離を置くべき相手(目上の人や店の客など)には、「あなたは」を使いません。目上の人には「課長は」、「主任は」、「先生は」などの職名で話しかけるし、客が相手なら「あなたは」ではなくて「お客様は」のように話しかけます。話し手は遠回りして間接的に相手を指すことで、自分の主張性を弱めます。

B. 文末の提示:文末提示の形式では、「〜のようです」「〜と思う」「〜らしい」を加えて、断言を避けます。日本人のなかにはこれが常態の表現形式になっていて、国際的な学界や会議などで発言したり論文を発表したりするときにも、つい使ってしまいます。欧米系の研究者は明確な論旨を聞きたがるので、発表者の主張が不明瞭であるという非難が出されたりします。

C. 応答形式:つぎに、応答形式のなかに「あいづち」があります。談

話では発話者が話し手であったり聞き手であったりします。発話者は聞き手になると「ええ、それで」とか「なるほど」とかのあいづちを入れて、話し相手が話しやすいようにします。相手を中心に据えて自分は副次的な存在に徹します。あいづちを入れることで相手の主張に同調しているという姿勢を示し、このような対決を避けようとする姿勢によって、結果として間接的に自身の主張性を弱めます。遠回り型のやわらげ表現のひとつではないでしょうか。

「はい」という返答も要注意ですね（ユニット 47）。「はい」はあいづちの一種であり、本来的には肯定の返事ではない、ということに注意してください。相手の発話をしっかり聞き取っています、次の発言をどうぞ、という意味の信号として「はい」と言っている、と考えられます。肯定の主張性の弱い返答です。

「はい」に関連して、「いいえ」にも注意してください。日本語教育では、「ほしいですか」という質問には、ほしくないときには「いいえ、ほしくありません」と答えるように教えることがあります。しかし実際の日本人の談話では、第三者に関する応答表現（たとえば「駅はあっちですか」に対して「いいえ、こっちです」と答えるような場合）や話し手が自分のことで謙遜するような場合以外では、めったに「いいえ」が使われません。そうすることで否定の主張を弱めます。

D. 命令表現：命令表現のことも要注意です。日本語では命令形の動詞を使わず、「〜してください」「〜してくれませんか」のような依頼の表現で代用されます（ユニット 14）。スペイン語では、話し手は自分が主役で相手と対話しているので、自分が相手に命令する立場にいると判断されるときには、なんの遠慮もなく、命令形を使います。たとえば ven aquí「（直訳）ここへ来い」、dime lo que quieras「（直訳）ほしいものを私に言え」、ten esto en cuenta「（直訳）このことを考えに入れておけ」などです。これらの場合、日本語なら特別な場面で直訳の命令表現が使われることもありますが、普通はそうではなくて、それぞれ「ここへ来てくれよ」、「ほしいものを言ってみて」、「このことを考えに入れておいてくれないか」などになるでしょう。

E. 決まり文句：決まり文句もあります。「どうも」「おかげさまで」「すみません」「失礼します」などです。場合によってはこれらの語句の本

来の意味が表現されることもありますが、ほとんど形式的に使われます。日本語に慣れていない外国人のなかには、話し相手の日本人から「すみません」やそれ相当の発言を受けて、相手がなにか失礼なことでもしたのかと不安になる人もいるようです。また、相手を誘ったりその意向をたずねたりするときには、スペイン語のような肯定疑問文（たとえばスペイン語 ¿Quieres ir con nosotros?「[直訳] 君は私たちといっしょに行きたいですか」）ではなくて、普通は否定疑問文で「いっしょに行きませんか」と言われるでしょう。この日本語をスペイン語に直訳してたずねると ¿No quieres ir con nosotros? になりますが、聞かれたスペイン語話者は、あたかも自分が行きたくないときに、そのことを確認されているような印象を受けるようです。

2. スペイン語の遠回り型表現

話し手が自分の発話の主張の度合いを弱めるための表現手段は、スペイン語にもたくさんあります。話し手は自分が主語（主題）として断定的に「自分の主張である」という表現をぼやかす言い方をするのです。

A. 言い換え：まず、言い換えがあります。話し手は自分の言いたいことをそのまま表現すると相手に強い印象を与えかねないとき、別の言い方にします。たとえば、相手の女性に向かって estás gorda「太ったね」と言う代わりに te sobra algún kilo「少し目方が余っているね」などと言い換えます。それと同じように、「私は…と言う」のときは直接的な (yo) digo que ... の代わりに voy a decir una cosa...「言いたいことがあるのだけれど」とか en mi opinión ...「私が考えるに」と言ったりします。さらに、「私は君に…を忠告する」なら te aconsejo que ... の代わりに tengo que decirte...「君に言わなくてはならないのだが」のように、「私は君を…に招待する」なら te invito a ... の代わりに quiero invitarte a ...「招待したい」のように、「私は君に…の許可を与える」なら te doy permiso para ... の代わりに puedo darte permiso para ...「許可を与えてもいい」などと言います。話し手がこれらの表現を使って自分の主張を弱める仕組みは、日本語の「主題の提示」の方法と似ていますね。

B. 動詞の利用：動詞自体でも遠回り型の表現をします。たとえば、no saber「私は知りません」を、vamos, no sé...「そう、どうだろうね」な

どとします。parecer「思われる」(話し手が自分の言いたいことに me parece que ...「私には…と思えます」などを追加する表現)、creer(自分の言いたいことに creo que ...「私は…だと思います」などを追加する表現)が使われます。creer の使用は日本語と共通ですね。

　動詞の法・時制・人称を変えて遠回り型のやわらげ表現をすることができます。たとえば、店に来た客に対して店員が「なにをお探しでしょうか」とたずねるときの ¿Qué deseaba usted? という直説法未完了過去(線過去)の表現があります。直接的な ¿Qué desea usted? という言い方を避けるのですが、店員はこの表現によって、暗に、[お客様のご要望は心得ているべきですが、忘れてしまいました。何でしたでしょうか] という気持ちを表します。

　現在や未来のことの婉曲的な表現に使われる過去未来の時制も、遠回り型の表現になります(ユニット38)。現在や未来に起こりそうにないことを仮定する si の条件節の帰結節に使われる過去未来の時制と関係がありそうです。Me gustaría que ...「(できれば)…ならうれしいのですが」、Querría concretar ...「(できれば)…を明確にしたいのですが」、Tendríamos que decir ...「…と言わなければならないのではないでしょうか」などがあります。

C. 副詞的表現の利用：副詞的な表現を加えることで遠回り型のやわらげ表現が可能になります。al parecer「見たところ」、por lo menos「少なくとも」、日本語の終助詞の「ね」におおむね相当する付加疑問の ¿verdad?, ¿no? などです(ユニット48)。

　また、可能の意味の副詞の a lo mejor, lo mismo, igual「おそらく、たぶん」は口語でよく使われ、文頭に置かれてその文に[起こるかもしれない]という意味を加え、断言を避けることがあります。文語的な疑いの副詞の quizá や tal vez は基本的に接続法の動詞と共に使われ(ユニット14)、副詞をはずすと疑いの意味が表現されません。他方、可能の意味の口語的な副詞は原則として直説法の動詞と共に使われ、その文から副詞を外しても文が成立します。そのことがやわらげ表現のために使われている証拠のひとつとなるでしょう。

ユニット 53　やわらげ表現 3：「隠れみの型」

このユニットでは、表現される情報に話し手も話し相手も行為者として含まれていない形式の文を使う「隠れみの型」のやわらげ表現について解説します。

- 日本語の隠れみの型のやわらげ表現は、主語ではない主題を使えば可能になる。自発構文、動詞の「なる」「する」、本来的な自発形式の動詞「見える」「聞こえる」「わかる」などもある。
- スペイン語の隠れみの型のやわらげ表現は、話し手や話し相手が行為者でも、それを隠した無人称表現などを使えば可能になる。
- 日本語の動詞「ある」のいくつかの意味は、スペイン語では話し手や話し相手が主語（行為者）になる文で表現される。

1. 日本語の隠れみの型表現

スペイン語は、基本的に行為者としての主語をはっきり意識する言語ですが、日本語は情報の題材としての主題を意識する言語です（ユニットの 2 と 3）。日本語は本来、ものごとの事態に関する情報を、行為者を明示するのではなく、自然に起こることとして表現する傾向の強い言語です。ですから、話し手や聞き手を行為者として表示しないことで、発話者と表現内容とのかかわりを隠します。まさに、隠れみの型のやわらげ表現が目立つ言語である、とも言えましょう。以下では日本語の隠れみの型の表現形式のいくつかを紹介します。

A. 主題：主題を提示して文を作る傾向自体が、日本語が隠れみの型の表現をする言語である証拠です。話し手が主題になるとき、同時に主語の働きをするときには、行為者として表示されることがあります。たとえば、「私は本を読む」では、「私」は「読む」と言う行為の主体、すなわち行為者になります。しかし「（私は）頭が痛い」のような場合、「私」はこの文の主語ではなくて主題であり、決して「痛い」という行為を実行している主体（行為者）ではありません。スペイン語にも「私」を主題にした表現（Me duele la cabeza）がありますが、日本語ではスペイン語（Tengo dolor de cabeza）のように、「私」を行為者にした「私は

頭痛を持つ」とは言いませんね。

B. 自発構文：「自発構文」とは、日本語の隠れみの型表現の典型的な手段です。ある動きや思考や感情などが、能動主体の意思とは関係なく、あるいはそれに反して自然に起きてくる、ということを表す構文です。動詞の語幹に自発の意味の接辞の「える」、「れる」、「られる」を付加して作られます。

1. あの写真を見ると、（私は）笑えてしょうがない。（笑う→笑える）
1'. Al ver la foto, no puedo menos de reírme.
2. （私には）一郎が犯人だと思われる。（思う → 思われる）
2'. Me parece que Ichiro es criminal.
3. そんなことも（私には）考えられる。（考える → 考えられる）
3'. Puedo creer eso también.

例文1では「私」の意思に反して「笑う」という感情の動きが自然に起こることを、2では「一郎が犯人だ」という思いが「私」の判断には関係なく心のなかで自然にわいてきたことを、3では「そんなことを考える」という可能性が「私」の思考には関係なく心のなかに生まれたことを表しています。スペイン語に訳すと、1'では yo「私」が reírse「笑う」の行為者になっています。3' でも yo「私」が creer「考える」の行為者になっています。2' ではスペイン語の遠回り型の表現手段である parecer「思われる」が使えます。

自然に起こる思考や感情の動きは、その動きを経験する者でなければわかりません。それゆえ、普通、自発構文の主題は話し手です。そしてその主題は「〜には」とか「〜は」という形で表示されます。

また、例文1のスペイン語訳の例1'では no poder menos de ...「…せずにいられない」という poder「できる」を含んだ熟語が使われていますが、自発の意味の接辞「(ら)れる」は可能の意味（「私はスペイン語が話せる」など）、受動の意味（「彼は殺された」など）、尊敬の意味（「先生が来られる」など）も表します。これらの可能・受動・尊敬の意味は、もともと自発の表現から派生したとする考え方もあります。

C. 動詞の「なる」と「する」：動詞の「なる」は隠れみの型の表現をします。変化の意味の「なる」のスペイン語はユニット17で勉強しました。日本語の「なる」は自然の成り行きで推移変化する意味を表します。

たとえば「(私は) おとなになったら」とか「(私は) 気分が悪くなった」などです。「私は」が行為者でない主題ですが、表現されたりしなかったりします。

「する」は状態性名詞を伴って「〜がする」という構文で、そういう性状や性質を持っていることを表現しますが、感知するのは話し手でも、話し手が行為者ではありません。「匂いがする」「音がする」「気がする」などです。

D. 動詞の「見える」「聞こえる」「わかる」：これらの動詞は語彙的な自発形式です。知覚や認識の自然に起こる現象を表しています。経験者は話し手でも、話し手が行為者ではありません。

2. スペイン語の隠れみの型表現

スペイン語にも話し手や話し相手を隠す表現があります。

A. 話し手を隠す表現：話し手を隠すにはいくつかの表現手段が使われます。まず、ユニット 24 で説明した無人称表現です。uno, una が主語になる表現 En esta oficina uno trabaja bien.「この事務所では、人 (私) はよく働く」や、再帰代名詞 se による無人称表現 Se agradece.「人 (私) は感謝します」などでしょう。また、店の扉などに Se habla japonés.「(この店では) 日本語が話せます」という札が掛かっていますが、これも店の者の「私 (たち) は」という表現が隠されていますね。

事物を主語にする再帰動詞の表現を使えば、話し手は自分のせいで起こったことでも自分を隠すことができます。Se rompió el plato.「その皿が割れた」などです。さらに、事物を主語にする olvidarse「(自分を) 忘れる」を使えば、話し手が行為者ではなくて、あたかも被害者であるかのような表現になります。Se me olvidó el cuaderno.「私はノートを忘れてしまった (← ノートが私に自分を忘れた)」などです。

B. 話し相手を隠す表現：スペイン語ではいくつかの方法で話し相手を隠すことができます。おもに命令の意味を表現するときに使われます。「君は、あなたは」を指すことばをつかわないようにするのです。たとえば、義務の意味を表現する haber que ... があります。ユニット 23 の Hay que respetar a los ancianos.「高齢者をうやまわなくてはならない

(うやまいなさい)」などです。命令表現（ユニット 14 の **1**）では、接続法の動詞を使う直接的な Aquí no fume usted.「(直訳)(あなた、)ここではタバコを吸うな」の代わりに、表示などでは命令の相手である主語を伴わない不定詞を使って No fumar.「禁煙」という表現がされるし、無人称表現を使って No se fuma aquí.（ユニット 24 の **4**）と表現されたりします。

スペイン語には逆の現象も見られます。話し相手を使って一般の人のことを表現する現象です。Generalmente, en este país ganas mucho, pero no te tratan bien.「一般的に、この国では君（人）は収入が多いが、よくは扱われない」などでしたね（ユニット 24 の **2**）。結果的に、話し相手の存在を弱めることになります。

3. 日本語の「ある」とスペイン語

日本語の動詞「ある」は空間的・時間的に物事が存在する意味を表します。話し手や聞き手が行為者ではありません。しかしスペイン語では「ある」に対応する意味が、話し手や話し相手を主語（行為者）にして表現されることがあります。日本語は本来的に隠れみの型のやわらげ表現をする言語であり、スペイン語はそうでない、ということを示す一例です。「ある」の次のような意味のときです。

所有や所属の意味：この意味はスペイン語で tener「持つ」を使って、話し手や話し相手を主語にする文で表現します。「君に話したいことがある」は Tengo una cosa que decirte. のように、「(店の人に向かって)切手はありますか」なら ¿Tiene usted sellos? のように、また「君にはそうする必要がある」なら Tienes que hacerlo. のように表現されます。

数量の意味：「私は（身長が）170 センチあります」は medir「(数量が)ある」で Mido uno setenta. と、「君は体重がどれくらいありますか」なら pesar「重量がある」で ¿Cuánto pesas? と表現されるでしょう。

経験の意味：「私は君の母親に一度会ったことがある」なら経験を表す直説法現在完了で He visto una vez a tu madre. と、「スペインへ行ったことがありますか」なら同じ方法で ¿Ha estado usted alguna vez en España? と言います。

おわりに

　私は四十数年間、大学で日本の学生に、おもにスペイン語の文法を教えてきました。当初は話す内容のほとんどが、先輩の先生方が作られた教材に従ったものでしたが、その後、教え方も自分なりにいろいろ工夫しました。

　スペイン文法の教員として30年近くたった頃の1994年に、白水社から『スペイン文法中級コース』を出版してもらいました。この教材は幸運にも使ってくださる先生方に恵まれ、2006年には改訂版を出すことができました。改訂版もテキストですから、私が教室で説明するような内容の多くは加えることができません。ところが数年前に、この文法テキストの出版社である白水社から、スペイン文法の単行本を書いてみてはどうか、というお話をいただいたのです。そしてこの度ようやく、『スペイン文法中級コース』を土台にして書きあげることができました。私が工夫してきたスペイン文法の教え方の多くを、日本語の資料を補いながら、このようにまとめてみました。

　テーマの1と2では、スペイン語の主題文のことを説明するために、日本語の「主題」とスペイン語の「主語」を私独自の考え方で説明しました。テーマ3「単文の表現」では、接続法の単文と再帰代名詞の使い方を、「単文」にまとめました。テーマ4「複文の表現」には接続法の諸用法を複文という形態の名前でくくりました。そしてテーマ5には、それまでの区分には含められない項目をまとめましたが、それらは私個人の興味を引く指示詞、応答表現、示小辞、やわらげ表現です。全体として、主題や接続法や再帰代名詞の説明方法には異論があると認識しています。また、「やわらげ表現」とは耳慣れない用語でしょう。この用語を導入すれば、主題や無人称表現や示小辞の存在理由を別の視点から説明できるのではないかと考えています。

　結局、本書は、スペイン文法について「このように理解してはどうか」という私個人の提案にすぎないとご理解ください。個人的な教え方ですから、ほかの文法書の説明方法と異なる点がいくつもあるでしょうが、私なりに工夫したつもりです。読者がなるほどと思ってくださる個所がいくつかあれば、と願いつつ執筆しました。

著　者

参考文献

Bosque, Ignacio (ed.) (1990): *Indicativo y subjuntivo*, Madrid, Taurus.

長谷川信弥・山田敏弘（2011）『日本語から考える！ スペイン語の表現』白水社。

Martín Zorraquino, María Antonia (1979): *Las construcciones pronominales en español. Paradigma y desviaciones*, Madrid, Gredos.

益岡隆志ほか（1992）『基礎日本語文法』くろしお出版。

Matte Bon, Francisco (2005): *Gramática comunicativa del español. Tomo I: De la lengua a la idea; Tomo II: De la idea a la lengua*, Madrid, Edelsa.

Marsá, Francisco (1984): *Cuestiones de sintaxis española*, Ariel. 日本語版：三好準之助訳（1993）『スペイン語文法評論』三修社。

Miyoshi, Junnosuke (1979): "*Este-ese* en una deixis especial", *Lingüística Hispánica*, 2, 107–122.

Miyoshi, Junnosuke (1981): "Sobre el modo subjuntivo en el español moderno", *Lingüística Hispánica*, 4, 97–117.

Miyoshi, Junnosuke (1982): "Locatividad semántica del SE español", *Lingüística Hispánica*, 5, 107–114.

三好準之助（1981）「示小辞の基本的意味機能と文脈的意味分類の一基準」、*Hispánica*, 25, 31–52.

三好準之助（1982）「現代スペイン語の無人称文」、*Hispánica*, 26, 47–62.

三好準之助（1984）「現代スペイン語の受動文」、京都産業大学論集（外国語と外国文学系列）、11, 59–92.

Miyoshi, Junnosuke (1992): "El TD de la construcción comparativa", *Lingüística Hispánica*, 15, 39–48.

Miyoshi, Junnosuke (1994): "Función comparativa de '*lo* + (*más* + *adj.*)'", *Español Actual*, 62, 33–38.

三好準之助（2006）『スペイン文法中級コース（改訂版）』白水社。

三好準之助（2012）「スペイン語の『和らげ表現』について」、京都産業大学論集（人文科学系列）、45, 35–58.

Miyoshi, Junnosuke (2013): "Nueva reflexión sobre el uso particular americano de *hasta*", *Anuario de Letras. Lingüística y Filología*, I-1, 123–

143.

三好準之助（2013）「日本語の和らげ表現について」、京都産業大学論集（人文科学系列）、46, 1–28.

三好準之助（2014）「日本語の『はい』とスペイン語の sí について」、京都産業大学論集（人文科学系列）、47, 21–50.

三好準之助（2015）「日本語のヨ・ネとスペイン語表現」、京都産業大学論集、48, 125–156.

西村君代（2014）『中級スペイン語 読みとく文法』白水社。

日本語記述文法研究会（2003〜2010）『現代日本語文法1〜7』くろしお出版。

Real Academia Española *et al.* (2005): *Diccionario panhispánico de dudas*, Madrid, Santillana.

Real Academia Española *et al.* (2010): *Nueva gramática de la lengua española. Manual*, Madrid, Espasa Libros.

Seco, Manuel (1972): *Gramática esencial del español*, Madrid, Aguilar.

高垣敏博（監）（2015）『スペイン語学概論』くろしお出版。

上田博人ほか（編）（2004）『クラウン和西辞典』三省堂。

上田博人（2011）『スペイン語文法ハンドブック』研究社。

Vigara Tauste, Ana M.ª (1992): *Morfosintaxis del español coloquial*, Madrid, Gredos.

山田善郎ほか（1995）『中級スペイン文法』白水社。

索 引

A

a *42–45*
a- *204*
a condición de que *163*
a lo mejor *217*
a medida que *152*
a menos que *164*
a no ser que *164*
acá *188, 189, 191*
aceptar *136*
acordar *71*
ad- *204*
adónde *128*
ahí *188, 189, 191*
al cabo de *189*
al parecer *217*
allá *188, 189*
allí *188, 189*
amanecer *99*
anochecer *99*
ante- *204*
antes **181**, *189*
antes (de) que *151*
anti- *204*
aprenderse *88*
apropiar *71*
aquel *186*
aquí *188, 189, 191*
archi- *204*
arrepentirse *70*

así *171, 172, 195*
atardecer *99*
atreverse *70*
aumentar *31*
aún *179*
aunque *154–157*

B

bastar *101*
beberse *87*
bueno *175, 176, 194*

C

-c- *207*
caerse *84*
chocar *72*
cierto *139*
circun-, circum- *204*
claro *194, 195*
co- *204*
com- *204*
comer *31, 87*
comerse *86*
como *109, 144, 152, 162, 163, 171, 173,* ***210–212***
cómo *128*
cómo no *194*
como si *153*
comunicar *135*
con- *204*
con que *163*

con tal (de) que *163*
confesar *71*
conmigo *53*
considerarse *68*
consigo *54*
contigo *53*
convertirse *76*
creerse *68*, ***89***
cual *108*
cuál *128, 176*
cuándo *128*
cuanto *108, 126, 173*
cuánto *128*
cuyo *109*

D

dado que *150, 164*
de *83, 84, 117, 165, 175, 184*
de- *204*
de manera que *153*
de modo que *153*
decidir *71*
decir *135*
dentro de *181, 189*
des- *204*
desde luego *194, 195*
desear *64, 137*
después **180**, *189*
difícil *23*
dignarse *70*
dis- *204*
donde *109*
dónde *128*

dormirse *25*, **80**

E

-ec-, -ecec- *207*
el hecho de que *141*
el uno al otro *69*
en-, em- *204*
en caso de que *163*
encantar *25*
encontrarse *68*
entre *184*
entre- *204*
escribir *31, 135*
ese *186, 187, 191–193*
esperar *136, 137*
estarse *81*
este *186, 187, 191–193*
evidente *139*
evidentemente *145, 194*
ex- *204*
extra- *204, 205*

F

fácil *23*
faltar *24*

G

ganarse *88*
gustar *24*

H

haber *43*, **100**
haber que *100, 220*

hacer *71, **99**, 181*
hacerse *75, 76*
hasta *213*
hecho *141*
hiper- *205*
hipo- *205*

I

i- *205*
-ico, -ica *206*
igual *170, 171, 217*
-illo, -illa *206*
in-, im- *205*
infra- *205*
insistir *135*
inter- *205*
interesar *24*
intra- *205*
irse *82*
-ísimo, ma *185*
-ito, -ita *206*

J

jactarse *70*

L

leísmo ***33**, 52*
llevarse *85*
llover *99*
lloviznar *99*
lo mismo *217*
lo +形容詞 *175, 185*

M

malo *175, 176*
marcharse *83*
más *172, 175, 176, 178*
mayor *175, 176*
mejor *175–177*
menor *175, 176*
menos *172, 175, 178*
mientras *151, 173*
mismo *55, 68, 170*
molestar *25*
morirse *79, 80*
mutuamente *69*
muy *179, 185, 204*

N

naturalmente *194*
nevar *99*
no *195, 217*
no poder menos de *219*
nosotros *15, 52*

O

o no *128, 133*
ocurrirse *25*
ojalá *61, **64***
olvidar *25, 71*
olvidarse *25, 220*

P

pararse *81*
parecer *38, 71, 101, 217, 219*

peor *175–177*

pero *154, 155*

ponerse *68,* ***74****, 75*

por lo menos *217*

por ＋形容詞・副詞・名詞＋que *157*

portar *71*

pos-, post- *205*

pre- *205*

pro- *205*

puesto que *150*

Q

que *41, 44, 63, 64, 107–109, 112, 116, 117,* ***122–125****, 128, 138, 141, 144, 152, 169–171, 173, 174, 176, 183*

qué *128*

quedarse *77,* ***78****, 81*

quejarse *70*

querer *43, 137*

quien *108, 126*

quién *128*

quizá *61, 217*

R

re- *205*

recíprocamente *69*

relampaguear *99*

requete- *205*

retro- *205*

S

saberse *88*

salirse *83*

saludar *49*

se *37,* ***54–57****, 92, 103,* ***104****, 220*

seguro *139*

sentir *136*

sentirse *68*

ser *27, 31, 38, 90, 100, 101, 138, 167–169*

si *128, 133,* ***158–161****, 164, 217*

sí（肯定の返事） *194–197*

sí（再帰代名詞） *54*

siempre que *163*

siguiente *189*

sobre- *205*

solo *68*

sorprender *25*

sospechar *65, 136, 137*

sub- *205*

subir *31*

suicidarse *70*

sumamente *185*

super- *205*

suponer *65*

supra- *205*

T

tal *145,* ***171***

tal vez *217*

tan *145, 172*

tanto *145,* ***172–173***

temerse　*136*
todavía　*179*
trans-, tras-　*205*
tratarse de ...　*105*
tronar　*99*
tropezar　*72*

U

-uelo, -uela　*206*
ultra-　*205*
un poco　*204*, ***212–213***
uno, una　***103***, *220*
usted　*15, 33, 45, 52, 53*
ustedes　*15, 52, 53*

V

verdad　*139, 199, 217*
verse　*68*
volverse　*75*, ***76***
vosotros　*15, 52*

Y

ya que　*150*

あ

アクセント　*32, 35, 52*
いいえ　*196, 197, 215*
引用の助詞　*29*
うち（接頭辞）　*203*
ウチ　*192, 200*
ええ　*196, 215*
お（接頭辞）　*202*
応答表現　*194, 196*
おお（接頭辞）　*203*

か

か　*204*
ガ　*18–20, 47–49*
格　*46–49*
格助詞　*17–20, 29, 46–49, 52, 53, 130, 133, 147, 177*
隠れみの型　*210,* ***218–221***
過去分詞　*27, 28, 31, 39, 90, 100, 111, 164, 209*
過去未来　*65, 140, 156, 157, 159–161, 165, 217*
仮定　*128, 143,* ***150***, ***151***, *156, 157,* ***158–165***, *217*
カラ　*19*
関係形容詞　*106, 109, 127*
関係詞　*106, 115, 120, 121, 126, 175*
関係節　*126, 127, 167, 169, 175, 183, 184*
関係代名詞　*60, 106–108, 112, 116, 123, 125, 167*
関係副詞　*106, 109, 167, 183*
間接疑問文　*15*
間接受動表現　*96*
間接補語　*22–24, 29,* ***34–37***, *44, 45, 47–49, 51, 55–57, 67, 69, 72, 77, 78, 80, 84–88, 93–97, 104, 127, 167*
間接命令　*16, 63, 124*
間接目的語　*22, 27, 29, 34*
感嘆詞　*16*

229

感嘆文　*15, 16, 27*
願望の表現　**64**, *124*
願望文　*27, 61, 64*
疑問形容詞　*128*
疑問詞　*15,* ***128****, 133, 176*
疑問代名詞　*128*
疑問副詞　*128*
疑問文　*15, 27, 60, 64, 133, 155, 176, 197, 216*
強勢（アクセント）　*35, 52, 53*
強調の表現　*131,* ***166–169***
具格　*46, 47, 86, 87*
敬語　*50–53, 202*
形式名詞　*130, 147, 166*
形容詞　*27–29, 38–40, 74–77, 113, 138–141, 157, 170–172, 175, 176, 182, 183, 185, 186, 209*
形容詞節　*60,* ***106–113***
原級語　*175*
現在分詞　*16, 27, 28, 32, 35, 39, 111, 131, 164, 209*
限定用法　*113, 115*
現場指示　*186–188, 191, 193*
こ（接頭辞）　*203, 204*
ご（接頭辞）　*202*
呼応　*11*
呼格　*46, 47*
コソア（ド）　*172, 190*

さ

再帰受動文　*91*
再帰代名詞　*37, 47, 51,* ***54–57****, 66–69,* ***70–73****, 74, 76–80, 82–89, 91, 92, 103,* ***104****, 220*
再帰動詞　*25, 55, 66–71, 74–89, 91, 103, 220*
再帰用法　***66–69****,* ***74–77****, 78–89*
差異項　*178–181*
最上級　*182–185*
時刻　*101*
指示形容詞　*190*
指示詞　*172,* ***186****,* ***190****, 193*
指示代名詞　*51, 52, 110, 123, 190*
指示表現
　スペイン語の指示表現　*186–189*
　日本語の指示表現　*190–193*
指示副詞　*188, 189*
示小語　*206, 209*
指小辞 → 示小辞
示小辞　*203,* ***206–209****, 210*
自動詞　*24, 28, 31, 39, 44, 49, 72, 77, 78, 105*
集合名詞　*104, 182, 184*
十分な遂行　*86–89*
主格　*46–49, 51, 57*
主格人称代名詞　*14, 15, 51, 52, 68*
縮小辞 → 示小辞
主語　*11,* ***14–17***
主語の移動　*82–85*
主語の場所　*78–81*
主題　***18–21****, 22–25*
　スペイン語の主題　*12, 21,* ***22–25***
　日本語の主題　*12, 18*
主題受動文　*91–93, 95*

主題の提示　*214*
主題文　*12*, ***22–25***, *104*, *167*
述語　*13*, *26*
述部　*26–29*
　スペイン語の述部　*13*
　日本語の述部　*13*, *29*
受動表現　*31*, ***90–97***, *101*
　スペイン語の受動表現　*90–93*
　日本語の受動表現　*94–97*
主部　*10*, *14*, *18*
状況補語　*23*, *28*, ***40–41***, *44*, *47*, *147*, *167*
譲歩　*60*, ***121***, *124*, ***154–157***, *194*
情報伝達的　*10–12*, *24*
処格　*46*, *47*, *78*
叙述補語　*27*, ***38***, ***39***, *53*, *68*, *88*, *89*, *111*, *112*, *122*, *127*, *141*
所有形容詞　*182*, *184*, *193*
所有詞　*51*, *211*
心的与格　*80*
推測の表現　*65*
接辞　*97*, *202*, *219*
接続法　***58–65***, *118*, *134–141*
絶対最上級　*185*, *212*
接頭辞　***202–205***, *208*, *209*
　スペイン語の接頭辞　*204*
　日本語の接頭辞　*202*
接尾辞　*50*, *185*, *206*
説明用法　***113***, *115*
先行詞　*106*, *108*, *109*, *113*, *114*, *118–120*, *126*, *167*, *184*
全体疑問文　*15*, *128*, *133*
前置詞格　*45*, *51*, *57*, *66*

前置詞格人称代名詞　*25*, *32*, *35*, *45*, *51*, *53*, *54*
相互作用　*69*
相対最上級　*182*
相対名詞修飾節　*115*
属格　*46*, *47*
ソト　*192*, *200*

た

大（接頭辞）　*203*
対格　*36*, *37*, *45–47*, *51*, *52*, *55*, *57*, *66*, *88*, *89*
対格人称代名詞　*30*, *32*, *33*, *36*, *37*, *51*, *52*, *54*, *56*, *66*, *123*, *128*
対比　*15*, *20*, *24*, *35*, *45*
代名動詞　*55*, *82*
奪格　*46*, *47*
他動詞　*25*, *28*, *31*, *39*, *42*, *44*, *48*, *49*, *66*, *67*, *73*, *74*, *91*, *93*, *104*
だれでも　*104*, *120*
単文　*59*, *61*, *62*, *123*
知覚動詞　*39*
中性の代名詞　*38*, *52*
重複表現　*23*, *32*, *33*, *35*, *36*
直接受動表現　*94*, *95*
直接補語　*22*, *23*, *25*, *28*, ***30–33***, *34*, *36*, *39*, *42*, *45*, *47–49*, *51*, *55–57*, *67*, *69*, *86*, *88*, *90–93*, *100*, *104*, *108*, *119*, *122*, *127*, *167*
直接目的語　*27*, *28*, *30*, *92*
つなぎの動詞　*27*, *38*, *168*
提題助詞　*12*, *18*, *20*, *47*, *166*
伝達動詞　*135*

統語構造的　*10–12*
同等比較　***170–173****, 177*
遠回り型　*210,* ***214–217****, 219*
時を表す副詞節　*151*
ところ　*130, 132*
とり（接頭辞）　*203*

な

内容節　*116*
なる　***74–77****, 219*
難易表現　*23*
ニ　*19, 20, 47, 48*
人称代名詞　*50–53*
　スペイン語の人称代名詞　*51*
　日本語の人称代名詞　*50*
人称代名詞の語順　*36*
〜のは…だ　*131, 167*

は

ハ　*20, 21, 24, 47*
非（接頭辞）　*204*
比較級語　*172–175, 177–182, 185*
比較の基準　*124, 170, 171, 173–178, 180–184*
比較の差異　*116,* ***178–181***
被修飾名詞　*114*
非情名詞　*96*
否定疑問文　*197, 216*
非人称形　*16, 27, 39, 111*
比例比較　*173*
不（接頭辞）　*204*
副詞　*16, 24, 27–29,* ***40****, 65, 142, 145, 146, 157, 171, 172, 175–181, 183, 185, 190, 195, 209, 211, 213, 217*
副詞化　*39, 40*
副詞節　*60, 132,* ***142–157****, 158, 162, 170, 173, 174*
　日本語の副詞節　*146*
複文　*59, 106*
ぶち（接頭辞）　*203*
不定詞　*16, 27, 32, 35, 37–39, 63, 111, 112, 131, 137, 147, 164, 168, 221*
不定代名詞　*104, 119*
不等比較　***174–177****, 180*
部分疑問文　*15, 128, 133*
文型受動文　*90, 91*
文頭　*11, 12, 15, 16, 21–25, 33, 45, 92, 93, 104, 122–124, 144, 145, 167, 184, 217*
文の2大要素　*10–13*
文脈指示　*186–189, 192, 193*
平叙文　*15, 22, 27*
放任動詞　*39*
補語　*27, 37, 38, 42, 48, 49, 54, 57, 74–76, 79, 83, 93, 134, 135, 137*
補足語修飾節　*114*
補足節　*130–133*
本（接頭辞）　*203*
ぼんやり型　*210–213*

ま

み（接頭辞）　*202*
未（接頭辞）　*204*
無（接頭辞）　*204*

向き違いの動詞　*24*
無強勢形　*32, 35*
無題文　*12, 18, 21*
無人称表現　*43, 92, 93,* ***98–105****,*
　220, 221
名詞修飾節　*106, 114*
名詞節　*60, 120,* ***122–129****, 130,*
　134–138, 142, 161, 169, 175, 177
命令形　*16, 62,* ***63****, 215*
命令の表現　***62****, 64, 159*
迷惑の受け身　*96*
目的語　*22*
目的の副詞節　*150*
持ち主の受け身文　*94*

や

やわらげ表現　*208,* ***210–221***
有情名詞　*96*
有題文　*12, 18, 21*
与格　*36, 37, 46, 47, 51, 53, 55, 57,*
　66, 68, 78–80, 85–89
与格人称代名詞　*24, 34–37, 51,*
　53, 54, 56, 72, 77, 78, 80, 82, 86
呼びかけ語　*16, 47*
より　*177*

ら・わ

両　*203*
レ代用法　***33****, 52*
連体節　*106,* ***114–117***
ヲ　*19, 20, 47–49*

著者紹介

三好準之助(みよし じゅんのすけ)
1942 年生まれ。京都産業大学名誉教授。
大阪外国語大学卒業。スペイン・アルカラ大学博士課程修了(博士・応用言語学)。
主要著書:『中級スペイン文法』(共著、白水社)、『簡約スペイン語辞典』(大学書林)、『概説アメリカ・スペイン語』(大学書林)。
主要訳書:『スペイン語文法評論』(三修社)、『スペイン語の歴史』(共訳、昭和堂)、『セルバンテスの仲間たち』(柳原出版)。

日本語と比べるスペイン語文法

　　　　　　　　　　　　　2016 年 7 月 25 日 印刷
　　　　　　　　　　　　　2016 年 8 月 15 日 発行

　　　　　　著　者 © 三 好 準 之 助
　　　　　　発行者　　及 川 直 志
　　　　　　印刷所　　株式会社精興社

発行所　101-0052 東京都千代田区神田小川町 3 の 24
　　　　電話 03-3291-7811(営業部)，7821(編集部)　株式会社　白水社
　　　　http://www.hakusuisha.co.jp
　　　　乱丁・落丁本は送料小社負担にてお取り替えいたします。

振替 00190-5-33228　　Printed in Japan　　加瀬製本

ISBN978-4-560-08725-1

▷本書のスキャン、デジタル化等の無断複製は著作権法上での例外を除き禁じられています。本書を代行業者等の第三者に依頼してスキャンやデジタル化することはたとえ個人や家庭内での利用であっても著作権法上認められていません。

大好評!
白水社のスペイン語参考書

中級スペイン語 読みとく文法

西村君代 著

文法を一通り終えても，あれこれ出てくるスペイン語の疑問．そんな「？」がどんどん整理されていく．先生が丁寧に教えてくれるような「読む文法書」です．もっと上のスペイン語へ！
四六判　184頁

中級スペイン文法

山田善郎 監修／中岡省治，出口厚実，伊藤太吾，三好準之助，高垣敏博，西川喬，福嶌教隆，宮本正美 著

最新の研究に基づいたもっとも詳しい文法解説書．品詞ごとに文法規則を説明，巻末に細かい索引を付け，学習上のあらゆる疑問に答えるよう努めました．実用性を重視し，さまざまな表現法もまとめたので，会話，解釈，作文にも役立ちます．初級者から利用できる，スペイン語関係者必携の1冊．A5判　640頁

新・スペイン語落ち穂ひろい
777の表現集

清水憲男 著

「見ての通り」「そんじょそこらの」「どんなもんだか」……辞書では引けない言い回しをたっぷり集めました．スペイン語の発想を感じ取り，言葉のおもしろさを体感してください．
四六判　244頁

極める！スペイン語の接続法ドリル

菅原昭江 著

まるごと一冊，接続法だけの問題集．活用形の復習から始め，さまざまな用法をムリなくムダなく網羅しました．巻末の「独立文，副詞節で使われる表現一覧」も便利．もう接続法は恐くない！
A5判　243頁